Orientation to Thematization in Korean Newspapers and the Crisis of Journalism

야마를벗어야
언론이산다

야마를벗어야
언론이|산다

한국 언론의 보도 관행과
저널리즘의 위기
         _삼성언론재단 총서

초판1쇄 인쇄 2012년 4월 15일
초판1쇄 발행 2012년 4월 20일

지은이 박창섭
펴낸이 이영선
펴낸곳 서해문집
이　사 강영선
주　간 김선정
편집장 김문정
편　집 허　승 임경훈 김종훈 김경란 정지원
디자인 오성희 당승근 안희정
마케팅 김일신 이호석 이주리
관　리 박정래 손미경

출판등록 1989년 3월 16일 (제406-2005-000047호)
주　소 경기도 파주시 교하읍 문발리 파주출판도시 498-7
전　화 (031)955-7470 | **팩스** (031)955-7469
홈페이지 www.booksea.co.kr | **이메일** shmj21@hanmail.net

ⓒ 박창섭, 2012
ISBN 978-89-7483-518-7 93300

삼성언론재단 총서는 삼성언론재단 '언론인 저술지원 사업'의 하나로 출간되는 책 시리즈입니다.

'야마'를 벗어야 언론이 산다

한국언론의 보도관행과 저널리즘의 위기

언론이 산다

Orientation to Thematization in Korean Newspapers and the Crisis of Journalism

박창섭 지음

서해문집

언론은 세상을 보는 창문이라고 한다. '미국의 청학동 사람'이라 불리는 '아미시 공동체'는 이 명제를 정면으로 부정한다. 매스미디어를 접하지 않는 게 우리 주변과 세상을 더 풍부하게 이해하는 길이라고 믿고, 실제 그렇게 산다.

　우리나라 언론, 특히 신문의 '야마' 관행은 고약하다. 어디, 이 책에서 사례로 삼은 미디어법 개정과 무상급식 뿐이랴. 야마는 악의적으로 기능할 때가 많다. 그 결과 국민 여론이 왜곡되고 국가 정책이 뒤틀리는 경우도 허다했다. 행정수도 이전이 그랬고, 종부세가 그러했다. 야마는 사례 분석이 무의미할 만큼 일상적으로 작동하고 있기도 하다. 아미시의 극단적 선택이 현명하다고 느껴질 지경이다.

　이 책은 우리나라 신문 고유의 야마 관행에 천착한 최초의 보고서다. 야마의 개념부터 구성 과정, 작동 방식 등을 체계적으로 파헤침으로써 우리나라 저널리즘의 부끄러운 속내를 가감 없이 드러냈다. 인상 비평이나 주의·주장에 그치지 않고 현직 기자들을 심층 인터뷰하고 실제 사례를 분석해 논의를 풍성하게 해 논지를 탄탄하게 다졌다.

이 책의 또 다른 미덕은 야마를 매개 삼아 신문 제작 과정을 생생히 묘사했다는 데 있다. 하나의 기사가 지면을 통해 독자와 만나기까지 어떤 경로를 거치는지 누구든 쉽게 이해하게 될 것이다. 이 과정에서 자유로운 영혼을 가진 전문적·독립적 지성인인 언론사 기자가 회사의 부속품인 월급쟁이로 전락할 수밖에 없는 구조와 관행도 엿볼 수 있으리라.

'야마'란 개념 안에는 이처럼 언론인 개인부터 취재보도 관행, 이를 통제하는 조직체와 우리 사회의 정파성이라는 이념적 차원 모두가 함축되어 있는 셈이다. 하나의 은어를 화두로 우리나라 언론 현실의 급소를 찌른 이 책은 독자에게 언론을 바로 볼 수 있는 안목을 선사할 것이다. 학문적으로는 사그라지는 미디어 사회학에 새 불씨가 되리라 기대한다.

실용서이자 연구서라는 양수겸장이 가능한 이유는 저자의 내공 덕분이다. 10년 넘게 언론 현장을 누비다 늦깎이로 학문의 길을 밟고 있는 박창섭 전 한겨레 기자에게 동학으로서 존경을 표한다.

김재영 | 충남대학교 언론정보학과 교수

"Dynamic Korea!"

한국 사회를 흔히 이렇게들 표현한다. 이 표현은 크게 두 가지 의미를 담고 있다고 본다. 하나는 희망적인 변화 가능성이 무궁무진한 사회라는 의미다. 전쟁의 폐허 위에 이룩한 눈부신 경제성장, 절차적 민주주의의 성취, 복지 서비스의 확보 등은 부단히 노력하는 한국인의 근면성에 힘입은 바 크다. 외환 위기로 나라가 부도날 위기에 처했던 1990년대 말~2000년대 초 정보통신기술에 기초한 '벤처 붐'은 한국 사회의 잠재적 역량을 세계에 보여준 좋은 사례다.

하지만 한편으로, 우리 사회에는 끊임없는 사회적 갈등이 노정돼 있기도 하다. 여야 정당 간에 일어나는 정치적 갈등은 정치의 속성상 그렇다 치더라도, 온갖 사회적 이슈가 불거질 때마다 한국 사회는 일대 소용돌이에 휩싸이곤 했다. 이명박 정부 출범 이후의 주요 갈등 사안만 살펴봐도 미국산 쇠고기 수입, 미디어법 개정, 부자 감세, 4대강 사업, 학교 무상 급식 등

헤아릴 수 없이 많다. 민주주의는 갈등과 피를 먹고 산다는 일부의 말을 받아들인다고 해도, 시도 때도 없이 불거지는 갈등은 우리 사회가 과연 민주주의를 구현할 조건과 역량을 갖추고 있는지 의심스럽게 한다.

갈등의 축에 작용하는 힘은 많다. 그 가운데 나는 언론, 특히 뉴스에 주목한다. 대한민국 뉴스는 사회 갈등과 논쟁이 벌어질 때마다 그 한가운데서 있는 경우가 많다. 그들은 갈등의 어느 한편에 자리 잡고 현실을 재구성한다. 가령 진보 성향의 신문과 보수 성향의 신문이 어느 한 사건을 바라보는 관점은 천지차이다. 서로 다른 두 성향의 신문을 같이 읽는 독자라면 같은 사안에 대해 어떻게 그렇게 다른 시각으로 바라볼 수 있는지 의아해할 수밖에 없을 것이다. 애초부터 어떤 사물이나 사안에 대한 진실은 한 가지가 아니라 두 가지, 아니 여러 가지인 것인가? 아니면 언론이 하나의 진실을 자신의 입맛대로 왜곡하고 있는 것인가? 독자와 시청자는 언론 간의 서로 다른 뉴스 시각을 도대체 어떻게 받아들여야 할까?

세상을 보는 틀은 다양하다. 개인적 처지에 따라, 사회적 지위와 계층에 따라, 경제적 이해관계에 따라, 정치적 목적에 따라, 국가 · 사회적 관계에 따라 사람들은 다양한 시각으로 사물을 바라본다. 크게 보면 진보와 보수로 나뉘는 우리 사회의 미디어 현실을 해석하는 작업도 여러 가지 틀에 따라 가능하다. 언론학자의 주된 작업이 그와 관련되어 있다. 언론이 세상을 바라보는 틀을 분석하는 것이다.

언론의 여러 가지 해석적 틀 가운데, 나는 '야마'라는 다소 색다른 틀에 관심을 갖고 있다. 14년간의 기자 생활을 되돌아볼 때 야마만큼 나의 뇌리에 똬리를 틀고, 가슴에 또렷하게 각인돼 있는 것도 없다. 야마는 쉽게 말해 기사의 주제나 논조, 태도 등을 말한다. 기사의 주제나 문제 설정쯤에 해당하는 야마는 언론인이라는 직업의 장에서의 아비투스계급, 계층 등 집단에 내면화된 습속를 강하게 내포하고 있는 표현이다.

내가 야마에 주목하는 이유는 크게 두 가지다. 첫째, 야마를 통해 우리는 한국 언론과 언론인의 본질에 좀 더 가깝게 다가갈 수 있다. 공정성, 객관성, 진실 보도 등이 저널리즘에서 기본적으로 요구되는 규범 항목이지만, 나는 야마를 이해하지 않고서는 이런 규범을 제대로 설명할 수 없다고 본다. 둘째, 야마는 한국 사회에서 언론과 시민사회 간의 갈등을 설명할 수 있는 중요한 대목이다. 시민사회 진영에서 언론에 제기하는 비판의 핵심은 사실은 야마의 적절성에 대한 것이다. 한국 언론만큼 야마를 조직적이고 의식적으로 사용하는 나라는 많지 않다.

야마는 대한민국 기자라면 결코 피해갈 수 없는, 그리고 그 무엇보다 중요시해야 할, 기자를 그만두는 그날까지 운명처럼 짊어지고 가야 할 그 무엇이다. 언론사 입사와 동시에 기자는 '야마와의 전쟁'에 돌입한다. 6개월 남짓의 수습 교육 기간에 신참 기자는 선배 기자에게서 야마 잡는 법을 뼈에 사무치게 배운다. "그 기사의 야마가 뭐야?"라는 선배의 날 선 질문이 하루 24시간 신참 기자의 머리를 지끈거리게 만든다. 수습 기간이 끝나고 부서에 배치된다고 야마와의 전쟁이 끝나는 게 아니다. 이때부터는 자신의 이름을 내걸고 본격적으로 기사를 출고할 수 있지만, 팀장과 데스크는 취재 시작 전부터 야마를 제대로 잡으라고 새내기 기자를 다그친다. 기사 초고를 보내면 "야마가 없다"고 깨지기 일쑤고, 각고의 고심 끝에 수정한 기사를 보내면 "야마가 엉성하다"고 다시 쓰라는 주문을 받는다. 서너 번의 다시 쓰기 끝에 기사가 데스크 손에 완전히 넘어간 뒤에도 데스크는 현장 기자의 기사를 다시 손본다. 완벽한 야마를 만들기 위한 작업이다.

기자가 전문직이냐 하는 문제는 논란거리다. 여러 대학에서 정식 기자교육 커리큘럼언론정보학과, 신문방송학과 등을 운영하고 있고, 기자끼리의 전문직 모임한국기자협회, 방송기자협회 등이 만들어져 있고, 기자가 따라야 할 공식화된 규범언론윤리 강령이 제정돼 있는 점 등은 기자를 전문직으로 볼 수 있는 여지를 주지만, 사법시험이나 의사고시 같은 제도화된 면허 제도가 없고, 기자에 입문하는 길이 누구에게나 열려 있는 점 등은 기자가 전문직이라는 주장에 의문을 갖게 한다. 다른 전문직과 달리 미흡한 전문직 특성을 갖고 있긴 하지만, 기자는 언론계 내부에서 전문직으로 인정한다. 그리고 현장 기자와 팀장, 데스크 간의 끊임없는 상호작용을 통해 야마를 '정선'하고 '세련'하는 과정을 전문직으로서의 기자가 자신들의 일을 처리하는 당연한 과정으로 볼 수도 있다.

하지만 여기서 우리는 언론이 우리 사회에 존재하는 이유를 따져볼 필요가 있다. 한 사회 내에서 언론의 역할은 무엇인가? 언론에 대해 한 사회 구성원이 기대하는 바는 무엇인가? 언론이 궁극적으로 추구해야 하는 것은 무엇인가? 간단히 대답할 수 있는 성질의 질문이 아니다. 제대로 된 답을 구하자면 인류의 역사를 거슬러 올라가 언론의 시원부터 살펴봐야 할 것이다. 하지만 거창하고 복잡한 고민을 하지 않아도 인류 사회가 공통적으로 받아들이는 저널리즘의 기본 가치가 있다. 바로 '진실 추구'이다. 언론은 그 존재 지역이나 양태, 속성에 관계없이 모두 진실을 전달한다는 공통점을 갖고 있다. 한양대 언론정보학과 이민웅 명예교수는 "특정한 현실에 대한 언론의 보도가 그 현실을 구성하는 사실에 정확하게, 그리고 종합적으로 최대한 근접할 때" 진실 보도라고 할 수 있다고 역설한 바 있다. 기자가 자신의 양심에 비춰 어떤 사안에 대한 본질을 최대한 정확하게 취재해서 보도하는 것이 진실 보도이고 이것이 언론이 가야 할 길이라는 것이다. 한국 언론의 독특한 취재 보도 관행인 '야마 전략'은 '진실 추구'라는 저널리즘의 기본적인 존재 이유와 연결 지어 바라봐야 한다.

야마 관행이 진실을 찾기 위한 과정의 한 부분이라면 그것을 굳이 삐딱한 시선으로 바라볼 필요가 없을 것이다. 오히려 전문직으로서 기자의 소임을 다하고, 언론으로서의 제 역할을 다하려는 기자의 노력에 박수를 쳐줘야 할 것이다. 그런데 기자의 야마 관행이 진실 추구와는 관련이 없거나 그것과 거리가 먼 것이라고 한다면 어떻게 해야 하나? 현실에서 목격되는 야마 관행은 한국 언론이 언론으로서 제 소임을 다하지 않고 있음을 보여주는 중요한 증거다. 이는 10년 넘게 언론에 몸담았던 내가 현장에서 느꼈던 바이기도 하다. 자기 언론사의 방향성에 맞는 사안은 대대적으로 보도하고, 그렇지 않은 사안은 단신으로 처리하거나 아예 보도조차 하지 않는 야마 관행은 진실 추구와는 거리가 멀다. 사회적 영향성, 저명성, 시의성, 근접성 등의 기본적인 기사 가치를 무시하는 것은 기본이고 사안의 진실에 다가가려는 노력은 거의 없이, 자사의 이익 증대라는 가치에 바탕한 취재 보도 전략은 진실을 가린다. 언론사가 정치적 지향성, 경제적 득실을 따져, 특정 사안에 대한 보도의 틀을 정하는 것은 객관적이고 공명정대해야 할 뉴스를 심각하게 비틀어지고 한쪽으로 치우친 괴물로 만들어버린다. 기자도 인간이기 때문에 인간의 주관성에서 비롯되는 주관성과 현실 구성적 성격이 미치는 영향을 온전히 배제할 수 없다 해도 많은 기사가 언론으로서 최소한 갖춰야 할 객관성·공정성·균형성·사실성·진실성을 결여하고 있다면, 그것은 뉴스가 아니라 뉴스라는 포장을 쓴 '질 낮은 뉴스' 또는 '사이비 뉴스'에 불과할 것이다.

팩트와 객관성을 유지해야 할 스트레이트성 사건 기사가 주관적 시각과 특정 정파의 이데올로기에 의해 덧칠되는 경우가 허다하고, 가장 객관적이어야 할 통계조차도 특정 언론의 입맛에 따라 정반대로 해석이상기·한혜경·오창호, 2006되거나, 객관적 사실 보도보다는 정파적 정치투쟁의 도구로 활용되거나, 스스로 도구가 되기를 자임하는 현상이재경, 2007a이 나타나고 있는 게 한국 언론의 현실이다. 특히 언론이 자체 권력화 차원에서 야마를 잡고 보도 내용을 특정한 방향으로 왜곡하는 현상은 사회적 갈등 이슈가 발생할 때 더욱 심각한 양상으로 나타난다. 사회적 갈등의 조정자로서가 아니라 자사의 이해관계나 이데올로기에 따라 갈등 당사자 중 어느 한쪽을 대변하는 역할을 하기 때문이다.

다시 말하지만 야마를 중심에 두는 한국 언론의 취재 보도 관행은 저널리즘의 본령에서 크게 벗어나 있다. 예컨대 미리 정해진 야마에 맞춰 사실을 재구성하거나, 보여주고 싶은 내용만 기사에 담거나, 전체 사실의 일부만을 과장해서 보여주거나, 엉뚱한 사실을 특정 사안과 관련 있는 것처럼 엮거나 하는 일은 '진실 보도'라는 저널리즘의 기본 원칙을 훼손한다.

야마 중심의 취재 보도 관행은 우리 사회의 갈등을 부추기거나 유발하는 심각한 요인이다. 사안의 본질과 진실을 국민에게 알려주기보다는 정파적 입장에 따라 왜곡된 현실을 강조하는 일이 많기 때문이다. 2008년 광우병 관련 촛불 시위, 2009년 용산 참사, 4대강 논란, 세종시 수정 등 21세기 초 한국 사회에서 일어났던 굵직굵직한 사안에 대한 언론의 보도가 진실을 국민에게 알려주기보다는 정파적 입장에 따라 왜곡된 현실을 보여줌으로써 국민 갈등을 부추겼다는 지적을 받고 있다. 2008년 12월 한나라당에 의해 처음 공론화된 뒤 무려 8개월간 여야 공방과 사회적 논란을 거치다 2009년 7월 22일 마침내 국회에서 통과된 미디어법에 대한 보도 태도 또한 이러한 지적을 피할 수 없다. 여야가 해머까지 동원해가며 국회에서 3번의 '입법 전쟁'을 치렀던 미디어법에 대해 한국 언론은 각자의 이해관계에 따라 선전과 몰아가기, 왜곡 보도를 일삼았다는 비판을 받았다. 즉 야마를 지나치게 강조하고 야마를 중심으로 지면을 만드는 관행은 한국 언론의 고질적인 병폐인 정파성, 몰아가기 등과 관련이 크다.

이 책에서 나는 그동안 언론계의 실무적 차원에서도, 학문적 차원에서도 제대로 다뤄지지 않았던 야마의 기본 개념, 발생 배경, 작용 메커니즘 등을 면밀하게 파악해 우리 언론 현실의 중요한 단면을 명징하게 포착하고자 한다. 이를 통해 우리 사회 언론의 비틀어진 취재 보도 관행을 반성하고 사회적으로 바람직한 언론 윤리와 관행을 고민하는 계기를 만들 수 있을 것으로 기대한다.

이 책은 야마의 성격과 메커니즘 규명이라는 목표 아래, 한국 언론인이 야마를 어떻게 생각하고 있으며, 취재와 보도 과정에서 야마를 잡을 때 어떤 전략을 사용하는지, 야마를 잡을 때 현장 기자와 데스크 간에는 어떤 상호작용이 이루어지는지, 야마 결정에 어떤 요인이 영향을 미치는지 등을 주요하게 다뤘다. 이를 위해 현직 기자와 심층 인터뷰를 통해 야마의 정의와 특성, 구성 과정, 발생 배경 등을 분석했다. 기본적으로 전문직으로서의 기자적 양심과 저널리즘의 기본 원칙에 따라 객관적이고 정확하고 공정한 보도를 하는 관행에 더 의존하는지, 아니면 소속 신문사와 데스크의 지시나 영향력에 따라 저널리즘적 가치보다는 정치적, 이념적 가치 구현을 위해 취재하고 보도하는 관행에 더 의존하는지도 인터뷰를 통해 분석했다. 기사의 야마를 애초에 어디에서 얻고, 정해진 야마에 따라 정보원과 어떻게 접촉하고, 인터뷰는 어떤 방식으로 진행하며, 기사는 어떤 방식으로 쓰는지 등도 알아봤다. 이어 최근 우리 사회의 핫이슈였던 미디어법 개정, 학교 무상 급식 보도와 관련해 각 언론사와 기자가 어떻게 야마를 잡았는지에 대해 분석했다. 아울러 한국 언론 관행의 현실과 앞으로 개선해야 할 방향 등을 제시하고자 했다.

이 책은 나의 석사논문〈한국 언론의 야마 관행과 언론의 현실 구성〉, 서울대, 2010을 바탕으로 재집필한 것이다. 논문의 지도교수로서 연구 진행에 소중한 조언을 해주신 이준웅 교수님께 감사드린다. 항상 옆에서 지켜보며 격려를 아끼지 않았던 강명구 교수님과 윤석민 교수님, 양승목 교수님께도 고맙다는 말씀을 전한다.

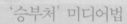

1장

'승부처' 미디어법

여야 "선거때 여론 향배 갈려" 인식 탓 양보 안해

"미디어신

언론 장악

30년된

바꾸기 유

'야마'란
무엇인가
?

한국 언론인이 취재와 보도 과정에서 흔히 사용하는 말인 '야마'는, 일제 식민주의 잔재로 어떤 물건의 높은 부분이나 고비·최고조·절정·클라이맥스 등을 의미한다. 우리 언론계에서는, 기사의 주제·핵심·방향·논조 등을 두루 포괄하는 용어로 쓰인다. 특히 기자는 야마를 기사의 초점이나 부각시킬 측면 등을 지칭하는 데 사용한다. 따라서 '야마를 잡는다'라는 말은 기사를 작성할 때 기사로서 그럴듯하게 보일 수 있도록 관련 정보를 구성하고 부각할 측면을 선택하는 것을 의미한다. '야마'를 잘 잡는 기자가 유능한 기자이기 때문에 신입 기자는 '팩트'를 챙기는 훈련과 함께 '야마 잡는' 훈련을 동시에 받게 된다. '야마'를 어떻게 잡느냐에 따라 같은 사안이라도 전혀 다른 기사가 될 수 있기 때문이다. 유럽이나 미국에서는 '스토리 라인story line'이나 '스토리 앵글story angle' 등이 비슷한 의미로 사용되고 있다.

01

'프레임틀'
개념과의
유사성

야마를 한마디로 표현하기는 어렵다. 야마와 매일같이 씨름하는 기자도 야마를 한마디로 표현하는 데 애를 먹는다. 그렇다면 야마의 정체를 파악하는 작업을 어디서부터 시작해야 할까? 그 단초를 찾기 위해 '프레임'이라는 개념에서부터 출발한다.

한국 언론에서 오랫동안 직업 수행의 핵심적인 요소로 간주돼왔던 '야마'는 최근 언론학에서 주목받고 있는 '프레임frame'과 유사한 측면이 많다. 프레임은 사전적으로 카메라 앵글이나 사진의 바깥 부분을 감싸는 '틀'을 말한다. 카메라 앵글이나 틀에 따라 같은 대상이 다르게 보일 수 있다는 의미를 가진다. 프레임이 학문적 개념으로 논의되기 시작한 것은, 캐나다 출신으로 미국에서 활동한 사회학자 고프만Goffman의 저서 《프레임 분석Frame Analysis》1974이라고 할 수 있다. 고프만은 이 책을 통해 사람들이 세상을 인식하고 의미를 부여하는 방식과 조건을 밝히려 했다. 고프만에 따르면, 세상일은 하나의 연속적인 흐름이다. 그러나 사람들은 이를 '자의적'으로 잘

라내 인식하게 되는데 이를 '스트립strip'이라고 한다. 여기서 '자의적'이라는 말은 연속적인 것을 내적 통일성을 갖춘 사건event 단위로 잘라내는 방식이 절대적이거나 혹은 내재된 법칙 등에 의해 결정되는 것이 아니라, 사회적 혹은 주관적이라는 뜻이다. 어떤 식으로 잘라내 인식하느냐에 따라 그 사안의 의미가 달라질 수 있다. 마치 사진의 틀에 따라 사진의 내용이 다르게 보일 수 있듯이, 세상일에 대한 인식도 어떻게 틀을 짓느냐에 따라 달라질 수 있다는 것이다. 고프만은 사람들 간의 상호작용, 특히 면대면face-to-face 상호작용에서 의미를 파악하게 하고 협상negotiate을 가능하게 하는 맥락context, 배경background, 상황 규정definition of situation 등 포괄적인 해석의 틀을 지칭하는 개념으로 프레임을 사용했다.

언론학계에서 프레임이라는 개념은 1970년대 후반, 문화 연구나 비판 연구를 하는 학자들에 의해 본격적으로 사용되기 시작했다. 1980년대 후반 이후에는 언론이나 수용자의 연구는 물론, 광고 홍보 분야까지 확산됐다. 2000년을 전후해서는 프레임은 몇 안 되는 언론학계 공통의 관심 주제 가운데 하나로 자리 잡았다. 프레임을 뉴스 연구에 본격적으로 이용한 학자는 터크만Tuchman이다. 뉴스 사회학자인 터크만은 《뉴스 만들기Making News》1978라는 자신의 저서 첫 상을 '프레임으로서 뉴스News as Frame'로 시작하면서 "뉴스는 세상을 향한 창이며, 우리는 그 창틀을 통해" 세상을 알게 된다고 적었다1쪽. 터크만은 '세상을 보는 창인 뉴스 틀은 고정적이고 객관적인 것이 아니라 상대적이고 만들어져가는 것'이라고 했다. 뉴스가 세상을 객관적으로 반영한다고 하는 이른바 '거울 이론mirror theory'을 완전히 부정한 셈이다. 터크만은 언론사 조직이 뉴스라는 상품을 정해진 시간에 안정적으로 만들어내 독자에게 공급하기 위해 업무를 '정형화typification'하는 방식에 초점을 맞춰 뉴스 프레임의 성격을 규명하려 했다. 터크만이 "뉴스는 언론사 조직의 필요의 결과"라고 말한 것도 이 같은 맥락에서다2쪽.

터크만은 기자가 세상의 수많은 사안 중 일부를 뉴스로 인식하고 분류하는 방식을 프레임이라고 봤다. 하지만 그는 뉴스 텍스트에서 구체적인 프레임이나 프레임 기제를 찾으려고 하지는 않았다. 따라서 그가 말하는 프레임은 최근 언론학자가 흔히 사용하는 미디어 프레임의 개념, 즉 미디어 메시지나 뉴스 텍스트에 드러나거나 숨어 있는 보도 대상, 사안에 대한 규정이나 해석이라는 의미와는 차이가 있다.

터크만 이후 미디어 메시지의 특징과 생산과정을 연구하는 많은 학자가 프레임 개념을 차용했다. 그리고 프레임은 미디어가 현실을 해석하고 의미를 부여하는 방식이라는 뜻으로 사용되기 시작했다. 이 과정에서 미디어 메시지, 좀 더 구체적으로 뉴스 텍스트에서 프레임을 찾으려는 경향이 뚜렷해졌다. 특히 대중매체의 이데올로기적 성격을 연구하는 학자는 한 사회의 이데올로기와 가치values, 문화culture 등이 사회 전체로 전파되는 구체적인 기제로 미디어혹은 뉴스 프레임이라는 개념을 사용했다. 대표적인 학자가 기틀린Gitlin, 1980이다. 미디어 프레임은 일견 자연스럽고 당연하게 보이지만, 실제로는 기자 혹은 언론사의 선택과 배제, 부각, 해석 등의 결과인 것이다. 기틀린은 현대 기업 자본주의corporate capitalism 사회에서 미디어는 학교와 함께 지배 이데올로기hegemonic ideology를 형성하고 전파하는 핵심 기관이며, 이 같은 지배 이데올로기가 전파되는 구체적인 기제를 미디어 프레임이라고 봤다. 미디어 프레임이 자연스럽고 당연한 것으로 받아들여진다는 점 자체가 미디어 프레임의 이데올로기적 성격을 반영한다는 것이다. 이 같은 이론적 바탕에서 기틀린은 1960년대 후반 미국 주류 언론 사가 신좌익New Left 학생 단체인 '민주 사회를 위한 학생회Students for a Democratic Society'를 어떻게 묘사했는지를 분석했다. 기틀린의 분석 결과, 미국의 주류 언론이라고 할 수 있는 〈뉴욕타임스〉와 〈CBS〉 뉴스는 '민주 사회를 위한 학생회'를 초기에는 호의적으로 보도했다. 그러나 학생회가 언론의 관심으로 규모 면에서 성장하고, 월남전 반전시위와 반反대기업 시위를 주도하는 등 기업과 정치 엘리트의 지배 이데올로기에 직접적인 위협으로 등장하자, 하찮은 운동으로 규정하거나 내부 분란을 강조하거나, 참가자를 비정상적인 사람으로 묘사하는 등 다양한 프레임 기제를 통해 학생회 활동을 묘사하기 시작했다. 기틀린은 표면적인 뉴스 텍스트의 이면에 흐르는 이데올로기적 성격을 들춰냈다. 기틀린의 연구는 이후 이데올로기, 특히 그람시Gramsci의 헤게모니 이론과 뉴스 미디어의 연관성을 분석하는 연구의 촉발제가 되었다. 기틀린은 그람시의 헤게모니 이론이 제시한 것처럼 지배 이데올로기가 고정적인 것이 아니라 도전받고 변할 수 있다는 점을 인정하면서도, 현대 기업 자본주의 사회에서 지배 이데올로기가 무엇이며 이것이 어떻게 미디어를 통해 전파되는지에 초점을 맞췄다.

핼린1994 역시 미디어 프레임에 나타난 지배 이데올로기의 변화 가능성을 실증적으로 추적했다는 점에서 주목할 만하다. 핼린은 1960년대 베트남전쟁과 1980년대 중미 엘살바도르 사태에 대한 미국 주류 언론의 프레임을 비교한 결과 베트남전 보도에서는 '냉전Cold War' 프레임이 지배적이었으나 엘살바도르 사태 보도에서는 '냉전' 프레임이 '인권Human Rights' 프레임에 의해 도전받고 있다는 사실을 알아냈다. 핼린은 이에 대해 지배 이데올로기가 단순히 주장이나 아이디어의 형태로 존재하는 것이 아니라, 기자의 직업 규범, 특히 객관성objectivity이라는 가치와 공적 취재원 의존이라는 관행 등을 통해 작동하기 때문에 쉽게 변하지 않는 관성을 갖고 있다고 결론 내렸다.

기틀린이나 핼린과 달리, 갬슨은 한 사회가 공유하는 최상위 수준의 가치라고 할 수 있는 이데올로기보다는 서로 상충하고 혼재하는 하위 가치나 문화 등에 프레임을 연결시켰다. 갬슨은 사회적 이슈를 둘러싼 레토릭 등을 통한 이해관계자 간의 투쟁과 이에 따른 여론의 향방을 규명하는 데 프레임이라는 개념을 사용했다. 갬슨에 따르면, 이슈와 공공 정책은 이른바 '이슈 후원자issue sponsors' 간에 벌어지는 상징적 공론의 장에서의 싸움에 의해 결정된다. 이슈 후원자는 다양한 상징을 통해 해당 이슈를 어떻게 바라봐야 할 것인지를 규정하게 되는데, 갬슨은 이때 그들이 사용하는 구호·그림·비유 등의 상징적 장치를 모두 묶어 '패키지package'라고 불렀다. 갬슨은 패키지의 핵심 기제로 프레임을 꼽았다. 프레임은 "이야기를 구성하는 데 있어 해당 사안의 의미가 무엇인지를 말해주는 핵심적인 아이디어"이며 통상 "쟁점이 무엇인지, 이슈의 본질이 무엇인지를 제시한다143쪽"는 게 갬슨의 설명이다. 갬슨은 프레임을 포함한 패키지가 상황이나 여론에 따라 변화한다는 점에 주목해 사회보장 정책Gamson & Lasch, 1983, 인종차별 해소 정책Gamson & Modigliani, 1987, 핵발전소 정책Gamson & Modigl iani, 1989 등을 역사적으로 분석했다.

02

'야 마'는
'프레임'과
다르다

앞에서 살펴본 것처럼 야마는 '프레임'과 관계가 깊다. 기틀린은 "현실에 대한 인식, 해석, 선택, 강조, 배제와 관련된 지속적인 패턴"을 프레임이라고 했다. 언론이 사회 현안 또는 이슈에 대한 보도 과정에서 특정 부분을 강조 또는 축소, 배제함으로써 독자적인 관점을 구축하는 것을 프레임이라고 부를 수 있는데, 야마도 어떤 사안의 특정 측면을 두드러지게 한다는 점에서 프레임과 개념적으로 유사하다. 프레임을 활용하는 것처럼 기자가 야마를 잡으면 그것이 기사에 반영되고, 독자는 제목이나 리드를 통해서 야마를 알게 된다.

많은 점에서 야마는 프레임과 닮았다. 예컨대 존슨-카티Johnson-Cartee, 2005는 프레임을 "뉴스 내용을 조직하는 중심적 아이디어로 선택, 강조, 배제, 정교화 등의 작업을 통해 맥락을 제공"하는 것으로 규정했는데 이는 야마의 개념과 흡사하다. 기자가 어떤 사안이나 이슈의 특정 측면을 강조하는 전략인 '야마'와 프레임은 깊은 관련이 있는 것이다. 송용회2006 역시 야마를 프레임과 같은 개념으로 사용하고 있다. 그는 현업 언론계에서 오랫동안 업무 수행의 핵심적인 요소로 간주되어왔던 이른바 '야마'가 언론학자 사이에서 각광받는 연구 주제인 프레임, 혹은 프레이밍framing 연구라고 단정하고 있다.

하지만 야마는 프레임과 다르다. 프레임을 연구하는 학자는 대체로 미디어 프레임이 텍스트에서만 작동하는 것으로 본다. 실제로 최근의 미디어 프레임 연구는 텍스트 분석에 주력하고 있다. 미디어 프레임 연구가 텍스트에만 주력할 경우 무엇보다 현대사회에서 가장 강력한 현실 규정 매체라고 할 수 있는 TV 뉴스 담론이 구사하는 가장 핵심적인 프레임 장치인 영상에 대한 분석이 소홀해질 수 있다는 문제점이 나타난다. 실제로 TV 뉴스는 영상을 중심으로 뉴스 가치가 결정되고 뉴스 텍스트가 구성된다고 해도 과언이 아니다. 텍스트를 강조하는 프레임 개념은 또한 텍스트의 존재 전후에 발생하는 맥락을 설명하는 데에도 한계가 있다. 특정 텍스트, 즉 어떤 뉴스 꼭지 하나를 생산하는 데 있어 언론사와 기자가 어떤 생각과 의도를 가지고 취재를 시작하는지, 취재를 하면서 어떤 방식으로 취재원과 접촉하는지, 취재 내용을 어떻게 해석하는지, 기사를 작성할 때 어떤 방식으로 애초의 생각이나 의도를 부각하는지, 신문 지면이나 방송 화면에 내보낼 때 어떤 전략을 쓰는지가 모두 규명될 때 한 기사에 담긴 의미를 총체적으로 이해할 수 있다. 그동안 많은 언론학자가 사용해온 프레임 개념으로는 이런 총체적인 뉴스 분석을 하는 데에 한계가 있다.

그런 점에서 야마는 프레임 개념이 갖고 있는 한계를 뛰어넘을 수 있는 매력적인 개념이다. 프레임은 뉴스 기사의 텍스트적 성격과 관련이 되지만, 야마는 언론인이 취재하고 기사를 쓰는 과정에서 작동하는 메커니즘 전체를 말한다. 즉 기사에 대한 아이디어를 내고 현장에서 취재를 하고 데스크와의 상호작용을 거쳐 기사로 쓰는 과정 전체에 야마가 핵심적인 역할을 한다. 언론계에서 흔히 통용되는 "기사는 야마에서 시작하고 야마에서 끝난다"는 말이 이를 뒷받침한다. 야마는 작게는 기사 꼭지 하나에 담긴 주제를 의미하면서 크게는 기사 작성과 관련된 언론의 총체적인 취재·보도 전략을 포함한다. 야마가 한국 언론을 이해하는 핵심 개념 가운데 하나인 이유가 여기에 있다. 한국의 기자는 대체로 야마를 ①기사의 주제, ②세상을 바라보는 눈이나 관점, ③기사에 담긴 메시지, ④기사를 쓴의도 등으로 이해하고 있다3장 참조. 말하자면 야마는 기자가 어떤 시각을 통해서 사안을 바라보는지와 기사를 통해서 주장하고자 하는 주제나 메시지, 의도 등을 모두 포괄하는 개념이라고 할 수 있다.

프레임은 기사의 중심적 내용과 맞닿아 있다. 프레임의 핵심 뉴스 텍스트의 구성에 대해 반다이크van Dijk는 ①사건의 의미를 구성하는 주제적 구조thematic structures, ②규칙에 따라 초구조적 범주를 제공하는 뉴스 도식news schemata, ③텍스트 내의 국지적 일관성을 지배하는 마이크로 구조microstructures, ④담론적 스타일discourse style, ⑤수사적 장치rhetoric devices 등을 뉴스 텍스트의 구성 요소로 제시했다. 즉 하나의 뉴스 텍스트는 의미적·구조적·명제적·스타일적·수사적 규칙에 따라 내적으로 조정되고, 이러한 층이 상호 조화를 이루어 의미를 형성하는 복합적인 다층 구조를 갖고 있다는 것이다. 이준웅은 뉴스 텍스트를 구성하는 세 층위를 ①이야기 구조, ②표현 요소, ③가치 표상으로 구분해서 제시했다. 다시 말해 구체적인 뉴스 아이템은 주제 구조의 형성을 중심으로 전개되는 이야기이며, 이는 뉴스 표제, 도입lead, 인용문, 도표, 결론 등의 표현 양식과 표현의 자유, 사회적 안정, 평등한 권리, 경제적 발전 등과 같은 가치 표상의 차원과 함께 뉴스 텍스트를 구성한다는 설명이다.

일차적으로 야마도 프레임과 비슷하게 특정 기사의 주제 정도의 의미가 되겠지만, 그것만으로는 야마의 성격을 제대로 파악할 수 없다. 기자가 그러한 야마를 어디에서 착안했고, 취재 과정에서 어떻게 구체화했으며, 기사 작성 때 어떤 방식으로 적용했는지, 그리고 데스크와 어떤 상호작용을 했는지를 파악해야만 한다. 가령, 기자는 야마를 잡는 과정에서 데스크와 긴밀한 상호작용을 할 수밖에 없고 그 과정에서 야마는 또 다른 형태로 취재와 기사 작성에 작용한다. 기자 개인적 차원의 야마 구성이 1차원적인 것이라면 이는 2차원적 야마 구성 과정이라고 부를 수 있다. 기자와 데스크 간의 상호작용을 통한 야마 구성은 둘 간의 역학 관계에 의해 크게 달라진다. 기자가 주도권을 갖는 경우에는 '자율적 야마 구성'이 이루어지고, 데스크가 영향력이 더 큰 경우에는 '권위적 야마 구성'이 이루어질 수밖에 없다. 이러한 현상은 언론사에 따라, 부서에 따라, 기자나 데스크의 개인적 성향에 따라 다르게 나타날 수 있다.

따라서 야마는 뉴스 텍스트의 구성적 특징은 물론이고 기자와 언론사가 지향하는 논조까지도 포함하는 개념으로 보는 게 맞다. 즉 야마는 이준웅2008이 말한 이야기 구조, 표현 요소, 가치 표상 등 프레임 차원의 속성에 덧붙여 기자와 언론사가 특정 사안을 지속적으로 이끌어가는 전술적·전략적·정치적 방향까지도 의미한다. 엔트만1993의 개념을 빌린다면, 야마는

'주제적 프레임thematic frame' 즉, 기자나 언론사의 평가적 방향을 의미하는 논조를 말한다. 이 책에서는 야마를 '취재 및 보도 관행에 기능적으로 활용되는 잠재적이거나 현재적인 기사의 속성으로 기사의 주제, 시각, 의도, 논조 등이 결합된 것'으로 정의하고자 한다. 이 같은 야마의 정의에 따르면, 야마는 언론인이 특정 정치 이슈나 논쟁의 대상이 되는 공적 이슈를 정의하고 구성하는 과정 전반을 관통하는 기제라고 보는 게 맞다.

따라서 야마 연구는 프레임 연구를 넘어서 미디어의 작동 원리와 미디어 담론상의 특징 등을 포괄하는 미디어 프레임 작동 장치를 점검하는 데까지 나아갈 수 있다. 즉 야마는 프레임이 형성 또는 구축되는 과정을 분석하는 데 유용한 도구가 된다. 다시 말해 야마 연구가 단순히 개별 기사나 기자 개인의 측면에서만 야마를 분석하는 것이라면 프레임 연구와 다를 바가 없지만, 언론사와 데스크 그리고 기자가 어떻게 상호작용을 해서 특정 주제를 가진 기사를 만들어내는지를 파악한다면 텍스트 중심의 분석에 치중하는 프레임 연구의 한계를 뛰어넘을 수 있다. 프레임은 텍스트 분석을 통해 어느 정도 찾아낼 수 있지만, 야마는 데스크의 취재 지시, 기사 아이템 기획, 현장 취재, 기사 작성 또는 보도, 게이트 키핑을 둘러싼 기자와 데스크 간의 상호과정까지 포함하는 취재에서 보도에 이르는 전 과정을 분석해야 분명하게 찾을 수 있는 개념이다.

지금까지 프레임과 야마가 다르다는 점을 강조했지만, 학문적으로 엄밀하게 따진다면 프레임과 야마의 개념은 교집합이 상당히 큰 두 개의 개념이다. 그런데도 굳이 내가 야마 개념을 뉴스 분석에 이용해야 한다고 주장하는 이유는 야마가 갖고 있는 주요한 속성 가운데 하나인 '의도성' 때문이다. 의도성은 기사를 쓰는 동기나 목표를 말한다. 모든 기사에는 의도가 숨어 있다. 단순히 독자나 시청자의 눈길을 끌고자 하는 1차원적인 의도에서부터 언론사의 정치적 지향에 맞는 정치·사회 세력을 띄우기 위한 의도, 광고를 따기 위해 특정 기업을 '빨아주기' 위한 의도, 언론사가 주최하는 특정 행사를 널리 알리기 위한 의도, 언론사에 해가 되는 세력을 짓누르기 위한 의도, 권력의 감시견으로 소임을 다하겠다는 의도, 권력에 무릎 꿇지 않고 언론 자유를 수호하겠다는 의도 등 다양한 의도와 동기가 작용하고 있다. 저널리즘의 본령에 충실한 기자라면 사안의 본질을 명확히 파악해 그것의 전모를 드러내는 보도를 해야 하지만, 실제 현장 기자는 그러한 '진실 보도'에 매달리기보다는 그 기사를 통해서 얻고자 하는 어떤 노림수나 의도, 목표에 사로잡혀 있는 경우가 허다하다. 소속 언론사의 이해관계가 걸려 있는 사안을 보도할 때 자사의 이익을 키우거나 두둔하는 쪽으로 기사를 쓰거나, 정치적인 의도 아래 특정인을 지나치게 띄우거나 또는 비판하는 기사를 내보내는 것은 모두 의도성이라는 속성을 지닌 야마에 의해 구현된다고 봐도 지나치지 않다.

여기서 일부 독자는 기틀린처럼 프레임 분석을 통해 뉴스 텍스트의 이데올로기적 속성을 따지는 작업과 야마 분석을 통해 뉴스 텍스트의 의도성을 분석하는 게 무슨 차이가 있느냐고 물을 수 있다. 충분히 던질 수 있는 질문이다. 이에 대한 답을 얻기 위해서는 한국 언론의 특성을 이해할 필요가 있을 것이다. 흔히 한국 언론을 '진보 언론'과 '보수 언론'으로 구분하지만, 실제로 이 같은 구분이 실효성이 있는지는 의문이다. 진보와 보수의 본래 개념에 따라 엄밀하게 구분했다기보다는 정치·사회 세력이 정파적 목적을 위해 특정 언론에 진보 언론이니 보수 언론이니 하는 이름을 붙였다고 보는 게 더 정확하다. 성공회대 신문방송학과 김서중 교수 등 많은 언론학자도 한국 언론은 이념적 성격에 따른 차이보다는 정파적 성격에 따른 차이가 더 크다고 말한다. 친여당적 언론, 친야당적 언론이라는 구분이 더 적절하다는 것이다. 그렇게 본다면, 한국 언론의 보도도 정파성 정도에 따라 서로 다른 결과물로 나타난다고 할 수 있다. 다시 말해 한국 언론은 정파적이라는 잣대에 의한 분류가 더 타당하고, 따라서 언론 보도의 분석도 정파성에 주목해서 진행해야 더 설득력을 가질 수 있다. 야마 분석은 이데올로기적 잣대를 많이 들이대는 프레임 분석에서 놓칠 수 있는 '정파적 의도성'을 찾아낼 수 있는 적절한 방법이라고 확신한다.

03

야마를 결정하는 요인은 무엇일까? 이와 관련해 갠스Gans가 제시한 기사 선택의 작용 요인을 살펴보자. 그는 《뉴스의 결정Deciding What's News》1980이 라는 책에서 기자가 기사를 선택할 때 무엇이 작용하는지에 대해 다음과 같이 설명했다.

① 언론인 중심journalist-centered : 기사는 언론인의 전문적인 뉴스 판단 에 의해 만들어진다.

② 조직 요구organizational requirements : 조직의 요구에 의해 보도 조직 내 에서 관례화된 뉴스 생성 과정이 만들어지며 이를 통해 뉴스가 생 산된다.

③ 사건 중심event-centered : 사건이 그 중요성에 따라 스스로 기사로 반영되며, 이 과정에서 기자는 단지 거울로 사건을 비추어 그 이 미지를 수용자에게 반영한다.

④ 언론사 외적 요인 : 보도 조직 외 여러 요인이 뉴스 선택에 영향을 준다. 일부 마르크스주의자는 언론을 독점자본주의의 홍보물로, 언론인을 그 대행인으로 취급한다. 이데올로기적 결정론자는 언론인이 기사를 국내 권력자의 정치적 이데올로기에 연동시킨다고 주장한다. 문화 이론가는 이것을 더욱 확장해 언론인이 국가적인 문화의 가치에 부합하는 기사를 선택한다고 생각한다.

이 가운데 어떤 요인이 기자의 뉴스 선택에 더 영향을 미치는지는 연구자에 따라 의견이 다르다. 먼저 ③번 '사건 중심' 요인을 살펴보자. 이 설명은 기자가 취재하려는 사건 자체가 특정한 기사 결정 요인을 내재하고 있다는 말이다. 가령 자동차 추돌 사고가 발생했을 때 그 사안이 기사가 될 만한지, 된다면 어떤 기사가 될지는 추돌 사고 자체에 이미 담겨 있다는 얘기다. 이는 '뉴스 가치'란 개념을 말한다. 뉴스 가치news value 이론에 따르면, 뉴스 선별 과정에서 뉴스 결정 요인은 미디어 기관의 시간과 지면 구조에서뿐만이 아니라 사건 자체가 지니는 본질적 의미에서도 만들어진다. 박정순1995은 본질적 뉴스를 결정하는 본질적 요인으로 사건의 강도나 크기intensity, 사건의 명확성clarity, 사건의 의미성과 관련성meaningful, relevant, 사건의 동조성consonance, usualness, 사건의 희소성unusual, unexpected, 사건의 지속성continuity 등을 꼽았다. 이들 요인이 많이 들어 있는 사건일수록 뉴스 가치가 높다는 설명이다. 한 사건이 누구에게나 한 가지 또는 제한된 의미로서 받아들여질 수 있을 때 더욱더 쉽게 사람들의 주의를 끌게 됨을 말한다. 이것은 사건의 단순함이나 복잡성의 차원과는 다른 것으로, 의미의 애매성

없이 명료하게 해석될 수 있는 사건이 여러 가지로 해석될 수 있는 사건에 비해 뉴스로서 보도될 가치를 지님을 말한다. 사건의 의미성은 독자나 시청자의 문화적 준거 틀 안에 들어가는 사건일수록 뉴스 가치가 있게 되고, 문화적 근접성이나 관련성이 있을 때 더욱더 뉴스로서 주목을 받게 됨을 말한다. 우리가 보통 말하는 '중요한 일_{정치, 경제, 사회적인}'이 여기에 속한다. '의미성'의 또 다른 차원은 '관련성'으로서 비록 문화적으로는 무관하다 하더라도 독자나 시청자에게 의미 있는 관계를 암시해줄 수 있다면 뉴스 가치가 있음을 말한다. 그렇기 때문에 문화적으로 거리가 먼 나라의 사회적 문제가 우리 사회의 사회적 갈등 양상과 연결될 때 뉴스가 되는 것이다. 사건의 동조성이란 사건이 우리의 정신적 이미지와 일치될 때 뉴스가 될 가능성이 커짐을 말한다. 이런 의미에서 뉴스는 새로운 것이 아니다. 우리는 새로운 것도 우리 머릿속의 준거 틀에 의해 선별적으로 해석하고 받아들이게 된다. 따라서 기자가 갖는 인식의 준거 틀과 일치되지 않는 것은 뉴스로서 등록될 확률이 낮아지게 된다. 사건의 희소성은 의미성과 동조성을 보완하는 뉴스 가치성이다. 즉 기자가 갖는 '흔한 것'의 정의에 맞지 않는 '흔하지 않는 것'이 뉴스가 된다는 뜻이다. 따라서 규칙적인 뉴스 매체의 발행주기 안에 발생하는 규칙적이고 반복적인 사건은 예측할 수 있을 뿐만 아니라 희소성도 없기 때문에 뉴스 가치를 갖기 어렵다. 예측할 수 있는 일이라도 흔하지 않을 때 뉴스 가치를 갖게 된다. 사건의 지속성은 일단 한 번 뉴스가 된 사건은 계속 뉴스가 될 확률이 높음을 뜻한다. 뉴스 가치는 시공간성과 더불어 위의 조건을 많이 충족시키면 시킬수록 높아진다고 할 수 있다.

뉴스 가치가 야마의 주요 결정 요인이라고 한다면, 야마 연구의 필요성은 현저하게 줄어든다. 왜냐하면, 뉴스 가치는 언론사가 속해 있는 환경과 문화, 여건과 그다지 깊은 관련이 없기 때문이다. 가령 어떤 사건이 발생하면 그 사건이 가지고 있는 뉴스 가치가 있을 것이고, 언론사가 그에 따라 똑같은 보도를 한다면 서로 다른 형태와 성향의 언론사가 존재할 이유가 없기 때문이다. 따라서 뉴스 가치는 취재 보도 판단의 기본적인 잣대가 될 수는 있을지 몰라도, 뉴스 결정의 결정적인 요소는 아니다.

다음으로 ①번 언론인의 개별성 요인을 살펴보자. 이 주장과 관련해 이화진1994은 보도국 조직 구성원이 각자 위치한 상황에서 자기 자신의 이익에 부합되는 믿음 체계로서 뉴스관, 뉴스 가치, 조직 문제의 해결책을 갖게 된다고 설명했다. 언론인은 조직 내에서의 전문 활동을 하기 위한 사회화를 통해 전문인으로서의 자신의 정체성을 획득한다. 즉 기자로서의 행위 패턴, 규범, 규칙 및 관행을 습득하고 이것을 사건 보도에서 '의미 구성을 위한 자원'으로 활용한다. 전문직으로서의 기자는 단순히 사회적 사건을 취재하고 보도해 정보를 제공하는 데 그치지 않는다. 전문직으로서의 기자는 사건의 사회 · 정치적 의미에 대한 해석, 보도를 통한 현실의 개혁 등의 역할을 추구한다.

전문직으로서의 기자는 취재 노하우, 기사 작성 요령, 인터뷰 방법 등의 기능적 요소를 갖춘다. 이와 함께 객관성이나 공정성 등의 윤리 규범도 따르게 된다. 가령 솔로스키Soloski, 1989는 기자가 객관성이라는 전문 규범을 활용해 뉴스를 판단하고 정보원을 결정한다고 설명한다. 객관성을 바탕으로 뉴스를 일련의 사실로 제시하여 공식적 지식을 통해 사건과 관련된 사실의 정확성을 내세운다는 것이다. 또한 특정 전문 직업에 요구되는 기술적, 이론적 지식은 전문직으로서의 사회적 위치를 확보하는 데 커다란 영향을 미친다. 전문직의 지식 체계는 사회로 하여금 그들이 제공하는 서비스에 대해 일정한 확신을 갖게 한다. 더 나아가서 자율성, 독점적 지위 등 기자로서의 권리를 주장하는 기초가 된다. 이에 따라 전문직으로서 기자의 작업은 자율적 판단이 그 핵심적 성격이 된다.

그러나 언론사 구성원으로서의 기자는 직접적으로 독자와 시청자를 상대로 무엇을 어떻게 생산할 것인가를 결정할 수 없다. 지식 노동자인 언론인의 권한은 할당된 자원과 예산 안에서 어떻게 상품을 만들어낼 것인가에 한정된다. 거대 자본화한 언론 기업 내에서 생산의 주체로서 기자 집단의 권한은 생산과정에 '적극적으로' 개입하기보다는 주어진 조건에 '반응'하는 데 불과하다는 지적도 있다Holland, 1978.

전문직으로서 언론인은 자율성을 갖고 있다고 하지만 현실적으로 그들은 언론 조직의 테두리를 벗어나기 어렵다. 언론 조직은 기자의 작업 과정에서 요구되는 자본과 자원을 통제하여 그러한 전문가로서의 기자의 역할에 제동을 건다. 솔로스키1989는 전문성은 언론인에게 경영조직의 간섭을 배제할 수 있는 독립성을 제공하지만, 이에 대응하여 뉴스 조직은 언론인의 전문적 행동을 제한하기 위한 규칙을 채택하게 된다고 말한다. 그는 특히 전문적 규범으로 인해 저널리스트에게 지나친 자유를 주는 것을 막기 위해 뉴스 조직은 '뉴스 정책news policy'을 내세우는 것으로 언론인의 행동을 제한한다고 주장한다. 민주주의 사회에서 언론사는 중요 정치적 기관으로, 정도의 차이는 있으나 '편집 방향editorial orientation' 또는 '편집 정책

editorial policy'을 갖기 마련이다_{Gerbner, 1964; Mann, 1974; Song, 2004a.}

이는 한국의 언론 현실에도 그대로 적용되는 것으로 보인다. 대부분의 언론사가 전문직 윤리 규범을 지닌 기자와 대립하기보다는 그들을 직간접적으로 통제하고 있기 때문이다. 여러 학문적 논문이나 보고서, 언론 비평서는 보수와 진보를 근간으로 한 편집 방향이 기사의 선정, 배치, 프레이밍 등 뉴스 가치 판단에 상당한 영향을 미치고 있음을 일관되게 보여준다_{임동욱, 2003; 손영준, 2004; 정재철, 2002; Song, 2004b.}

실제 한국 언론의 현실에서 뉴스 가치는 보도하고자 하는 사물이나 사안 자체의 뉴스 가치에 따라 결정된다기보다는 언론사가 그 사물이나 사안을 어떻게 바라보고자 하는지에 따라 결정되는 경우가 많다. 편집 방향은 기자의 취재 보도 과정에서 그 무엇보다 중요하게 작용하는 요인이다. 편집 방향에 대한 이해 없이 해당 언론이 싣는 기사를 이해하기는 힘들다. 흔히 어떤 언론은 어떻다는 식으로 한 언론의 성격을 규정짓곤 하는데, 언론의 성격은 한마디로 말해 그 언론의 편집 방향을 통해 구체화된다. 편집 방향이 해당 언론의 정체를 결정한다는 뜻이다.

송용회₂₀₀₆는 같은 사안을 보도하면서도 신문사의 편집 방향에 따라 기사의 선택과 배치 크기, 그리고 기사의 담론 형식은 물론 소개되는 인물과 그들의 발언 내용도 달리 보도되었다고 밝혔다. 브리드_{Breed, 1955}에 따르면 기사는 출처에 따라 네 가지 형태, 즉 '정책성 기사_{policy or campaign story}', '취재 지시를 받은 기사_{assigned story}', '출입처 기사_{beat story}', '기자의 자발성에 의한 기사_{story initiated by the staffer}'로 분류된다. 기자는 정책성 기사에서 거의 융통성을 가질 수 없으나, 취재 지시를 받은 기사의 경우 선택의 여지를 가진다. 출입처 기사의 경우 기자는 어떤 기사를 추적하고 어떤 것을 무시할지 선택할 수 있는 에디터의 역할을 할 수 있다. 후자로 갈수록 기자의 자율성이 커진다. 한국 언론에서 야마 기사는 전형적으로 '취재 지시를 받은 기사'를 말한다.

흔히 기자가 '총 맞았다'고 표현하는 이러한 하달 기사는 스트레이트 또는 박스 등 기사 구성 형식, 만나야 할 취재원, 기사 작성할 때 제일 앞에 내세워야 할 리드, 실릴 지면이나 방송 시간 등을 한꺼번에 결정한다. 데스크는 심지어 기사 구조, 기사 길이까지도 미리 결정한다. 이런 상황을 두고 많은 기자는 자신들을 '대서빵대서소 직원', '타이피스트', '아르바이트' 등으로 비하하기도 한다.

언론인이 기사 취재 및 작성과 관련해 데스크 또는 소속 회사로부터 얼마나 영향을 받고 있는지를 알아보기 위해 취재 보도 행태를 연구한 박재영2007의 결론도 비슷하다. 연구 결과, 자신의 의사와 무관한 기사화의 요구 횟수는 주당 1회 42.6퍼센트, 2회 20.3퍼센트, 3회 11.8퍼센트 등으로 언론인 대부분이 소속 부서에서 주당 최소한 1회 정도 자신의 의사와 무관한 주제를 기사화하도록 요구받고 있는 것으로 나타났다. 보도 내용에 영향을 미치는 요인은 '소속사 사주 내지 경영진의 영향력'과 '소속사 간부에 의한 세부 지침 하달'이 가장 크게 작용하는 것으로 조사됐다. 데스크와 의견이 엇갈릴 경우 대처 방안은 '대체로 데스크의 경험과 의견 존중' 33.6퍼센트, '기사 축소 등 적절한 차원에서 타협'56.3퍼센트 등 89.8퍼센트가 데스크의 경험과 의견을 존중하고 담당 부장이나 국장의 명령을 따르는 것이 한 조직의 질서나 경험의 측면에서 당연하다고 생각하는 것으로 나타났다고 박재영은 밝히고 있다.

이런 조사 결과는 〈조선일보〉의 300명이 넘는 서로 다른 기자가 왜 대체로 '조선일보스러운' 기사를 생산하는지, 왜 〈한겨레〉 기사는 대체로 '한겨레스러운'지를 어느 정도 설명할 수 있다.

제대로 된 저널리즘이라면 야마 구성은 기자와 데스크의 힘의 균형 상태에서 긴밀한 상호작용을 거쳐야 마땅하다. 현장에서 사안이 발생했을 때 기자가 진행되는 과정을 직접 관찰하고, 사안에 대한 관련 취재원과 접촉하고, 그에 바탕을 둔 야마를 잡으면, 데스크는 현장 기자의 관찰과 취재와 야마 잡기가 타당한지 여부를 제대로 판단해야 한다. 기자를 전문직으로 인정한다고 하지 않더라도, 기자와 데스크 간의 상호작용과 상호 결정은 저널리즘이라면 당연히 갖춰야 할 모습이다. 하지만 이런 방식의 야마 구성은 한국 언론에서 찾아보기 힘들어지고 있다. 데스크와 언론사의 힘은 상대적으로 커지는 반면, 소속 기자의 파워는 갈수록 약해지고 있기 때문이다. 한국 언론사 취재 보도 조직에서는 취재와 기사 작성 업무가 일원화돼 있다는 사실이 이를 잘 보여준다. 한국 언론사의 일반적인 구조는 또한 독립적이고 주체적인 기자가 모여 언론사의 정체성을 형성하기보다는 언론사의 정체성이 기자의 의식과 행동 규범을 좌지우지한다.

김원용과 이동훈2004은 뉴스 제작 과정과 관련해 기자 개인, 뉴스 조직, 뉴스 조직 외부 등을 모두 고려한 연구를 진행했다. 이들은 뉴스 제작 과정을 기자 개인, 뉴스 조직, 뉴스 조직 외부 등 세 차원으로 나눠 각 과정의 하위 요인을 중심으로 프레임 형성과 뉴스 제작 과정의 관계를 분석했다. 각 차원에 속한 하위 요인을 보면 첫째, 기자 개인 차원의 정치적 성향·신념·가치기자 사명감, 둘째, 뉴스 조직 차원의 게이트 키핑·정보원·뉴스 조직의 정치적 성향·뉴스 가치·저널리즘 규범·출입처 조직, 셋째, 뉴스 조직 외부 차원의 미디어 간 경쟁·정치집단 등의 외부 조직·이데올로기 등이 포함됐다.

연구 결과, 첫째, 뉴스 제작 과정에서 게이트 키핑의 역할이 매우 강조되고 있는 것으로 드러났다. 보도 프레임 형성 과정에서 게이트 키핑이 명시적 관계 속에서 큰 영향을 주고 있는 것으로 나타났다. 둘째, 기자 개인의 뉴스 제작 관행에 대한 사회화로 인해 기자의 신념과 가치·정치적 성향이 중개적 관계 이상의 큰 역할을 하지 못하는 것으로 나타났다. 뉴스 생산 조직의 시스템화로 인해 기자의 경력이 길수록 사회화 정도가 크고, 이로 인한 게이트 키핑의 정도는 그만큼 줄어드는 것으로 나타났다. 이것은 기자 개인의 영향력이 커진 것이 아니라, 게이트 키핑에 해당하는 과정을 기자 스스로 사회화했음을 보여주는 것이다. 셋째, 이데올로기나 정부기관·정치단체의 압력 등과 같이 기존의 연구에서 영향을 주는 것으로 간주되었던 요인이 이 연구에서는 큰 영향을 주지 못하는 것으로 나타났다.

이러한 연구 결과를 종합해볼 때 기자의 취재·보도 과정은 기자 개인이나 언론 외부적 요인보다 언론사 조직의 요구라는 요인에 강하게 영향 받고 있음을 알 수 있다. 그리고 조직 요인은 게이트 키핑과 밀접하게 연관돼 있음을 알 수 있다. 뉴스 제작 과정에서 언론 조직의 핵심을 구성하는 데스크의 게이트 키핑이 기자의 취재 및 기사 작성에 큰 영향을 미치고 있는 것이다.

따라서 한국 언론의 취재·보도 과정 및 뉴스 선택 과정의 핵심 요인인 야마 구성을 연구할 때, 가장 중요하게 고려해야 할 사항은 언론사 조직이 될 것이다. 즉 조직의 논리는 해당 언론사의 보도의 논조로 이어지고, 그 논조는 데스크를 통해 현장의 기자에게 직간접적으로 영향을 미치고 있다고 볼 수 있는 것이다. 다만, 현실에서 이러한 언론사 조직의 판단과 영향이 매 사안마다 기자에게 전달된다고 볼 수는 없다. 기자가 조직의 요구를 내면화하고 받아들여서 소속 언론사가 원하는 야마성 기사를 관행적으로 만드는 경우도 적지 않다고 볼 수 있다. 이는 여러 학자가 주장한 '기자 사회화socialization of journalists'를 통해 설명할 수 있다.

가령 시걸먼Sigelman, 1973은 기자가 언론사에 입사 후 어떻게 사회화되는지를 3단계로 나눠 보여준다.

① 신참 기자는 경험 많은 기자와 비공식적인 접촉을 통해 편집 정책에 동화하는 구체적인 방법을 알게 된다. 신참 기자는 고참 기자가 보여준 역할 모범에 자신의 기사를 부합시키려 함으로써 일종의 '예상적 사회화anticipatory socialization'가 진행된다. 이런 접촉을 통해 '병아리 기자'는 기자의 역할에 대해 어떤 전반적 시각을 가질 것인지 그리고 조직원에 대해 어떤 구체적 태도를 취할 것인지를 점차 깨닫게 된다.

② '기사 수정editorial revision'은 또 하나의 사회화 메커니즘이다. 일정 시간이 지나면서 그들이 당신에게 어떤 내용으로 기사를 써주기를 바라는지 예상할 수 있게 된다. 나중에는 스스로 기사의 내용을 일부 고쳐 부장의 시간과 수고를 덜어준다.

③ '편집회의editorial conference'도 중요한 사회화 메커니즘으로 기능한다. 경험 많은 기자만 참여하는 편집회의에서 고참 기자와 경영진은 보도 문제를 놓고 논의한다. 시걸먼은 이 3가지 가운데 편집회의가 가장 조직적이며 일관성 있고 중앙화된 사회화 과정이라고 평가했다.

브리드Breed, 1955 또한 뉴스 제작 과정 중 편집국에서 누가 뉴스 편집 방향에 영향을 미치며, 아랫사람은 어떻게 윗사람의 편집 정책editorial policy에 동조하는지를 설명한다. 브리드는 "인정하든 인정하지 않든 모든 신문은 정책을 갖고 있다"고 말했다. 기자의 정책에 대한 동조conformity, 사회화socialization of the staffer라는 메커니즘이 신문사마다 있다는 것이다. 그는 기자가 정책이 무엇이냐는 질문을 받으면 "삼투압에 의해 배운다"고 대답한다고 했다. 그는 기자가 편집 정책에 동조하는 요인을 여섯 가지로 들었다.

①제도적 권위와 제제institutional authority and sanction : 제제에 대한 두려움이 기자를 순종하게 만든다. 부장은 편집 방향에 어긋나는 기사를 무시할 수 있고, 이것이 불가능할 경우 기사를 '안전한' 기자에게 맡길 수 있다. 만약 편집 정책에 반하는 기사가 데스크의 책상에 올라오면 기사는 데스크에 의해 바뀐다.

②감사하는 마음과 상급자 존중feelings of obligation and esteem for superiors : 기자는 자신을 고용한 회사에 대해 감사하는 마음을 가질 수 있다. 기사에 대해 가르침을 주었거나 보호막이 되어주었거나 온

정주의적인 호의를 베풀어준 간부에 대해 존경심과 고마움을 갖는다.

③ 지위 상승 열망mobility aspirations : 모든 젊은 기자는 지위 상승의 희망을 갖고 있다. 그들은 편집 정책을 위반하는 것이 목표 달성에 심각한 장애가 될 것이라고 이해하고 있다.

④ 편집 정책 반대 집단의 부재absence of conflicting group allegiance : 기자를 위한 가장 큰 조합인 미국 신문 조합American Newspaper Guild은 편집 정책과 같은 내부 문제에 대해 가능하면 개입하지 않는다.

⑤ 기자 직업의 즐거움the pleasant nature of the activity : 편집국에서는 집단적 소속감을 느낀다. 기자 업무 수행은 흥미롭다. 비금전적인 특권이 있다.

⑥ 뉴스 가치의 공조news becomes a value : 뉴스 생산은 계속적인 과업이다. 기자는 객관성을 확립하려고 노력하는 대신 더 많고 좋은 뉴스를 얻기 위해 노력한다. 기자와 데스크 사이의 조화는 기사에 대한 공통 관심사에 의해 더욱 강화된다.

결국 언론인에 대한 언론 조직의 개입은 '힘에 의한 강제력enforcement by force'과 '동의에 의한 강제력enforcement by consent'을 통해 동시에 이루어지는 형태로 나타남을 알 수 있다. 그리고 한국 언론에서 이 두 가지 강제력은 야마성 기사의 난무와 극단적인 정파적 보도, 그리고 나아가 사회 갈등을 부추기는 결과로 이어지고 있다고 추정해볼 수 있다.

2장

'승부처' 미디어법

여야 "선거때 여론 향배 갈라" 인식 탓 양보 안해

기자가
말하는
'야마'

나는 야마의 정확한 개념을 파악하기 위해 기자를 대상으로 개별 심층 인터뷰를 진행했다. 심층 인터뷰 대상자의 관련 정보는 [표1]과 같다. 주요 인터뷰 대상자는 〈조선일보〉, 〈동아일보〉, 〈한국일보〉 기자 각 두 명, 〈경향신문〉과 〈한겨레〉 기자 각 세 명 등 모두 열두 명이다. 이들은 모두 미디어법 논쟁이 진행되는 동안, 미디어법에 관한 기사를 썼지만 소속은 정치부, 미디어 팀, 문화부, 산업부 등으로 다양하다. 미디어 전문지인 〈기자협회보〉와 〈미디어오늘〉 소속 기자 세 명과 뉴스 통신사인 〈연합뉴스〉, 지상파 TV인 〈SBS〉, 그리고 인터넷 매체인 〈프레시안〉의 기자 세 명에 대해서도 인터뷰를 진행했다. 중앙 일간지 외 기자를 인터뷰한 것은 이들이 제3자로서 신문의 보도 행태에 대해 좀 더 객관적으로 진술해줄 것이라 믿었기 때문이다. 이들 중에서 팀장이나 부장급으로 데스크 역할을 하는 기자는 전체 열여덟 명 가운데 여덟 명이다. 인터뷰는 한 사람당 약 두 시간씩 진행했다. 글을 작성하는 과정에서 전화와 이메일을 통해 보조적인 질문을 던지기도 했다.

[표1] 심층 인터뷰 기자 명단

기자	소속 언론사	기자 경력	주요 부서 경력	직급
A	가	13년	산업부, 사회부	차장
B	가	10년	산업부, 사회부	기자
C	나	6년	문화부, 사회부	기자
D	나	16년	문화부, 사회부	차장
E	다	11년	사회부, 문화부	기자
F	다	9년	정치부, 사회부	기자
G	라	14년	정치부, 사회부	차장
H	라	19년	정치부, 사회부	부장
I	라	9년	경제부, 산업부	기자
J	마	14년	편집부, 미디어 팀	기자
K	마	9년	사회부, 문화부	기자
L	마	17년	사회부, 문화부	차장
M	바	6년	사회부	기자
N	사	7년	정치부, 사회부	기자
O	사	14년	정치부, 사회부	차장
P	아	16년	경제부, 산업부	차장
Q	자	17년	문화부, 사회부	차장
R	차	4년	사회부	기자

[표2] 심층 인터뷰 주요 질문 목록

1	'야마'란 무엇인가?
2	아이디어 구성, 편집회의, 취재 수행, 기사 작성, 데스킹 단계별로 자신이 생각하는 기사의 야마는 어떻게 변하나?
3	취재하기도 전에 야마를 먼저 잡는다면 그 이유는 무엇인가?
4	야마에 맞는 기사를 쓰기 위해 취재원과는 어떻게 접촉하고, 인터뷰는 어떻게 진행하며, 기사의 양식은 어떻게 정하나?
5	데스크의 지시를 받아 야마를 잡는 경우는 얼마나 되는가? 데스크와 갈등이 있을 경우 대처법은?
6	기자의 전문성, 팀장의 성향, 회사 방침 등 여러 요인 가운데 야마를 정할 때 가장 크게 고려하는 요소는?
7	미디어법에 대한 자신의 기본 생각은 무엇이고 그 근거는 무엇인가?
8	(본인이 쓴 기사를 제시하며) 이 기사의 야마는 무엇이고, 왜 썼나? 데스크로부터 어떤 취재 지시를 받았고, 취재원 선정은 어떻게 했나?
9	다른 매체 기자는 어떻게 야마를 잡는다고 보는가?
10	자신이 쓴 기사의 야마에 대해 독자는 어떻게 평가한다고 보는가?

심층 인터뷰 결과를 바탕으로, 기자가 말하는 야마의 개념을 네 가지로 유형화하고, 각 유형들의 특징과 한계를 살펴봤다. 아울러 기자가 아이디어를 내고, 취재를 하고, 기사를 작성하는 등 기사 작성의 단계별로 야마를 어떻게 구성하는지에 대해서도 인터뷰 결과를 바탕으로 정리했다.

04

'야 마'의
개념

야마가 무엇이냐는 질문에 기자들은 대체로 "얘기가 되는 그 무엇"이라고
말했다. 어떤 사안이, 어떤 인물이, 어떤 행사에서 '얘기가 되는 부분'이
야마라는 것이다. 데스크도 흔히 "어떻게 얘기가 되지?" 또는 "이게 더 얘
기가 되는 것 아냐?"라는 말을 야마의 개념으로 사용한다고 했다. '얘기가
되는 것'을 좀 더 자세히 설명해달라고 하자, 기자들은 매우 다양하게 정
의를 내렸다. 단순하게 야마를 기사의 주제라고 보는 기자가 있는가 하면,
기자나 언론사의 주장이나 의도, 속셈까지 포함하는 개념으로 보는 기자도
적지 않았다.

하지만 그 누구도 기사에 야마가 있음을 부정하지는 않았다. 또한 야마
가 기사의 가장 중요한 부분이라는 데도 모두 동의했다. 다시 말해 야마는
기사에 반드시 나타나며, 기자의 취재·보도 활동에서 가장 중요한 그 무
엇이라는 것은 모두 인정하지만, 그 정의에 대해서는 생각이 조금씩 다른
셈이다.

기사 또는 사안의 핵심

일단 기사는 메시지이니까 주제는 있어야 한다고 본다. 설명문은 아니니까.(M)

기사의 핵심 아닌가. 너무 함축적인 의미라서 한 단어로 정리하긴 힘들 것 같은데…. 주제나 요점 같은 거라고 생각한다.(I)

야마는 주제를 명징하게 보여주는 방법이다. 여러 팩트 중에서도 가장 중요한 팩트를 써주는 것이고, 주제를 간단명료하게 보여주는 것이다.(E)

야마는 기사의 주제, 간판이라고 본다. 기사를 쓸 때 어차피 소재는 정해져 있는 건데, 소재를 가지고 기사로 완성하기 위해서는 시선, 시각, 카피라이트 개념이 필요하다. 즉 야마는 어떤 기사에서 제일 중요한 개념을 말한다.(R)

야마는 중요한 것을 정말 쉽게 표현한 것이다.(B)

야마는 핵심, 이런 뜻이 아닐까? 야마는 리드lead를 지칭하고 핵심을 리드에 표현하니까, 주제나 핵심이 될 듯하다.(O)

　야마를 주제나 핵심, 요점, 요지와 동일시하는 대답이다. 주제는 텍스트에 표현된 가장 두드러진 아이디어로서 어떤 사건이나 상황에 대한 전체적인 의미를 규정하는 데 중심 역할을 하는데, 야마가 주제 기능을 한다는 것이다. 야마가 핵심 주제라는 설명은 앞에서 살펴본 '프레임'을 떠올리게 한다. 내용적인 측면에서 프레임을 판별하는 기준은 핵심 주제이기 때문이다. 갬슨과 모디글리아니Gamson & Modigliani, 1989는 특정 이슈와 관련된 사건을 이해하는 데 필요한 중심적 견해 또는 그 이슈를 구성하는 '중심적 견해central organizing idea'를 프레임으로 정의했다. 넬슨과 그의 동료Nelson, Clawson, & Oxley, 1997도 '뉴스 내용을 조직하는 중심적인 아이디어'를 프레임 이라고 얘기한 바 있다.

주제로서의 야마는 기사에서 구현되기 전에 기사가 다루는 사안·사건·자료·상황·조건·특정인의 발언 내용 등, 기사의 원재료에서 먼저 규정돼야 한다. 보통 현장 기자가 데스크에게 기삿거리를 보고하면, 데스크는 "그것의 야마가 뭔데?"라고 묻는다. 기자가 보았거나, 들었거나, 알고 있는 원래 소스의 주제나 핵심이 무엇인지를 묻는 것이다. 가령 지하철 노동자가 파업에 들어갔을 경우, 현장 기자는 노동자가 회사 쪽과의 임금 협상에 대한 불만에서 파업에 돌입했다고 야마를 잡는다. "야마는 사안의 핵심이다. 한가운데 자리 잡고 있는 틀이라고 할 수 있다"차장 기자는 설명이나, "사안의 한가운데 있는 틀, 중요한 것을 정말 쉽게 표현한 것"이라는 설명이 이러한 정의를 뒷받침한다. 또 다른 기자는 야마를 "논란의 핵심 지점"이라고 정의하기도 했는데, 이 역시 '야마는 사안의 핵심'이라는 정의와 잘 들어맞는다.

사안의 핵심으로서의 야마는 보통 기사의 핵심으로서의 야마와 동일하다. 일단 기자가 어떤 사안에 대해 머릿속에 잡아놓은 야마는 취재 과정을 거쳐 기사에 담기기 때문이다. 나는 기자의 취재 과정을 관찰하면서 특정 사안에 대해 미리 잡아놓은 야마는 거의 그대로 기사로 구체화되는 경향이 있음을 발견했다.

이렇게 본다면, 야마는 기자가 쓰는 은어이자, 리드용어jargon이기는 하지만 개념적으로는 새로울 것이 없다고도 할 수 있다. 주제나 핵심, 요점, 요지는 어떤 형태의 글에서도 등장하기 때문이다. 또한 많은 사람이 그런 개념을 인식하고 있고 실제로 쓰고 있기 때문이다. 다시 말해 야마를 기자만의 독창적인 개념으로 정의하기는 쉽지 않다.

야마를 주제·핵심으로 정의하면, 야마를 찾는 가장 쉬운 방법은 기사의 제일 앞부분, 즉 리드를 읽는 것이다. 리드에는 해당 기사가 말하려는 바가 한두 줄로 간결하게 정리돼 있다. 기사 집필 과정만을 본다면 기자는 리드를 쓰는 데 가장 큰 공을 들인다. 일부 기자는 기사의 야마가 리드라는 독특한 형태로 나타나는 만큼 언론에서 야마는 독특한 특징과 위상을 갖고 있다고 말한다. 그런데 두괄식 형태의 논설문이나 설명문 등에서도 단락 형태이기는 하지만 리드는 존재한다고 볼 수 있다. 다만 기사는 논설문이나 설명문보다 길이가 짧기 때문에, 리드가 단락이 아니라 한두 문장 정도로 짧게 표현될 뿐이다.

그러나 야마가 주제라는 정의는 몇 가지 점에서 언론의 현실을 전부 반영하지는 못한다. 우선 기자가 흔히 말하는 야마는 뉴스의 기본적인 속성인 '새로움newness'을 특징으로 한다. 예를 들어 미디어법의 경우 여당이 "신문 방송 겸영을 허용하면 일자리가 창출된다"는 주장을 매일 발표한다고 언론이 매일 그 주장을 야마로 내세워 기사를 쓰지는 않는다. '겸영 허용→일자리 창출'에 기본적으로 동의한다고 하더라도 그것이 뉴스가 되기 위해서는 새로운 팩트가 추가돼야 한다. 한 기자는 이와 관련해 "계속 굴러가는 기사라면 어제와 무엇이 다른지가 야마가 된다. 예를 들어 〈KBS〉

에서 해고된 비정규직 노동자가 매일같이 시위를 하고 있지만 그것은 기사가 안 된다. 어제와 오늘이 다르지 않기 때문이다"라고 했다.

예를 들어 PD를 100명 고용할 수 있다는 연구 결과가 나왔다든지, 아니면 최소 5년간은 매년 일자리가 단계적으로 늘어난다는 주장이 제기됐다든지 하면 일자리 창출이라는 큰 야마를 바탕으로 '겸영 허용 시 PD직 100개 생겨' 또는 '신방 겸영으로 5년간 일자리 증가' 등의 야마로 기사를 쓸 수 있다. 즉 야마는 새로운 팩트를 전제로 한다는 점에서 주제와는 전제 또는 구성 요소가 같지는 않다.

야마는 또한 어떤 사안에 대해 분명한 선택과 강조를 하는 개념이라는 점에서도 주제와 다르다. 주제는 보통 어떤 사안의 본질을 분명하게 제시하는 개념이지만 야마는 꼭 그렇지만은 않다는 얘기다. 한 기자는 이와 관련해 "방송이 야마를 잘 잡는다. 신문을 쭉 보고 그 다음 날 정리해서 보도하기 때문이다. 신문이 복잡한 사안을 간단하게 추렸는데 그걸 가지고 방송은 다시 추린다. 방송 기사는 남는 게 야마밖에 없다"고 말했다. 예를 들어 2009년 3월, 여야 합의로 만들어진 미디어법에 대한 사회적 논의 기구인 '미디어발전 국민위원회'가 최종 보고서를 내놨을 때, 그것을 다루는 언론의 야마는 서로 같지 않았다. 미디어발전 국민위원회가 가장 중요하게 생각하는 바가 최종 보고서의 주제가 될 것이지만, 그 보고서를 다룬 기사는 반드시 주제를 다룰 필요가 없으며, 보고서 내용 가운데 기자가 보기에, 언론사가 보기에 가장 중요한 대목을 골라서 야마를 잡는다. 2009년 6월 25일, 최종 보고서가 나왔을 때, 〈조선일보〉의 관련 기사 야마는 '정권의 방송 장악 우려 불식 장치 마련'이었다. 반면 〈한겨레〉는 야당 쪽 위원이 실시한 여론조사를 바탕으로 '국민의 59퍼센트, 표결 처리 반대'라는 것으로 야마를 잡았다. 〈한국일보〉는 '여는 겸영 허용, 야는 겸영 조항 삭제 주장'을 야마로 제시했다.

이런 사례를 보면 야마는 단순히 사안의 주제가 아님을 알 수 있다. 개별 기사로만 보면 그 기사의 야마가 주제와 비슷하게 맞아떨어질 수도 있지만, 야마가 주제와 속성적으로 같지는 않다고 할 수 있다. 야마가 주제인 것은 맞지만 구성 과정에서 주제와 다른 셈이다. 다시 말해 ①새로운 것만이 야마로서의 조건을 갖출 수 있으며2번 정의, ②사안의 여러 가지 측면 가운데 선택되고 강조되는 한 가지 측면, 즉 시각이 야마로 구체화된다3번 정의고 할 수 있다.

새로운 것

심층 인터뷰에 응했던 한 기자는 2009년 7월 '디도스®' 공격이 터졌을 때 데스크로부터 "네가 가서 취재하라"는 지시를 받았다. 그가 "저는 디도스를 전혀 모릅니다"라고 답하자, 데스크는 "그러니까 네가 가서 써라. 네가 아는 대로, 아는 만큼 써라"고 말했다. 그래서 그는 무작정 경찰청 사이버 수사대를 찾아갔다. 디도스에 관해서는 아무것도 모르는 그 기자에게 경찰은 아이에게 말을 처음 가르치듯이 하나하나 설명을 해줬다. 그 결과 디도스 공격이 있던 첫날 그 기자가 쓴 기사의 야마는 "디도스가 무엇이냐?"였다.

● DDoS, 여러 대의 컴퓨터를 일제히 동작하게 하여 특정 사이트를 공격하는 해킹 방식의 하나.

새로워야 하고, 독자의 눈길을 끌어야 한다. 그게 신문 기사와 일반 글의 차이점이다. 야마는 기사의 핵심이기는 한데 기자에게 그리고 사람들에게 쉽게 와 닿을 수 있는 그 무엇이어야 한다.(D)

사람들이 관심을 가지는 일, 궁금해하는 것, 그런 것 가운데 추려낸 것이 야마이다. 2009년 8월 30일 일본 총선에서 민주당이 집권당인 자민당을 누르고 승리했을 때, 〈중앙일보〉는 그 다음 날 국제면에 '일본의 총선 투표는 유권자가 지지 후보의 이름을 직접 적는 방식을 갖고 있다'는 기사를 내보냈다. 재미있는 기사이기도 하지만, 야마 잡기도 굉장히 뛰어났다고 본다. 야마는 기억에 남아야 한다.(B)

이처럼 야마는 기자에게 낯설고 새로운 것이어야 한다는 필요조건을 갖고 있다. 따라서 야마를 잡는 것조차 기자는 경쟁을 하는 경우가 많다. 다른 언론사 기자가 새로운 내용이나 그동안 보지 못한 소재를 발굴해서 기사를 썼을 경우 기자는 흔히 "야마에서 물먹었다"고 말한다. 타사가 잡은 야마가 자신이 잡은 야마보다 훨씬 더 나았다는 의미다. 한국의 기자는 야마에서 물먹는 것을 치욕 가운데 하나로 본다. 따라서 같은 사안을 가지고 기사를 쓰면서도 새로움을 주는 야마를 잡는 것을 놓고 기자는 치열한 물밑 경쟁을 한다. 석간에 나온 기사의 야마를 조간이 그대로 유지하기도 어렵다. 조간은 새로움이라는 야마의 요건에 부합하기 위해 같은 사안이라도 석간이 다루지 않은 새로운 팩트를 찾아내 기사로 써야 한다.

사회부 '사스마와리°'로 서울대학교에 출입하고 있었을 때, 서울대

가 다음 해 대입 전형 계획을 발표했다. 다● 사건 담당 기자를 말하는 일본
른 매체는 모두 수학능력시험에서 수학 비어로, 한국 언론에서는 경찰 기자
중을 절반 정도로 줄인다는 것을 야마로 내라는 의미로 흔히 쓰임.
세웠는데, 우리 신문만 '지역별 정원제'를 야마로 뽑아서 1면 머리기
사로 썼다. 지역별 정원제란 지역 학생을 일정 비율로 수시 모집에서
뽑는다는 내용이었다. 다른 신문 기자는 지역별 정원제의 개념을 몰
라서 기사에 쓰지 못한 것이었다. 가판_{초판}이 나온 뒤 다른 신문이 우
리 신문을 보고 자기들의 야마를 바꾸었다. 다음 날 타사 기자가 '야
마에서 세게 물먹었다'고 나한테 한소리씩 하더라.(A)

5월 초 최시중 방송통신위원회 위원장이 글로벌 미디어 그룹의 전략
을 배우고자 미국 순방에 나섰다. 워싱턴에서 현지 특파원과 간담회
를 했는데, 모든 매체가 최 위원장이 유년의 어려웠던 시절을 회고하
며 눈물을 흘렸다는 것을 야마로 잡아 기사를 썼다. 하지만 사실 유
년 시절 얘기는 최 위원장이 이전에도 했고 눈물을 흘린 적도 있었
다. 눈물은 새로운 팩트가 아니었는데, 특파원이 모르고 쓴 것이다.
반면 나는 '2010년 〈KBS〉 수신료 인상 추진'을 야마로 세웠다. 정
부가 수신료 인상의 구체적인 시기를 밝힌 것은 이번이 처음이었기
때문이다.(D)

다른 데서 어떻게 쓰는지 늘 촉각을 곤두세운다. 어떤 한 곳에서 썼
는데 다른 매체가 확 받기 시작하면 이게 이슈가 된다. 그럼 여러 매
체가 전면적인 야마 경쟁을 벌이기 시작한다. 그래서 남
과 다른 야마의 기사를 쓰려고 발버둥 친다. '초치기'● 지나친 과장을
뜻하며 기자간 쓰
는 은어.

같은 잘못된 관행은 이러한 야마 경쟁에서 비롯되는 측면이 크다.(E)

사안을 바라보는 시각

야마는 사안을 바라보는 기본적인 태도와 관련이 있다. 세상을 바라보는 여러 가지 가치관, 시각이 투영된 것이다.(K)

야마는 문제의식에서 출발한다. 수많은 팩트 가운데 왜 이 팩트가 이 지면에 있어야 하는지 설명해주는 것이다. 스트레이트뿐만 아니라 해설 박스도 왜 이 기사를 써야 하는지에 대한 생각을 거쳐서 나온다. 가령 4대강 기사를 쓸 때도 보도 자료에 나온 장밋빛 전망에 대한 주장을 액면 그대로 받아쓸 수도 있고, 보도 자료를 꼼꼼히 따져서 사전 환경 평가 미비 등의 문제점을 부각할 수도 있다. 기사의 어떤 부분을 중시할지를 심층적으로 봐야 한다.(J)

언론사 간 경쟁은 팩트보다 시각 싸움이다. 야마의 대부분은 시각이다.(N)

미디어법은 여아, 시민사회 단체, 언론사 등 여러 진영의 이해관계가 첨예하게 붙어 있는 사안이다. 생각의 차이가 확연하게 드러난다. 여기에 전국 언론 노조 등 운동까지 결합돼 있다. 따라서 면밀하게 들여다봐야 한다. 나는 크게 산업론과 공익론 둘 사이에서 고민하다 공익론 쪽으로 야마를 잡았다. 아직까지 우리 사회에서는 산업적 측면보다는 공익적 측면의 미디어 위치가 중요하다고 봤기 때문이다.(R)

인터뷰에 응한 기자의 절반 이상이 야마를 이처럼 '사안을 바라보는 시각'으로 정의했다. 일어난 사건이나 나타나고 있는 현상을 어떤 위치에서 어떤 가치관이나 시각을 가지고 바라보는지가 기사의 야마로 나타난다는 설명이다. 이런 개념 정의는 미디어에 의해 강조되는 속성attributes에 주목한 프레임 연구 학자의 그것과 비슷한 측면이 있다Entman, 1993; Ashley & Olson, 1998. 가령 엔트먼1993은 언론의 프레이밍이란 "인지된 현실의 몇 가지 측면만을 선정하고, 의미 전달의 텍스트 상에서 그러한 측면을 중요한 것으로 만드는 것"이라고 강조했다.

이런 개념 정의는 기본적으로 기자 개인이 어떻게 세상을 바라보는가에 초점을 맞추는 것이다. 많은 미디어 사회학자가 기자의 성장 과정이나 학력 배경, 집안 내력, 개인적 성향 등이 취재와 기사 작성에 어떤 영향을 미치는지에 주목해왔다. 하지만 '야마는 시각'이라는 정의가 반드시 기자의 시각만을 말하는 것은 아니다. 기자는 소속 언론사의 방침이나 논조 등도 기사의 야마 설정에 큰 영향을 미친다고 말했다. 2008년 8월 21일, 고 김대중 전 대통령의 마지막 일기가 공개됐을 때, 다음 날 주요 일간지에 실린 김대중 전 대통령 일기 관련 기사의 야마는 평소 언론사의 지향점이 어디에 있는가를 분명하게 알려주는 적절한 사례다.

[표3]에서 보듯이 각 신문의 DJ 일기 기사의 야마는 조금씩 다르다. 〈경향신문〉은 '약자와 민주주의'에 초점을 맞췄고, 〈서울신문〉과 〈조선일보〉, 〈한국일보〉는 '정세에 대한 비판적인 시각'과 '살아온 인생에 대한 단상'을 강조했다. 〈국민일보〉, 〈동아일보〉, 〈중앙일보〉는 '주변과 가족에 대한 감사와 사랑'을 야마로 잡았다. 〈한겨레〉는 '현 정부의 강압적인 통치 방

[표3] 김대중 전 대통령 마지막 일기 관련 기사

구분	제목	게재 지면	기사 단수	야마
경향신문	약자 · 평화를 위한 마지막 육성	3	4	약자에 대한 고뇌와 민주주의에 대한 믿음
국민일보	일생을 눌린 자 위해 헌신하라는 교훈 받들어	4	4	파란만장한 삶에 대한 단상과 가족에 대한 애틋함
동아일보	살아온 길 미흡한 점 있지만 후회 없어	5	3	자신의 인생과 주변에 대한 감사
서울신문	인생은 생각할수록 아름답고 역사는 발전	5	2	현안에 대한 예리한 인식과 인간적 면모
조선일보	오바마 對北 아쉬워 국민 불쌍해 눈물이 난다	5	2	국내외 정세에 대한 비판의식과 인생 역정에 대한 자부심
중앙일보	박지원 보내 노무현 유족에 국민장 하라고 설득	5	3	인생 역정 반추와 가족에 대한 사랑
한겨레	노 대통령 자살 강요된 거나 마찬가지	1	3	현 정부에 따끔한 유언
한국일보	긴 인생이었다… 역사와 국민을 믿고 살아왔다	6	4	현실에 대한 고민과 삶의 단상

식'을 지적했다는 점을 주요한 야마로 내세웠다. 신문마다 DJ 일기 기사를 어느 면에 어떤 크기로 배치하는지도 이 사안을 바라보는 기본적인 가치 관과 관련이 있다. 1면에 가까운 면에 배치할수록, 기사 단수가 클수록 해 당 신문사가 기사의 비중을 더 높게 본다고 얘기할 수 있다.

한 데스크는 이와 관련해 "DJ 일기 기사는 각 신문이 야마를 어떻게 뽑 고, 지향하는 가치가 무엇인지 분명하게 보여줬다. 정파적으로 접근하는 기사가 있었는가 하면, 인생에 대한 성찰 쪽에 무게를 둔 기사도 있었다. DJ 일기 텍스트는 별도로 저기 멀리 있는 것이고, 기사는 각 매체의 생각이 다양하게 표출된 것임을 잘 보여준다. 기사를 보면 각 신문이 어떤 문제의식을 갖고 있는지, 세상을 어떻게 바라보는지를 짐작할 수 있다. 신문은 자기가 쓰고 싶은 것을, 자기 입장을 좀 더 강화할 수 있는 것을 쓴다"고 말했다.

시각으로서의 야마는 기자나 언론사의 가치관이나 뉴스 가치에 대한 판단 못지않게 팩트가 나오게 된, 또는 사건이 벌어지게 된 배경과 맥락을 포착할 때 제대로 잡을 수 있다. 기자는 사안을 공론의 장으로 이끌어낼 수 있는 흐름을 잡아낼 수 있어야 제대로 된 야마라고 설명했다. 가령 조지 부시가 클린턴과 맞붙은 대통령 캠페인 당시 "문제는 경제야. 바보야!"라고 했던 대목은 흐름을 정확히 짚어내는 야마라 할 수 있다.

야마는 일정한 시점의 화두다. 2004년 5월 '전시 작권권 환수' 문제가 터졌을 때 우리 신문의 군사 전문 기자는 전시 작전권이 미국 쪽에서 한국으로 이양됐을 경우 우리나라의 국방비 부담이 얼마나 느는지에 대해 분석한 기사를 내보냈다. 이런 흐름 야마를 잡아내는 게 아주 중요하다.(B)

야마는 늘 어려운 것이다. 복잡한 것을 간단하게 정리하는 작업이다. 가령 정부가 부동산 대책을 발표하면 정부가 강조하는 입장이 있고, 언론과 소비자 입장에서 중요하게 생각하는 것이 있다. 기자는 부동산 대책 가운데 무엇이 문제이고, 무엇이 빠져 있고, 무엇이 강조되

는지를 잘 파악해야 한다.(P)

인터뷰에 응한 많은 기자는 야마가 무엇이냐는 질문에 주제나 메시지, 시각 등이라고 답했다. 하지만 그들은 "그게 야마의 전부냐?"라는 질문에 쉽사리 고개를 끄덕이지 않았다. 뭔가 빠져 있는 것이다. 그 '무엇'을 찾아내기 위해 계속해서 질문을 던진 결과, 기자는 대다수 기사의 야마에는 의도가 숨어 있다고 털어놨다. 야마는 단순히 겉으로 드러나는 주제나 새로운 내용, 시각만을 말하는 게 아니라 그 이면에 기자나 언론사의 의도나 목적을 숨기고 있다는 것이다.

솔직히 야마는 속셈이고 의도다. 의도에 맞춰서 그럴듯한 형태로 나타내는 게 기사일 뿐이다. 선수˚는 딱 보면 안다. 저 신문이 왜 저 기사를 썼는지. 왜 다른 신문에서 다 쓰는 기사를 자기들은 뺐는지. 의도나 목적, 저의 이런 게 기사의 근본 야마다. 그게 없는 기사는 시쳇말로 '앙꼬 없는 찐빵'이다.(K)

의도성이 없는, 말 그대로 주제로서의 야마는 비非스트레이트 부서의 기사에서는 가능하다. 문화부, 체육부, 생활부, 과학부 등의 기사는 사실 매체별로 야마에 큰 차이가 없다. 어떤 기사를 쓰느냐 안 쓰느냐의 차이는 있지만, 같은 기사를 쓴다면 대체로 야마는 비슷하다. 근데 정치부나, 경제부,

● 기자 경력이 많고 언론계의 돌아가는 사정을 잘 아는 베테랑 기자를 가리키는 기자 은어.

사회부 등 스트레이트 부서의 기사에선 야마가 분명하게 갈린다. 그런 부서의 기사가 신문 간의 차이를 만든다. 신문사의 기본 입장이 있고, 또 중요한 정책이나 사건을 어떻게 보도하느냐에 따라 자사의 이해관계가 영향을 받는 경우가 많기 때문이다. 스트레이트 부서에서는 갈수록 목적을 가진 기사가 많이 등장한다. 이들 부서에서 야마는 만들어진 것이다.(J)

특히 사회적 논란이 크거나, 언론사 간에 기본적인 시각 또는 이해관계의 차이가 있는 사안의 경우 야마를 통한 기사의 의도는 더욱 분명히 드러난다. 미디어법은 전형적으로 그런 사안이다. 철학적 측면에서는 산업론과 공익론이 부딪치고, 이해관계 측면에서는 방송 진출 가능성이 높은 신문사와 그렇지 못한 신문사 간의 처지가 상충하고, 정치 공학 측면에서는 자신에게 유리한 언론 지형을 확보하려는 정당과 불리한 언론 지형 형성을 막으려는 정당 간의 갈등이 빚어지는 사안이기 때문이다. 실제로 언론의 미디어법 관련 기사에서 의도성이 직간접적으로 드러나는 야마를 찾는 것은 그리 어렵지 않다.

미디어법 처리 국면에서 한 신문 보도를 예로 든다면, '29년 된 신군부 유물 제거', '미디어 산업 발전' 등은 야마라기보다는 독자에게 전달되는 소스에 불과하다. 진짜 야마는 방송을 하고자 하는 의지라고 할 수 있다. 그것_{방송 진출 목표}을 야마로 정하고 그걸 달성하기 위한 도구로 여러 가지 관련 사실을 나열한 게 아닐까? 그렇다면 야마는 주제나 리드만 해당되는 게 아니라, 목적이나 의도도 있는 것 같다. 즉 기사에는 '드러난 야마'뿐만 아니라, 그 드러난 야마 뒤에 목적을 숨기고 있는 '실제 야마'가 있다.(M)

이러한 의도성을 숨긴 야마는 일부 신문에서만 나타나는 게 아니다. 모든 신문의 기사에서 드러난다. 보수와 진보라는 성향에 관계없이, 처한 환경이나 위치에 무관하게 의도나 목적 측면의 야마를 숨긴 기사를 양산하고 있다.

진보 신문의 야마는 거대 신문의 방송 장악 반대 또는 여론 장악 반대 뭐 이 정도가 아닐까? 미디어법 처리 시한이 정해져 있는 상황에서 적극적인 개입, 참여로 막아야겠다고 판단했다. 논리적이고 합리적으로 접근해야 한다고 생각을 하지만 막상, 저쪽_{보수} 신문에서 강하게 나오면 그에 대한 반발 차원에서 우리 쪽도 강하게 야마를 잡을 수밖에 없다. 그러다 보니 독자에겐 신문이 마치 싸우는 것처럼 보일 수도 있을 것이다.(O)

의도나 목적으로서의 야마는 '몰아가기'라는 속성과 연결된다. 의도한 바를 이루기 위해 같은 내용이라도 계속해서 기사화하는 것이다. 진보 성향 신문의 한 기자는 "예컨대 〈MBC〉 'PD 수첩'에 대한 보수 신문의 공격은 현_{이명박} 정부 출범 이후 지속적으로 이뤄졌다. 'PD 수첩'이 아무리 해명을 해도 한 줄도 반영하지 않고, 'PD 수첩' 폐지만이 해결책이라는 식으로 보도를 했다. 내가 보기에 그것은 분명한 몰아가기였다"고 말했다. 보수적 신문의 한 기자도 "'조중동 방송'이라는 프레임은 진보 신문이 의제화에 성공한 대표적인 사례. 진보 신문이 미디어법 기사를 쓸 때마다 '조중동 방송'이라는 딱지를 붙이는 것으로 미디어법 논의에서 '미디어 산업 발전'이니 '지상파 독과점 해소'니 하는 사안은 모두 거세되고 오로지 특정 신문이 자사의 이익을 위해 발버둥 치는 것처럼만 비춰졌다"고 했다.

야마를 의도나 목적으로 본다면, 기사에서 유난히 야마를 강조하는 신문은 의도나 목적의 강도가 다른 신문보다 더 강하다고 볼 수 있다. 다시 말해 야마가 강한 신문일수록 그 신문의 논조도 강하다고 할 수 있다. 기자는 미디어법 관련 보도에서 보수 신문의 기사 야마가 진보적 신문의 기사 야마보다 훨씬 강했다고 평가했다. 그들은 그 이유로 절박성의 차이를 언급했다.

거대 신문의 기사의 전체적인 분위기는 '니네가 통과 못 시키면 병신 되는 것이다'는 것이었다. 기사로서의 가치, 품격 측면에서 문제가 있다고 본다. 사설도 아니고. 기사는 팩트에 근거해서, 논의 과정이나 절차적 정당성이 지켜지고 있는지, 여론 독과점의 우려는 없는지, 실질적으로 산업을 발전시키고 미디어 산업을 재편할 수 있는지 분석해야 하는데, 그저 바람몰이식으로 갔다. 그쪽 신문의 친한 선후배 만나서 얘기를 들어보면 확신이 들어서 쓰지는 않는 것 같다. 본인의 의중, 판단과 기사가 다른 경우가 많다고 하더라.(F)

신문 간에 절박성의 차이가 컸다. 보수 신문일수록 절실했다. 신문

방송 겸영이 허용되지 않으면 사양화되고 있는 신문을 살릴 길이 요원해진다. 게다가 그동안 누려왔던 언론 권력으로서의 입지도 흔들리고 있다. 그래서 보수 신문은 미디어 지형을 바꿔야 한다고 생각한 것이다. 생존의 절박성, 이 절박성이 진보적 신문보다 훨씬 더 강했다. 때문에 미디어법에 대해 집요하고 다양하게 그리고 노골적으로 기사화했다. 반면 미디어법 흠집 내기에는 단호하게 반격했다. 미디어법을 반대한 최문순 민주당 의원의 과거를 집요하게 물고 늘어지는 등, 국회의원 누구누구가 미디어법을 반대하고 있다고 꼬집어 비판했다.

진보적 신문은 미디어의 공익성, 공공성 강화 차원에서 미디어법을 반대했지만, 미디어법이 실현된다고 하더라도 그것이 자신들의 미래나 이해와 곧장 연결돼 있다고는 보지 않은 것 같다. 즉 보수 신문 같은 절박성이 없었다. 절박했다면 보수 신문의 보도 태도에 대해 더 신랄하고 집요하게 분석하고 대응했을 것이다. 하지만 진보 신문은 그저 미디어법이 통과하면 민주주의가 훼손된다고만 강조했다. 또 국민 다수가 미디어법에 반대한다는 것을 강조하며 여론 수렴만을 줄기차게 외쳐댔다.(H)

'야　마'의
정　의　와
구분

기자들을 심층 인터뷰한 결과에서 나타난 야마의 여러 개념을 표로 정리
하면 다음과 같다.

[표4] 기자가 말하는 야마의 정의

	주제	새로운 것	시각	의도
정의	핵심적인 내용	새로운 팩트	사안을 바라 보는 관점	기사의 목적, 속셈
특징	객관적인 저널리즘 원칙	뉴스의 정의에 부합	가치에 따른 선택과 강조	기사의 의도를 파악할 수 있음
한계	기사에 숨은 의도성 간과	뉴스의 해석 기능 간과	가치중립적이지 않은 야마 설정을 설명 못함	전문직으로서 기자 관행 설명에 어긋남

　야마는 내용ᴾᴬᶜᵀ과 관점, 의도를 모두 포함하는 것으로서, 기자가 갖고 있
는 저마다의 정의를 포괄할 수 있다고 본다. 기자나 언론사가 어떤 복잡한
사안을 간단하고 명쾌하게 요약하거나, 특정한 가치나 목표에 기초해 그

사안을 자신들의 방식대로 재단하고 규정하거나, 그 사안의 특정 부분만을 자의적으로 선택하는 과정이 야마를 잡는 과정이라고 할 수 있다. 야마를 잡는 과정을 좀 더 나눠본다면 '주제화 과정'과 '선택 및 배제의 과정' 두 가지로 세분할 수 있다. 전자처럼 요약하고 정리하는 야마의 구현 과정은 기사의 핵심이나 주제를 정하는 '주제화 과정'으로 볼 수 있고, 후자처럼 어떤 사안에 의도가 개입하는 것은 '선택 및 배제 과정'이라고 할 수 있다. 야마를 어떻게 세분하든지 간에, 언론사나 기자가 어떤 사안을 바라보고 그것을 기사로 만들어내는 데 작용하는 '정신적인 모델mental model'이 야마인 것은 분명하다.

야마의 특징은 우선 정적이지 않고 '동적'이라는 점이다. 즉 야마는 일정한 방향성을 갖고 있다. 야마는 또한 추상적이기보다는 '구체적'이다. 이는 언론 보도가 기본적으로 추상의 영역이 아니라 팩트에 기반한 현실과 구상의 영역이기 때문이다. 또 야마는 '가치중립적'이지 않다. 의도와 목표가 분명하기 때문에 '가치 개입적'이라고 할 수 있다. 마지막으로 야마는 순수성의 측면보다는 의도성의 측면이 훨씬 더 강하다.

심층 인터뷰 결과를 바탕으로, 야마를 몇 가지 카테고리로 분류한다면, 크게 내용 야마, 관점 야마, 의도 야마 등 세 가지로 나눌 수 있다. '내용 야마'는 한 기사의 핵심 주제와 관련된 것이다. 즉 기사 단위에서 본 야마다. '관점 야마'는 기사에 나타난 기자나 언론사의 시각이나 견해를 의미한다. 가령 미디어법에 대해 기자와 언론사는 특정한 시각에 따라 기사를 작성했을 것이라고 추정할 수 있다. '의도 야마'는 '내용 야마'에서 분명하게 나타나지 않는 기사 뒤에 숨어 있는 의도나 목적을 말한다. 때문에 '의도 야마'는 기사 분석보다는 기사를 쓴 기자에게 직접 캐물었을 때 더 정확하게 파악할 수 있다. 그런 측면에서 '의도 야마'는 '배후의 야마', '숨겨진 야마', '진짜 야마'라고 할 수 있다.

야마는 개별 또는 연속 기사의 기준에 의해서도 구분할 수 있다. 개별 기사에 나타나는 일회적 야마는 '단발성 야마'다. 반면 일련의 기사에 계속해서 비슷하게 등장하는 야마는 '연속적 야마'라고 할 수 있다. 기자는 "야마가 한 기사에서만 표현되는가, 아니면 일련의 기사에서 연속적으로 나타나는가?"라는 질문에 다음과 같이 답변했다.

> 둘 다 아닐까. 예를 들어 난민 구제, 이런 주제를 쓰고 싶어서, 또는 그런 메시지를 전달하고 싶어서 4회 시리즈 기사를 쓴다면 첫 회는 어떤 나라의 실정만을 기사로 나타낼 수 있다. 그것만 봐서는 무슨 얘기를 하는지 모를 수 있다. 하지만 결론에 가면 난민 구제에 관심을 기울이자 이런 쪽으로 간다. 그건 기사가 4회까지 나오고 나서야 야마가 드러나는 격이다. 이런 경우에는 야마가 연속성을 띤다.(M)
>
> 일련의 관련된 기사에서도 야마는 나타난다. 가령 북한의 한탄강 방류로 인한 남쪽 인명 피해 사건은 북한 책임이냐 아니냐가 야마다.(A)
>
> 야마는 한 기사에서 나타나지만 전체적인 특성도 강하다. 미디어법은 정치, 경제학적 맥락과 결부돼 있어 논조의 집합성이 두드러진다. 첨예하게 대립하는 이슈이다.(K)
>
> 독자에게 전달하려는 메시지는 비슷한데 기사로는 다르게 나타난다.

큰 틀에서의 야마가 있고 큰 틀에서 벗어나는 작은 기사의 야마가 있다.(O)

이런 답변은 미디어법 관련 기사에서 전체를 하나로 관통시키는 '연속적 야마'가 있었음을 추정하게 해준다. 물론 그 '연속적 야마'는 개별 기사의 야마로 구체화됐을 것이다. 개별 기사에서는 리드나 본문을 통해서 '내용 야마'를 찾아낼 수 있다. 하지만 이는 겉으로 드러난 야마에 불과하다. 기사에 드러나지 않는 '숨겨진 야마'는 따로 있다. 개별 기사에서 드러나지 않는 '숨겨진 야마'는 특정 매체의 미디어법 관련 기사 전체에 일관되게 나타나는 '연속적 야마'다.

3장

'승부처' 미디어법

여야 "선거때 여론 향배 갈려" 인식 탓 양보 안해

법안전쟁의 파국을 막기 위한 여야 양측에서 미디어법의 최종 접점을 찾았다. 여야 모두 미디어법 처리 여부에 따라 이번 법안전쟁의 승패가 달려 있다고 판단하고 있기 때문이다.

미디어법에 대한 여야 간 입장차는 확연하다. 한나라당은 17대 국회 때부터 신문·방송 겸영 등 규제 완화의 KBS2 및 MBC 민영화 등을 주장해

83다. "일부 보수 신문들의 시장 점유율이 70%에 달하는 상황에서 신문과 방송 겸영은 여론 독점을 심화할 뿐 아니라, 방송이 민영된 대기업들 연계로 수년이 없게 된다"고 반대하고 있다. 민주당은은 미디어법을 '재벌방송법'으로 규정, 이명박 정부의 방송 장악 음모라고 여론몰이를 하고 있다.

그러나 여야의 속내를 한 꺼풀 더 들

한 방송을 고려, 신□
보유율은 20%으 들
안에서는 방송 진출으
방안만으로 가능하다고 □
있다.

한나라당의 미디어법
무게도 말을 분야는 ○
을 장악한 계산이 등
영과 대기업이의 방송
□□ MBC의 진입이 □

감훈토론

"미디어산업
언론 장악 □
30년된 규제
바꾸기 위한

9일 '미디어 산업 □
위한 발판으로 □
여라며 "이는 현재 □
□제도 시설이나 가능 □

□미디어에 얽힌 규 □
규제 체제를 헐 □
□ 풀어야 한다"고 □
□에서 보도 부문 □
기업의 방송 진출을 □
대해 "낡은 규제에 □
것은 적절치 않 □
생들을 30가지 이 □
□ 탄력적으로 고려 □

□련, "감부교육과 □
□, 기존 안 방송 나 □
여론의 반대가 많 □
내기기 어려운 부분 □
에 대해 그는 "30년대 □

반 제도 여론조사 전문가라는
□어 산업을 키우면 사람이 되
□선순환이 이뤄질 것"이라고 밝
□는 미디어 산업을 국내 광고 □
□는 방송이나 인터넷이든 선택 □
□했다.

최 위원장은 MBC의 정체 □
-산업·공영·노영(勞營)이 □
□ 편의적으로 패되는 공영. □
□란이다"며 "이름게 구성되 □
MBC 종사들의 의견을 존중 □
□라고 했다. 그는 대기업의 M □
초 단위의 논이 필요한 MBC □
□지 않았지에 여론도 남지 □
□부 방송사의 정도를 벗어나 □
□국민여론을 오도했다"고 밝 □

최근 사이버 테러 사태와 □
□과 검찰, 인터넷서비스제공 □
□대응하고 사이버 공격의 폐 □
말했다.

이날 토론회의 패널로는 □
□어대학 한국립보 논설위원, □
디어팀장, 이준인 KBS 문화 □
참석했다.

'야마'의
구성
요소

언론의 야마를 제대로 파악하기 위해서는 미디어 담론 특유의 구조와 제약을 감안해야 한다. 미디어 담론의 가장 기본적인 구조적 특징은 제목headline과 리드lead, 그리고 본문 body이다. 제목과 리드는 본문에서 제시한 정보를 요약하는 것이 핵심이다. 그런데 여기에서 요약이란 단순히 짧게 정리하는 수준을 넘어 선택과 강조·부각 등의 판단이 동시에 이뤄지는 것이어서, 문화와 가치·이데올로기 등 다양한 주관적 요소가 필연적으로 개입하게 된다. 특히 한국 신문의 선정적이고 자극적인 제목 달기는 세계적으로 유례가 없다.

이는 기사 담론의 처리 관점에서 볼 때 제목과 리드는 독자가 기사 본문의 구체적인 사실을 해석하는 데 결정적인 영향을 끼친다는 점을 한국 신문은 잘 알고 있기 때문이다. 취재 부서에서 기사를 송고할 때 보내온 가제목은 편집부와 데스크, 국장단의 손을 거치면서 언론사가 말하고 싶은 바를 정교하고 세심하게 담아내는 제목으로 정련된다. 제목은 언론 담론에서 야마를 규정하는 가장 강력한 장치 중의 하나인 셈이다.

이 장에서는 〈조선일보〉, 〈동아일보〉, 〈한겨레〉, 〈경향신문〉, 〈한국일보〉 등 다섯 개 신문에서 보도한 미디어법 관련 기사에 대해 내용 분석을 진행한 결과를 다뤘다. 제목, 리드, 취재원 등 다섯 가지 카테고리로 나눠 코딩한 결과를 토대로 야마가 기사에 어떤 방식으로 구현됐는지를 분석했다.

06 　　　　　　　　　　　　제　　목

신문에서 기사의 제목은 전체 기사의 내용을 요약하고 논조를 규정하는 기능을 한다. 기사의 중요성을 암시하는 역할도 한다[반 다이크, 1988]. 제목은 또한 기사에 대한 독자의 주목도를 높이고, 기사에 대한 열독을 유도한다[Smith, 1999]. 결국 제목은 독자의 기사 내용에 대한 해석에 영향을 미친다. 그 영향은 크게 '대체 효과'와 '틀짓기 효과'로 나눌 수 있다. 전자는 독자가 기사 내용을 읽지 않고 제목만 훑어볼 경우 발생한다[Emig, 1928]. 후자는 기사 내용에 대한 해석을 특정한 방향으로 유도하는 효과를 말한다[이준웅, 2000]. 가령 '부동산 중과세', '대북 지원 정책'이라는 중립적 용어 대신 '세금 폭탄', '대북 퍼주기' 등 감정적이고 가치판단이 깊게 개입한 용어를 사용할 때 독자는 기사 내용과 관계없이 제목에 더 민감하게 영향을 받을 수밖에 없다.

　언론학자 에미그[Emig, 1928]는 한 서베이 결과를 발표하면서 375명의 응답자 가운데 192명이 뉴스에 대한 의견에 신문 제목이 영향을 미쳤다고 대답했으며, 118명은 본문 기사가, 144명은 제목과 기사가 공통적으로 영향을 미쳤다고 응답했다고 밝혔다. 이는 기사의 보완적 수단으로서의 제목이 오히려 기사와는 별개로 독자에게 독립적인 영향력을 행사하고 있음을 보여주는 것이다. 독자는 신문 기사 제목이나 사설 제목을 통해서 해당 사건에 대해 신문사가 어떻게 바라보고 있으며, 무엇을 말하고자 하는지 짐작할 수 있다. 다음 예를 보자.

① "與 17대 국회 재보선 또 완패…조순형 당선" 〈동아일보〉 2006년 7월 27일
② "탄핵 추진 주역 조순형 컴백" 〈중앙일보〉 2006년 7월 27일
③ "성북을 민주 조순형 당선" 〈한겨레〉 2006년 7월 27일

같은 현상을 취재한 기사라고 할지라도 위처럼 서로 다른 제목이 붙여진 경우, 각 신문의 편집자가 '보궐 선거의 의미'에 대해 '여당에 부정적', 또는 '중립적' 등 서로 다르게 평가하고 있는 것으로 독자는 해석할 수 있다. 신문사는 자사의 관점에 따라 독자를 설득하여 여론을 형성할 수 있는 것이다. 기사의 제목은 그것만으로도 벌써 신문 기사의 성격과 의도에 대해 많은 것을 알려준다.

하지만 제목은 정확하지 않다. 제목과 기사 내용이 따로따로 노는 경우가 비일비재하다. 그간의 연구 결과를 보자. 그릭스와 카터Griggs & Carter, 1968는 미국 플로리다의 〈게인스빌 선〉을 분석한 결과, 기사 제목 가운데 42퍼센트가 부정확한 사실을, 34퍼센트가 과장이나 왜곡을 담고 있다는 사실을 발견했다. 뉴질랜드의 언론학자 벨Bell, 1991은 71퍼센트의 신문 기사

제목이 일정 정도 부정확하며, 12퍼센트의 제목은 확실한 오류를 담고 있다고 지적했다. 이준웅 등2007이 2006년 5·31 지방선거에 대한 네 개 중앙 일간지의 기사 중 직접 인용 제목을 사용한 기사 448건에 대한 내용 분석을 수행한 결과, 직접 인용된 글이 기사 본문에 없는 경우가 전체의 60퍼센트에 이르렀다. 또한 직접 인용 제목이 사실 관계의 단순한 서술이나 정책 관련 용어로 사용된 경우보다 인물의 의지나 감정을 표현하는 데 사용된 경우가 더 많았다. 직접 인용 제목 가운데 38퍼센트가 익명의 정보원을 직접 인용해서 제목에 제시하고 있는 것으로 나타났다. 패스터낵Pasternack, 1987은 "신문은 고의적으로 제목에 독약을 넣고 뒤따르는 기사에 약한 해독제를 넣는다"고 일갈한 바 있다. 이런 연구 결과는 기사 제목이 기사의 내용을 제대로 반영하고 있지 않다는 사실을 잘 보여준다.

실제 보도 사례를 보자. 2010년 교육과학기술부의 용역을 받은 인천대 경제학과 이인재 교수는 전교조 교사 수와 대학수학능력시험 성적과의 관계에 대한 보고서를 발표했다. 이에 전국교직원노동조합을 비롯한 많은 시민 단체가 보고서의 신뢰성에 의문을 제기했다. 연구 발표 자체가 논란을 일으키는 갈등의 소재가 됐음에도 일부 신문은 제목에서 편파성을 보였다. 예를 들어 〈중앙일보〉는 1월 20일자 "전교조 많은 학교 학생들 수능 성적 낮다" 기사에서 제목으로 교육과학기술부의 주장을 보도하고, "'회원 많은 광주는 성취도 최고' 전교조, 연관성 주장에 반박"이라는 전교조의 주장은 소제목만으로 보도했다. 이 연구는 전교조 조합원 수와 수능 성적과의 상관관계를 분석한 것이다. 상식적으로 생각했을 때도 조합원 수와 학생의 성적을 단순 비교하는 것에 큰 의미를 부여하기 어렵다. 더 큰 문제는 이 교수의 상관관계 분석을 신문이 마치 인과관계가 있는 것처럼 보도했다는 데 있다.

① "전교조 교사 많은 학교 수능 점수 떨어진다"
전국교직원노동조합에 가입한 교사 비율이 높은 학교일수록 학생들의 대학수학능력시험 성적이 떨어진다는 연구 결과가 나왔다. 〈한국경제〉
2010년 1월 20일

② "전교조 많은 학교 학생들 수능 점수 낮다"
이 교수는 "전교조 가입 교사 비율이 10퍼센트 높으면 학생의 수능 언어 영역 표준 점수가 0.5점~0.6점, 백분위 점수는 1.1점~1.3점 떨어진 것으로 나타났다"고 밝혔다. 〈중앙일보〉 2010년 1월 20일

미디어법 관련 기사에서 제목이 어떤 경향을 보였는지 살펴보자. 제목 유형은 기사 내용을 있는 그대로 전달하는 데 초점을 맞춘 '사실 제목', 기사 내용을 전달하는 데 그치지 않고 그에 대한 가치판단이나 평가가 더해진 '판단 제목', 기사 가운데 일부를 큰따옴표를 써서 가져오는 '인용 제목' 등 보통 세 가지로 분류된다. 일반적으로 사실 제목은 스트레이트 기사나 인용 기사에 많이 쓰이기 때문에 객관성이 특징이고, 판단 제목은 기자나 편집자의 가치판단이 개입하기 때문에 주관성이 두드러지는 측면이 있다.

[표5] 매체별 기사의 제목 유형

(괄호 안은 퍼센트)

	사실	판단	인용	합
경향	16(18.6)	41(47.7)	29(33.7)	86(100)
한겨레	20(24.1)	38(45.8)	25(30.1)	83(100)
한국	13(18.3)	44(62.0)	14(19.7)	71(100)
조선	13(22.0)	26(44.1)	20(33.9)	59(100)
동아	8(10.7)	27(36.0)	40(53.3)	75(100)
합	70(18.7)	176(47.1)	128(34.2)	374(100)

분석 결과, 스트레이트, 스트레이트 박스, 해설, 기획, 인터뷰 등 기사 유형에 관계없이 제목 유형이 일관되지 않고 뒤섞여 있는 것으로 드러났다. 드러난 제목 유형의 특징을 살펴보면, 다섯 개 신문 모두 '판단 제목'을 가장 많이 활용했다. '판단 제목'을 사용한 평균 비율은 47.1퍼센트로 '사실 제목' 비율18.7퍼센트이나 '인용 제목' 비율34.2퍼센트보다 훨씬 많았다. 그 가운데 〈동아일보〉가 36.0퍼센트로 가장 낮았고, 〈한국일보〉는 62.0퍼센트로 가장 높았다. 다음으로는 '인용 제목' 사용 비율이 높았는데, 〈동아일보〉 53.3퍼센트, 〈조선일보〉33.9퍼센트, 〈경향신문〉33.7퍼센트, 〈한겨레〉30.1퍼센트, 〈한국일보〉19.7퍼센트 순이었다. '사실 제목'은 5개 매체가 10.7퍼센트에서 24.1퍼센트까지 사용한 것으로 분석됐다.

여기서 주목할 부분은 현장 기자가 보낸 기사의 야마보다 제목의 야마 강도가 높은 경우가 많다는 점이다. 이는 기사 유형에서는 사실 전달에 치중하는 스트레이트 기사가 많은데도, 제목에는 적극적인 가치판단이 개입하는 판단 제목이 많다는 데서도 알 수 있다. 이는 또 기사 안의 특정 취재원의 발언을 그대로 가져오거나, 기사 내용 가운데 일부를 따옴표 형식으로 표현하는 인용 제목이 〈한국일보〉를 뺀 네 개 신문에서 모두 30퍼센트 이상 된다는 점에서도 추정할 수 있다. 한 기자는 이와 관련해 "신문사의 야마 결정 과정을 보면, 기자→데스크→편집자로 가면서 제목의 강도가 더 세지는 경향이 있다. 현장 기자는 여러 가지 상황을 두루 고려하면서 그나마 객관성과 균형을 유지하려고 하지만, 데스크나 편집자로 올라갈수록 그보다는 방향성, 의도 등을 강조하기 때문에 나타나는 현상 같다"고 말했다. 또 다른 기자도 "전날 기사를 출고해놓고 다음 날 아침 신문을 보면 깜짝 놀랄 때가 있다. '내가 이런 기사를 쓴 게 아닌데'라는 생각이 들 때가 종종 있다"고 했다.

결국 언론사 조직엔 현장 기자→데스크→편집자로 가면서 야마가 강화되는 관행이 자리 잡고 있다고 할 수 있다. 이런 점에서 제목은 단순하게 기사의 내용을 독자에게 전달하는 데 그치지 않고, 그 기사의 의미가 무엇인지에 대한 가치판단까지 내려주는 기능을 한다. 제목을 어떤 크기로 잡았는지, 기사에 나온 여러 가지 팩트 가운데 어떤 팩트를 골라 제목으로 올렸는지 등이 한 언론사가 어떤 시각과 가치관, 관점, 의도를 가지고 해당 기사를 바라봤는지를 알 수 있게 한다.

07

리드는 제목, 본문과 함께 기사를 구성하는 세 가지 중요 구성 요소 가운데 하나다. 매스컴 용어 사전*을 보면 리드는 "신문 · 잡지 · 통신 또는 방송 등의 보도 기사에서 그 내용의 정수를 담은 첫머리의 도입 구절opening paragraph"로 "기사 전체를 요약 압축해 기사의 성격과 방향을 길지 않은 앞의 문장 속에 담은 것"으로 정의돼 있다.

● www.kpf.or.kr/db/ db_frame.html

　리드는 기사의 전체 특징이나 흐름을 압축해서 보여준다. 리드는 전체 내용을 요약해서 보여줄 수도 있고, 기사의 주제를 나타낼 수도 있으며, 기사에 언급된 내용과 관련해 기자가 가치판단을 내린 것일 수도 있다. 리드는 '전달 리드', '해석 리드', '평가 리드' 등 크게 세 가지로 나눌 수 있다. '전달 리드'는 기사 내용의 전체나 일부를 보여주는 것이고, '해석 리드' 는 기자의 주도적인 가치판단이 들어간 리드를 말한다. '평가 리드'는 교수나, 시민 단체 등 기사 내용에 관련된 사람의 지적이나 비판, 반응 등으로 표현한 것을 말한다. 각각의 예를 들어보면 다음과 같다.

① 전달 리드

"친환경 무상 급식 달구벌 달군다"

대구의 모든 학생에게 '친환경 무상 급식을 실시하자'는 시민운동이

시작됐다. 〈한겨레〉 2010년 3월 12일

② 해석 리드

"목포 학교 무상 급식 지원 조례 제정, 단계별 추진"

전남 목포시의 학교 무상 급식 지원을 위한 조례가 주민 발의로 전국

에서 처음 제정됐다. 그러나 전면적인 시행까지는 예산 문제 등 아직

넘어야 할 산이 많다. 〈조선일보〉 2010년 3월 15일

③ 평가 리드

"선관위 과잉 규제 여당서도 비판"

선거관리위원회의 '과잉 규제'에 대한 비판의 목소리가 커지고 있

다. 정당-교육감 정책 연대 금지, 트위터 선거운동 금지에 대해선 여

당 내에서도 지나친 규제라는 지적이 나온다. 〈한겨레〉 2010년 3월 22일

　　전달 리드는 기사 본문의 내용을 되도록 정확하게 요약하는 것이기 때

문에 적어도 지면에 실린 기사 내용 자체를 축소하거나 왜곡하지는 않는

다. 기자가 수습 기간 중 가장 어려움을 느끼는 것 가운데 하나는 리드를

"뽑는" 것이지만, 전달 리드는 본문에 담고자 하는 내용을 간결하게 정리하면 되는 것이기 때문에 초년병 기자도 작성하기가 어렵지는 않다. 문제는 해석 리드와 평가 리드다. 해석 리드는 웬만큼 '짬밥'을 먹은 기자에게도 쉽지 않다. 기사에서 다루려고 하는 사안에 대한 팩트를 모조리 챙기고 그 팩트를 본문에 어떻게 앉힐 것인지 구상하고, 마지막으로 실제 본문 작성까지 깔끔하게 마쳤다고 해도 해석 리드 한 줄을 쓰는 것은 상당히 어렵다. 기사가 다루고 있는 사안의 의미가 무엇인지, 그 의미를 독자가 어떻게 받아들여야 하는지에 대해 기자 자신의 객관적인 판단을 통해 보여줘야 하기 때문이다. 평가 리드 역시 어렵기는 마찬가지다. 2010년 6·2 지방선거를 앞두고 여야 간에 치열한 공방이 벌어졌던 무상 급식과 관련해 시민단체가 서명운동과 홍보물을 배부한 것과 관련해 선관위가 "공직 선거법 위반"이라며 금지를 통고하자, '고양 급식 연대', '고양 시민 단체 연대 회의' 등의 단체와 야당, 그리고 일부 여당 의원이 문제가 있다고 지적했다. 이런 상황에서 선관위의 입장을 강조하는 리드를 세울 것인지, 아니면 반발하는 쪽의 견해를 반영하는 리드를 세울 것인지, 그도 아니면 양쪽의 견해를 모두 반영하는 리드를 세울 것인지가 여간 고민이 되는 게 아니었을 것이다. ③번 〈한겨레〉 기사를 쓴 기자는 이 가운데 반발 쪽의 견해를 강조하는 리드를 뽑기로 결정한 것이다. 결국 선관위의 무상 급식 홍보 금지와 관련한 〈한겨레〉 기사의 야마는 "선관위가 국민의 선거 자유를 제약해선 안 된다"는 것이다. 다시 말해 선거는 주권자인 국민이 대의기관 구성에 참여할 수 있는 유일한 기회이므로 적극적인 의사 표현을 최대한 보장해야 한다는 의도 야마를 가지고 있다고 볼 수 있다.

해석 리드와 평가 리드 자체가 문제가 있다고는 할 수 없다. 하지만 앞장에서 여러 번 강조한 것처럼, 기사 작성은 기사가 다루고 있는 사안의 진실에 최대한 가까이 다가가기 위한 작업이다. 이런 점에서 해석 리드와 평가 리드는 객관적이고 공정하게, 그리고 신중하게 선택돼야 한다. 각 언론사가 지향하는 야마에 따라 리드가 '해석적으로' 또는 '평가적으로' 정해진다면 이는 독자를 속이는 것이다. 제목이나 리드만 읽고 지나가는 독자가 상당수 된다는 점을 감안하면, 야마에 따른 해석 리드와 평가 리드는 언론사의 특정 의도를 독자에게 강요하는 것으로 해석할 수밖에 없다.

[표6] 매체별 리드 유형

(괄호 안은 퍼센트)

	전달	해석	평가	합
경향	44(51.2)	34(39.5)	8(9.3)	86(100)
한겨레	53(63.9)	23(27.7)	7(8.4)	83(100)
한국	33(46.5)	33(46.5)	5(7.0)	71(100)
조선	35(59.3)	22(37.3)	2(3.4)	59(100)
동아	35(46.7)	35(46.7)	5(6.7)	75(100)
합	200(53.5)	147(39.3)	27(7.2)	374(100)

다섯 개 신문에 보도된 374개 기사에 대해 내용 분석을 한 결과, 다섯 개 매체 모두 가치판단이 배제된 '전달 리드'를 가장 많이 사용한 것으로 분석됐다. 전체 374개 기사 가운데 '전달 리드'가 53.5퍼센트로 반을 넘었고, '해석 리드'39.3퍼센트와 '평가 리드'7.2퍼센트가 뒤를 이었다. 매체별로는 〈한겨레〉가 전체 기사의 63.9퍼센트에서 전달 리드를 사용했고, 〈조선일

보〉와 〈경향신문〉이 각각 59.3퍼센트, 51.2퍼센트의 전달 리드를 이용했다. 〈한국일보〉46.5퍼센트와 〈동아일보〉46.7퍼센트는 다른 매체와 견주어 상대적으로 전달 리드 사용 비율이 낮았다. '해석 리드'의 사용은 〈동아일보〉가 전체 기사의 46.7퍼센트로 가장 많았다. 〈한국일보〉가 46.5퍼센트로 근소한 차이로 2위를 기록했다. 〈한겨레〉와 〈조선일보〉는 각각 27.7퍼센트와 37.3퍼센트로 낮은 편이었다. 전체 기사에서 '평가 리드' 비율은 다섯 개 매체 모두 10퍼센트를 넘지 못했다.

질적인 분석까지 해봐야 정확한 판단을 할 수 있겠지만, 양적 분석만으로 보더라도 한국의 신문이 리드를 통해서 야마를 구현하려는 관행을 갖고 있음을 짐작할 수 있다. 특히 해당 언론사의 의견을 주로 담는 사설이나 칼럼이 아닌 일반 기사에서 해석 리드와 평가 리드를 많이 사용하고 있다는 점은 야마를 강조하는 한국 언론의 실상을 잘 보여준다고 할 수 있겠다.

08

제도화된 취재원의 네트워크를 '출입처beat'라고 한다. 출입처란 언론인이 상주하거나 정기적으로 방문해 일상적으로 접촉하면서 정보를 규칙적으로 얻는 곳이다. 정례적으로 보도 자료를 제공하거나 브리핑을 실시하는 정부나 정당, 대기업 등이 출입처에 해당된다[*].

● 김상온, 1993; 박용규,
1996; 윤영철, 2001; 이원락,
2004; Fishman, 1980.

● Lacy & Matustik,
1984, p. 10; Tuchman,
1978, p. 93

출입처 제도는 특정 기자가 정부 부처 등의 주요 출입처를 비교적 장기간에 걸쳐 전담하여 취재한다는 점에서 적은 인원으로도 효율적인 취재를 할 수 있고 또한 비교적 공신력 있는 정보를 신속하게 구할 수 있는 제도로 평가받고 있다[*]. 엡스타인Epstein, 1975, pp. 23~24에 따르면 기자가 출입처에 의지하는 것은 기자의 취재 관행에서 기인한다. 기자는 마감 시간 안에 신뢰성을 갖춘 취재원을 선택해야 하는데 명확한 기준이 없기 때문에 누구를 믿어야 할지 불안하다. 또한 매일 지면을 채워야 하는 중압감에 시달린다. 이 같은 불안감

[표7] 매체별 취재원 유형

취재원		경향	한겨레	한국	조선	동아	합
여당	친박계	8(9.9)	6(7.7)	6(9.5)	6(11.3)	6(8.7)	32(9.3)
	국회의장	4(4.9)	6(7.7)	9(14.3)	9(17.0)	10(14.5)	38(11.0)
	한나라당	28(34.6)	33(42.3)	27(42.9)	22(41.5)	40(58.0)	150(43.6)
정부	청와대	5(6.2)	6(7.7)	0	0	4(5.8)	15(4.4)
	정부기관	8(9.9)	9(11.5)	2(3.2)	3(5.7)	9(13.0)	31(9.0)
야당	민주당, 민주노동당 등	34(42.0)	33(42.3)	38(60.3)	26(49.1)	28(40.6)	159(46.2)
진보진영	진보 단체	24(29.6)	23(29.5)	15(17.5)	3(5.7)	1(1.4)	62(18.0)
	진보 교수	14(17.3)	20(25.6)	6(9.5)	2(3.8)	1(1.4)	43(12.5)
보수진영	보수 단체	4(4.9)	4(5.1)	5(7.9)	7(13.2)	7(10.1)	27(7.8)
	보수 교수	4(4.9)	6(7.7)	6(9.5)	4(7.5)	5(7.2)	25(7.3)
중도	중도	3(3.7)	5(6.4)	2(3.2)	3(3.8)	3(4.3)	15(4.4)
합계		81(100)	78(100)	63(100)	53(100)	69(100)	344(100)

을 극복하기 위해 기자는 언론사에서 배정한 출입처의 정보 제공에 의지하게 되고, 그들의 논조를 수용할 수밖에 없다.

취재원은 기자가 취재 과정에서 실제로 접촉했던 인물이나 단체 또는 기관을 말한다. 일반적으로 기자가 중요하게 고민하는 문제 가운데 하나는 어떤 취재원을 기사 안에 인용하여 전문성과 신뢰성을 유지할 것인가 하는 문제다. 또한 취재원은 야마와 깊은 관련이 있다. 어떤 취재원과 접촉하고 그 취재원으로부터 나온 것 중 어떤 내용을 기사에 반영하는지 등이 모두 야마 관행과 연관돼 있다. 그렇기 때문에 미디어법 보도에서 자주 인용된 취재원의 유형을 분석했다.

[표7]을 보면, 미디어법 관련 보도에서 가장 많이 인용된 취재원은 여당이었다. 전체 취재원의 63.9퍼센트기사당 복수 코딩가 한나라당 취재원이었다. 그 가운데 한나라당 의원과 당직자 및 관계자가 43.6퍼센트로 가장 많았고, 김형오 국회의장11.0퍼센트, 박근혜 전 한나라당 대표9.3퍼센트가 뒤를 이었다. 이는 전통적으로 대다수 언론이 정부·여당 출입처 중심의 취재와 보도 관행이 있으며, 신속하게 정확한 정보를 얻기 위해 정부·여당 관계자에 대한 의존도가 높다는 것을 재확인한 것이다. 한나라당 취재원에 방송통신위원회, 정보통신정책연구원 등 정부기관, 그리고 청와대까지 합하면 그 비율은 77.3퍼센트까지 치솟는다.

공적 취재원에 대한 언론인의 구조적 의존은 이미 수많은 뉴스 연구에서 관찰된 바 있다°. 브라운 등Brown et al, 1987은 취재원의 50퍼센트 이상이 정부기관이며, 그중에서 70퍼센트가 고위층 지도자급이고 일반 시민은 4퍼센트에 불과하다는 점을 찾아냈다. 이러한 연구를 종합해보면, 언론인이 공적 취재원에 편중하는 원인을 보도 내용에 대한 신빙성 부여, 객관성의 성취, 뉴스 생산 작업의 효율성 도모 등으로 요약할 수 있다. 뉴스 보도가 신빙성을 띠기 위해서는 취재원이 신뢰할 수 있고 권위가 있으며 주어진 상황에 대해 명쾌한 설명을 제시할 수 있는 사람이어야 하는데 이미 사회적 권위를 부여받은 정부기관이나 여당 관계자 등이 이러한 조건을 충족하는 취재원이다.

● Fishman, 1980;
Fowler, 1991; Sigal, 1987;
Soley, 1992

다음으로 민주당, 창조한국당, 민주노동당 등 야당 취재원이 전체의 46.2퍼센트를 차지해 두 번째로 많았다. 이는 야당이 미디어법을 'MB 악법'으로 규정한 뒤, 각종 성명, 논평, 거리 집회 등 지속적인 반대 활동을 했으며 이를 언론이 기사로 다루었기 때문이라고 추정할 수 있다. 여당과 야당 취재원 비중을 합하면 110.1퍼센트로, 미디어법 관련 보도를 할 때 한국의 신문은 정치권을 주로 접촉해 취재를 했음을 알 수 있다. 청와대와 정부기관 등 정부 취재원까지 더하면 전체 기사 취재원의 123.5퍼센트_{퍼센트}

_{총합 173.5퍼센트}가 정부 여당과 야당 관련자인 것으로 조사됐다. 미디어법에 대해 여야가 사활을 걸고 논란을 벌였다는 점을 고려하면, 논란 국면에서 이해관계의 직접 당사자가 어떻게 반응하는지를 보도하는 것은 언론의 생리라고 할 수 있다.

세 번째로 많은 취재원은 진보적 단체_{18.0퍼센트} 및 진보 성향 학자_{12.5퍼센트}로 대표되는 진보 진영이었다. 보수 진영 취재원 수는 전체의 15.1퍼센트로 진보적 취재원보다 적었다. 중도적 단체나 기관, 학자 취재원은 4.4퍼센트였다.

미디어법 논란 과정에서 비슷한 입장을 취하였던 정부·여당과 보수 진영을 하나로 묶고, 야당과 진보 진영을 또 하나로 묶는다면 매체별 취재원 사용이 크게 대비된다. 〈경향신문〉과 〈한겨레〉는 야당 및 진보 진영 취재원의 활용 비율_{각각 42.0퍼센트, 46.9퍼센트}이 정부·여당 및 보수 진영 취재원보다 상당히 높은 반면, 〈조선일보〉와 〈동아일보〉는 정부·여당 및 보수 진영 취재원 활용 비율_{각각 75.5퍼센트, 100.0퍼센트}이 야당 및 보수 진영 활용 비율보다 월등히 높았다. 특히 〈동아일보〉는 보수 쪽 취재원 인용이 진보 쪽 취재원 인용보다 세 배 이상 많았다. 〈한국일보〉는 정부·여당 및 보수 진영 취재원과 야당 및 진보 진영 취재원의 활용 비율이 엇비슷했다.

이러한 분석 결과는 미디어법에 대해 기본적으로 다른 의도 야마와 관점 야마를 가졌던 보수 성향의 신문과 진보 성향의 신문이 자신들의 야마를 유지하기 위해서 편파적인 취재원을 이용했다는 추정을 하게 만든다. 다시 말해 야마에 맞는 취재원만을 골라서 취재를 하고, 기사에 반영했다는 얘기다. 실제로 〈조선일보〉와 〈동아일보〉에서 진보적 성향의 교수, 진보적 시민 단체, 야당의 목소리를 찾기 힘들고, 반대로 〈한겨레〉와 〈경향신문〉에서 보수적 성향의 교수, 보수적 시민 단체, 여당의 목소리를 찾기 어렵다. 이 같은 편파적인 취재원 이용은 기사의 공정성을 심각하게 해칠 수밖에 없으며, 결과적으로는 기사의 질을 낮추게 된다.

참고로 취재원의 익명성 여부에 대한 내용 분석도 진행했다. 익명성이 높을수록 기사 신뢰도에 부정적인 영향을 미칠 수 있다는 판

● 여기서 투명 취재원이란 실명이 언급되는 취재원을 말한다. PEJ2005는 '투명 취재원transparent source을 기사와의 관련성이 명백한 드러난 취재원으로서 그가 누구인지 알 수 있는 취재원'이라고 정의했다. 즉 쉽게 말해 익명 취재원과 반대되는 개념이다.

[표8] 매체별 투명 취재원● 수

(괄호 안은 퍼센트)

개수	경향	한겨레	한국	조선	동아	합
0	11 (12.8)	11 (13.3)	12 (16.9)	14 (23.3)	9 (12.2)	57 (15.2)
1	28 (32.6)	21 (25.3)	16 (22.5)	21 (35.0)	30 (40.5)	116 (31.0)
2	16 (18.6)	23 (27.7)	18 (25.4)	11 (18.3)	15 (20.3)	83 (22.2)
3	11 (12.8)	17 (20.5)	13 (18.3)	4 (6.7)	7 (9.5)	52 (13.9)
4 이상	20 (23.3)	11 (13.3)	12 (16.9)	10 (16.7)	13 (17.6)	66 (17.6)
평균	2.17	2.23	2.10	1.66	2.00	2.06
합계	86 (100)	83 (100)	71 (100)	59 (100)	75 (100)	374 (100)

[표9] 미국 신문 1면의 기사당 투명 취재원 비율

(퍼센트)

	0개	1개	2, 3개	4개 이상
종합 섹션 1면	2	6	28	64
메트로 섹션 1면	10	15	32	43
스포츠 섹션 1면	11	14	41	34
전체	7	12	33	48

＊〈USA 투데이〉, 〈LA 타임스〉, 〈뉴욕 타임스〉, 〈워싱턴 포스트〉 등 16개 신문 대상 조사
＊출처 : PEJ(2005)

단에서다. 특히 이해관계의 충돌이 불가피한 미디어법 관련 보도에 있어서 전문성과 신뢰성을 갖춘 실명의 취재원을 인용할 필요성이 높다는 점을 고려할 때 취재원의 익명성 문제는 경계해야 한다.

나는 취재원 분석에서 한발 더 나아가 이해 당사자가 기사에 어떻게 반영되고 있는지에 대해서도 살펴봤다. 여기서 이해 당사자란 이해관계가 서로 다른 집단을 말한다. 박재영2006은 이해 당사자stakeholder를 '사안과 관련되어 있는 주체의 수'로 정의하고, 기사에 인용된 사람이나 집단을 뜻하는 취재원과는 구별된다고 설명했다. 직접 또는 간접으로 인용되는 취재원이 아니더라도, 주제에 따라 숨은 이해 당사자가 나타날 수 있다. 즉 기사의 주제와 관련해, A라는 존재가 연관돼 있다면 A가 직접적으로 발언을 하지 않더라도 A를 이해 당사자로 본다는 내용을 추가해야 한다. 예를 들면 쌍용차 대표가 노조에 협상을 요구하는 인터뷰를 했을 때, 노조의 반론이 직접적으로 기사에 들어가지 않았더라도, 이해 당사자는 쌍용차와 노조 등 두 개가 될 수 있다. 이 경우 반론이 들어가지 않았기 때문에 관점은

[표10] 매체별 이해 당사자 수

(괄호 안은 퍼센트)

숫자	경향	한겨레	한국	조선	동아	합
1	21 (24.4)	16 (19.3)	13 (18.3)	26 (44.1)	27 (36.0)	103 (27.5)
2	28 (32.6)	35 (42.2)	31 (43.7)	22 (37.3)	28 (37.3)	144 (38.5)
3	21 (24.4)	17 (20.5)	22 (31.0)	6 (10.2)	17 (22.7)	83 (22.2)
4 이상	16 (18.6)	15 (18.1)	5 (7.0)	5 (8.5)	3 (4.0)	44 (11.8)
평균	2.47	2.41	2.28	1.83	1.95	2.21
합	86 (100)	83 (100)	71 (100)	59 (100)	74 (100)	374 (100)

[표11] 미국 신문 섹션 1면의 기사당 이해 당사자 비율

(퍼센트)

	1개	2개	3개	4개 이상	합
종합 섹션 1면	6	21	19	54	100
메트로 섹션 1면	12	32	23	32	100
스포츠 섹션 1면	14	44	14	28	100
전체	10	32	19	39	100

＊〈USA 투데이〉, 〈LA 타임스〉, 〈뉴욕 타임스〉, 〈워싱턴 포스트〉 등 16개 신문 대상 조사
＊출처: PEJ(2005)

하나가 된다. 이와 같은 맥락으로 이 연구에서는 이해 당사자를 '기사 주제와 관련해, 기사에 거론된 이해관계가 서로 다른 집단이나 주체의 수'로 보고, 기사 주제와 관련된 이해 당사자의 수를 구분했다.

이해 당사자에 대해 내용 분석은 흥미로운 결과를 보여줬다. 그것은 이해 당사자가 한나라당과 민주당인 기사가 거의 대부분이었다는 사실이다. 미디어법 개정은 분명 국회가 해야 할 일이기는 하다. 하지만 미디어법 개

정에는 직접적으로 사업을 하고자 하는 언론사와 기업이 있고, 또 미디어 법 개정으로 인해 영향을 받을 국민이 있다. 하지만 언론사나 기업, 국민을 이해 당사자로 포함하고 있는 기사는 거의 없었다. 또 이해 당사자 수가 하나인 경우와 둘인 경우가 66.0퍼센트로, 전체적으로 기사에 나타난 이해 당사자 수가 적은 것으로 나타났다. 미국 신문은 이해 당사자가 넷인 경우가 39퍼센트로 가장 많아, 한국 신문과 크게 대비된다.

'야마'를 벗어야
언론이 산다

관   점

관점이란 기사에 등장하는 집합적 견해를 말한다. 관점은 단순화할 수 없는 인간 사회의 사안을 다양하게 조명한다는 점에서 양질의 기사를 작성하는 데에 필요조건이 된다PEJ, 2005, 2006. 한 사안을 보도하는 기사가 그 사안에 관련된 다양한 관점을 제시하는 노력을 보이는 것이 바람직하다Kovach & Rosenstiel, 2001. 박재영은2006은 관점을 다음과 같이 크게 세 가지로 구분했다.

① 단일 관점 : 기사의 주제와 관련해 한 가지 견해만 제시되고 다른 견해에 대한 언급이 전혀 없는 경우.
② 대체로 단일 관점 : 하나의 견해가 기사의 3분의 2 이상을 구성하면서, 다른 견해가 일시적으로 언급된 경우.
③ 복합 관점 : 하나의 견해가 3분의 2 이상을 구성하지 못하면서, 기사의 다른 부분에 다른 견해가 제시되어 있는 경우.

[표12] 매체별 관점

(괄호 안은 퍼센트)

유형	경향	한겨레	한국	조선	동아	합
완전히 단일 관점	50 (58.1)	35 (42.2)	31 (43.7)	38 (64.4)	38 (50.7)	192 (51.3)
대체로 단일 관점	6 (7.0)	7 (8.4)	6 (8.5)	4 (6.8)	8 (10.7)	31 (8.3)
복합적 관점	30 (34.9)	41 (49.4)	34 (47.9)	17 (28.8)	29 (38.7)	151 (40.4)
합	86 (100)	83 (100)	71 (100)	59 (100)	75 (100)	374 (100)

[표13] 미국 신문 섹션 1면 기사의 관점 제시 양태

(숫자는 퍼센트)

	복합적 관점	대체로 단일 관점	완전히 단일 관점	합
종합 섹션 1면	82	9	9	100
메트로 섹션 1면	75	9	15	100
스포츠 섹션 1면	55	14	31	100
전체	76	10	15	100

＊〈USA 투데이〉, 〈LA 타임스〉, 〈뉴욕 타임스〉, 〈워싱턴 포스트〉 등 16개 신문 대상 조사
＊출처: PEJ(2005)

박재영의 개념을 빌려와 미디어법 관련 기사를 분석한 결과, [표12]를 얻었다. 복합적 관점은 크게 두 가지로 나눠볼 수 있다. 사안에 대한 분명한 판단을 일부러 하지 않는 경우와 판단을 내리기가 애매해 여러 관점을 모두 반영하는 방식이다. 〈한국일보〉에는 복합 관점이 유독 많은데, 기자를 인터뷰한 결과 의도적으로 양쪽을 모두 보여주는 방식을 취했다는 것을 알 수 있었다. 편파적인 신문으로 보이지 않고 균형을 잡는 신문이라는 인식을 심어주기 위한 것이라는 얘기다. 반면 나머지 신문에서 복합 관점

의 기사는 현저하게 적었다. 사안이 터질 때마다 기자와 언론사가 한쪽 방향으로 분명하게 판단을 내렸기 때문으로 추정된다. 이는 곧 이들 네 개 신문이 〈한국일보〉보다 야마에 대한 집착이 훨씬 더 컸다는 것으로 풀이할 수 있다. 야마를 강조하기 위해서는 복합적 관점보다는 단일 관점이 더 유리하기 때문이다.

이러한 한국 신문의 관점 제시 양태는 미국 신문의 그것과 극명하게 대비된다. 다섯 개 한국 신문의 복합적 관점 기사 비율은 40.4퍼센트에 불과한 반면, 미국 신문은 종합 섹션 1면은 81퍼센트, 메트로 섹션은 75퍼센트의 기사가 복합적 관점을 제시하고 있다.

4장

취재
단계
야
지

'승부처' 미디어법

여야 "선거때 여론 향배 갈려" 인식 탓 양보 안해

'야마'의
구성
과정

신문사의 신문 제작 과정은 보통 '아침 보고 모음→오전 편집회의→오전 지면 계획 수립→오후 보고 모음→오후 편집회의→최종 지면 계획 수립→기사 마감→초판 신문 인쇄→저녁 편집회의'로 이뤄진다. 신문사 내 각 부서는 이 과정에 맞춰 취재와 기사 출고를 한다. 출입처가 정부 부처나 기업체인 기자는 대개 아침 8시 30분쯤 출근해 아침 보고 준비에 들어간다. 다른 신문과 방송, 인터넷에 어떤 기사가 올라와 있는지 확인하고, 그날 하루 예정된 행사 등 주요 일정을 챙긴다. 주요 취재원에게 전화를 걸어 기삿거리를 챙기는 일도 빼놓을 수 없다. 1시간쯤 정보 수집을 한 뒤, 오전 9시 30분경 '오전 보고'를 한다. 보고 형식은 신문사마다 다르지만, 보통 쓰고자 하는 기사 야마를 한 줄 정도로 정리한 뒤, 그 밑에 그 야마를 지탱하는 내용을 대여섯 줄 정도로 요약한다. 오전 10시쯤 보통 부장 또는 팀장은 데스크에서 현장 기자에게 전화를 걸어 발제한 보고에 대해 기초적인 사실 관계를 묻고 발제한 야마가 타당한지를 확인한다.

1시간 정도 진행되는 오전 편집회의는 편집국장이 주관하는 편집국 내 최고 의사 결정 기구다. 편집국장을 비롯해 부국장과 각 부서장이 참석한다. 편집회의는 부서장이 돌아가면서 자기 부서에서 예정된 기사를 보고한 뒤, 국장이 주요 지면을 결정하는 식으로 진행된다. 국장은 신문의 간판인 1면과 2~10면 등 앞쪽에 배치되는 종합면또는 종합·정치면에 대한 지면 계획을 직접 챙긴다. 1면 머리기사를 무엇으로 할 것인지, 그에 따른 관련 기사를 종합면에 어떻게 배치할 것인지, 그날 주요 의제를 무엇으로 삼을 것인지 등이 편집회의에서 결정된다. 그 외 문화나 스포츠, 여가면 등은 편집회의가 아니라 각 부서장의 책임 아래 열리는 부서 편집회의에서 지면 계획이 세워진다.

오전 편집회의가 끝난 뒤, 데스크는 현장 기자에게 잠정적으로 잡힌 지면 계획을 알려준다. 그리고 각 부원 또는 팀원에게 써야 할 기사를 배정하고, 구체적인 취재 지시를 내린다. 이때 자신이 보고하지 않은 아이템이라고 할지라도 기사 배정을 받는 경우가 종종 생긴다. 지면 계획 수립과 취재 지시는 전적으로 편집회의의 권한이기 때문이다. 보통 편집회의에 들어가기 전 해당 부서 데스크와 그 부서를 관장하는 부국장이 주요 이슈에 대한 기사 계획을 세우고, 이를 편집회의에 들어가서 추인받는다. 따라서 한 부서의 현장 기자에겐 세 꼭지의 기사만을 발제했다고 하더라도 편집회의 결과에 따라 다섯 꼭지의 기사를 쓰는 날도 생긴다. 편집회의에서 사안의 경중에 따라 특정 이슈에 대해 더 많은 기사 꼭지를 쓰도록 요구할 수 있기 때문이다.

현장 기자는 보통 오후 1시 30분까지 오후 보고를 한다. 오전 보고 뒤에 추가로 발생한 상황이나, 오전에 잡혔던 기사와 관련해 취재를 해보니 기사가 안 된다거나 아니면 야마를 바꿔야 한다거나 하는 내용을 정리해서 오후 보고를 한다. 데스크는 다시 현장 기자에게 전화를 걸어 추가 보고한 내용의 기사 가치에 대해 판단한다. 오후 편집회의가 끝난 뒤, 데스크는 편집회의에서 최종 확정된 지면 계획을 기자에게 알려준다.

기자의 야마는 신문 제작 과정을 한 단계씩 거치면서 조금씩 바뀐다. 애초 몇 가지 팩트만을 가지고 거칠게 야마를 내놓기 때문에 취재를 더 깊숙이 진행할수록 새로운 팩트가 나타날 가능성이 커지고, 그에 따라 처음의 야마도 바뀔 수밖에 없다. 데스크와 상호작용을 하는 과정에서 야마가 좀 더 정교하게 다듬어지는 작업도 계속된다. 간혹 애초의 야마의 방향을 정반대로 바꿔야 할 때도 있다.

심층 인터뷰_{인터뷰 리스트는 2장 참조}를 바탕으로 아이디어 구성→편집회의→데스크의 취재 지시→취재 수행→기사 작성→데스크의 최종 데스킹 등 여섯 단계별로 야마 구성이 달라진다. 아이디어 구성, 취재 수행, 기사 작성이 현장 기자가 해야 할 주된 일이라면, 취재 지시, 최종 데스킹 등은 데스크의 주된 업무다. 현장 기자와 데스크는 일련의 과정을 거치면서 긴밀하게 상호작용한다. 기사라는 결과물을 만들어내기 위해 기자와 데스크는 공동 작업을 하는 셈이다. 하지만 대부분의 현장 기자는 데스크의 권한이 자신들보다 훨씬 크다고 지적했다. 야마의 결정이 기자와 데스크의 상호 교감 아래 이뤄지기보다는 일방적인 역학 관계에 따라 이뤄지고 있다는 것이다.

아 이 디 어
구 성 단 계
'야마' 설정

수습기자 때 배우는 취재 요령 가운데 가장 기초적인 것은 팩트 챙기기다. 수습기자는 하루에도 서너 번씩 경찰서, 병원, 대학, 시민·사회 단체 등을 돌면서 팩트를 모은다. 모든 팩트를 선배 기자에게 보고하면, 선배 기자는 그 팩트에 기반해 기사 야마를 잡는 법을 알려준다. 그러니까 야마 설정에는 팩트가 가장 기본적인 요소가 되는 셈이다. 기자는 수습 과정 때 익힌 대로 이후에도 팩트를 챙기는 노력에 최선을 다한다. 팩트를 잘 챙겨야 기사의 야마를 잘 잡을 수 있고, 결과적으로 '이야기가 되는' 기사를 쓸 수 있기 때문이다.

사회적 현상이나 흐름을 관찰해서 그 안에서 얘기가 된다 싶은 게 있으면 구도를 잡아본다. 다른 기자도 나랑 비슷할 것 같다. 물론 아주 가끔 기사로 접근한 게 아닌데, 취재하다 보니 얘기가 돼서 쓰는 경우도 있다.(I)

가령 방송통신위원회 상임위원 전체 회의가 열리는 날이라면 팩트가 나온 뒤 야마를 잡아야 한다. 의결 내용은 회의가 끝나야 알 수 있기 때문이다. 기본적인 팩트가 확인된 뒤에 야마를 잡고 추가 취재를 하고 기사를 쓰는 게 맞다고 본다.(L)

어떤 사안에 대해 완전히 취재를 마친 뒤 야마를 잡아 데스크에 보고하는 경우도 있다. 또 간단한 팁tip 정도로 기사 보고를 하기도 한다. 팁은 중간에 달라질 수도 있고, 방향이 바뀔 수도 있다. 그러면 야마도 중간에 수정된다. 어쨌거나 팩트나 정보가 없으면 기사의 야마 잡기는 불가능하다.(F)

그런데 시간이 지나면서 야마 설정이 팩트에 앞서가는 경우가 종종 발생한다. 먼저 "이렇게 쓰겠다"고 야마를 잡은 뒤 그에 맞춰 야마를 보강하는 팩트를 챙기는 것이다. 예를 들어 사회적으로 찬반이 확연히 갈리는 사안에 대한 법원 판결이 예정돼 있다거나, 올림픽이나 월드컵 개최 등 국가적인 이슈에 대한 최종 결정이 내려지는 때에는 마감 시간을 감안해 미리 나올 수 있는 가능성 모두에 대비해 기사를 준비해두기도 한다. 2009년 8월 서거한 김대중 전 대통령 기사도 사실은 대다수 언론사가 그의 서거 한 달 전 병원에 입원했던 순간부터 준비하기 시작했다. 88세로 노령인데다, 지병을 앓고 있고, 병원 담당 의사의 소견도 낙관적이지 않다는 점 등을 고려하면 미리 기사를 준비하지 않을 수 없었던 것이다. 내가 몸담았던 언론사에서도 '김대중 서거 지면 계획'이라는 문패 아래 그의 성장 과정, 정계 진출, 옥고, 대통령 당선 등 일련의 기사를 일찌감치 준비해두고 있었다.

한 가지 야마를 먼저 정해놓고, 아니면 두세 가지 야마에 맞춰 기사 틀을 짜놓고 취재에 들어가는 관행은 정치부나 경제부, 사회부 등 이른바 스트레이트 부서에서 주로 발생한다. 큰 사안이 발생할 경우 다뤄야 할 기사가 많은데 미리 준비해두지 않으면 정해진 마감 시한 안에 지면에 필요한 기사를 다 처리할 수 없기 때문이다. 뉴스는 '의례적 관행'의 결과물이라는 터크만Tuchman, 1978의 지적은 이 같은 언론의 취재 보도 관행에 대한 통찰이다.

문제는 위에서 언급한 예외적 경우가 아닌데도 기자가 야마를 먼저 잡고 취재를 시작하는 일이 많다는 점이다. 쉽게 말하면 기사 틀과 방향이라는 그릇을 미리 만들어놓고, 그 그릇에 넣을 내용물이 되는 팩트는 나중에 채우는 식이다. 이는 일을 쉽게 하려는 기자 나름대로의 요령이라는 측면이 강하다.

다들 자기 영역에서 그 나름의 노하우를 갖고 있지 않은가. 변호사는 변론을 설득력 있게 하는 방법을 알 것이고, 택시 기사는 누구보다도 힘 안 들이고 운전하는 법을 알고 있을 것이다. 기자도 마찬가지라고 본다. 야마를 먼저 잡는 것은 기자에게 꼭 필요한 비법이다.(C)
취재보다 야마 잡기가 앞서는 경향은 입사한 지 얼마 안 되는 신참 기자보다는 경력이 많은 베테랑 기자에게서 더 잘 나타난다. 연차가 높아질수록 야마를 가지고 기삿거리에 접근한다. 1, 2년차는 안 그럴 것 같은데, 시간이 지나면서 얘기가 되고, 안 되고 차원으로 접근을 한다.(I)

야마를 잡고 취재하다 아니면 킬kill한다. 기초 취재가 된 뒤에, 취재 후 야마를 잡으면 기사의 범위가 너무 넓어진다. 시간이 지날수록 야마에 딱 맞게 취재하고 그렇게 습관이 드는 것 같다.(P)

야마 잡기는 '효과적인 업무 수행을 위한 노하우'인 셈이다. 기자 생활을 하면서 어떻게 해야 더 쉽게, 더 편하게 취재를 하고 그럴듯한 기사를 쓸 수 있는지에 대해 터득한 요령이 취재에 앞서 먼저 야마를 잡는 관행인 것이다.

야마를 먼저 잡는 관행의 배경에는 좀 더 쉽고 편하게 기사를 쓰기 위한 것도 있지만, 직속 데스크의 생각이나 소속 언론사의 지향점이 영향을 미치는 점도 간과할 수 없다. 이는 전문직과 직장인이라는 두 개의 직업적 정체성의 경계에 서 있는 한국 기자의 애매모호한 위치에서 비롯되는 것으로 보인다. 전문직과 비전문직의 가장 큰 차이는 자신의 업무에 대한 평가다. 전문직은 자신이 할 일을 스스로 결정하고 그 결과에 대해서도 스스로 책임을 지지만, 기업이나 기관에 속해 있는 일반 직장인은 스스로 결정할 수 있는 일의 범위에 한계가 있고, 일의 결과에서 빚어지는 책임도 최종 결정권을 가진 회사 쪽과 나눠서 지게 된다. 전문직의 성격을 많이 갖고 있으면서 기업 형태의 언론사에 속한 기자는 직업의 특성상 자신의 업무에 대한 결정권을 다른 직장인보다 더 많이 가질 수 있지만, 동시에 상사나 회사의 입장이나 방침을 우선순위에 둬야 하는 직장인으로서의 부담에서도 벗어나지 못한다. '독립적 지성인'으로서의 기자가 아니라 '월급쟁이'로서의 기자로 만족할 때, 소속 언론사의 기본적인 논조에 맞는 기삿거리를 찾아 보고하고 그에 맞춰 기사를 쓰는 관행이 만들어질 수밖에 없다. 안타깝게도 내가 본 한국 사회의 많은 기자는 첫발을 내딛는 순간부터 '그릇뉴스 포맷'에 맞춰 정보를 수집하고 가공하고 전달하는 방법을 익히고 있다.

기자는 신문의 방향을 미리 안다. 어떻게 신문을 만들어야 하는지에 대한 공감대가 있다. 매일매일 신문을 만드는 과정에서 회사 내의 커뮤니케이션 과정을 체득하는 거다.(A)
기자는 사전 게이트 키핑을 한다. 내가 올려봤자 나가겠느냐 하는 생각을 하는 것이다. 물론 사전 게이트 키핑의 정도는 기자별로 차이가 있을 것이다.(Q)

11

편 집 회 의
단   계

'야마' 확정

편집회의에서는 그날의 주요 기사에 대한 지면 계획이 세워진다. 1면 머리 기사를 비롯해 앞쪽에 배치되는 중요 지면의 기사에 대한 논의가 집중적으로 이뤄진다. 이때 주요 기사의 야마는 현장 기자의 발제를 기본으로 하지만, 다른 부서장이나 부국장, 국장이 발제된 기사 후보에 대한 의견을 적극적으로 밝히면서, 기존의 야마가 수정되거나 폐기되기도 하고 아예 새로운 야마가 세워지기도 한다.

편집회의는 그날치 신분의 얼굴을 만드는 일이라고 보면 된다. 그만큼 주요 기사 후보에 대해 정교하고 꼼꼼한 점검이 이뤄진다. 어떤 사안에 대한 기사 후보가 있을 때, 기사 가치에 대한 판단이 잘못됐거나, 그 사안의 흐름과 잘 맞지 않는다면 기사 야마는 바뀔 수밖에 없다. 신문의 논조나 방향에 맞지 않는 경우도 마찬가지다. 한번은 사회부장이 신참 기자가 발제한 '대학생의 좌파 학습 모임 열기'라는 기삿거리를 편집회의에 올렸는데, 다른 부장과 국장이 아무 코멘트도 없이 싹 지나갔다. 킬kill된 것이다.(G)

사실 특종이 발제되는 날이 아니라면 그날은 신문의 방향에 맞는 야마 기사가 주요 면에 실린다고 보면 된다. 왜냐하면 뻔한 기삿거리를 가지고 지면을 차별적으로 만들 수 있는 방법이기 때문이다. 물론 신문의 영향력이나 자존심도 작용했을 것이다. 내 경험으로 보면 편집회의는 신문의 전체 틀과 방향, 기사의 주요 야마를 결정하는 자리다.(A)

국장이 기자들과 의견 교환을 하기는 하지만, 전체 방향을 설정하지는 않는다. 어느 정도 의견 개진을 할 뿐이다. 전임 편집국장 때부터 아침 편집회의에 들어가 보면, 현안 관련해서는 일선 부서에서 올라온 것으로 거의 채택한다.(F)

언론사가 대변하고 있는 집단은 언론사마다 다르다. 그런 사안에 대해선 적극적인 밀고 당기기가 이뤄진다. 이런 사안을 편집국이 더 중요하고 긴박한 것으로 생각한다. 그래서 그런 발제는 더 대우받는다. 그 자체가 중요해서 기사를 키운다고 해도 그게 말이 되느냐, 얘기가 되느냐, 논리적으로 정확하냐에 따라 차이가 있다.(J)

12

현장 기자와 데스크 간의 의견 교환이 가장 활발하게 이뤄지는 단계다. 데스크는 편집회의에서 나온 의견을 바탕으로 현장 기자에게 구체적인 취재 지시를 내린다. 취재 지시의 내용은 주로 기사의 형식, 양 그리고 야마다. 데스크가 야마를 적극적으로 주문할수록 기사의 형식은 앞쪽 면에 배치되는 스트레이트 기사가 될 가능성이 높다. 기자는 스트레이트 기사의 무게감을 해설 기사 등 다른 기사보다 높게 치기 때문이다. 또 데스크의 주문이 강할수록 기사의 꼭지 수가 많아지고, 기사의 양도 긴 편이다.

부장이 편집회의에서 우리 팀의 기사 계획을 보고하면 기사 크기는 국장이 결정한다. 기사 양도 편집회의에서 결정된다.(D)

전에 일하던 신문사는 중도지를 표방했다. 그곳에서 한번은 데스크가 '조중동'과 '한경'을 양극단에 두고 각각을 자사 이기주의적 관점에서 비판하고, 'ㅇㅇㅇㅇ' 프로그램

● 당시 사회적 논란을 불러일으켰던 시사 보도 프로그램.

의 보도 태도를 '까'라는 주문을 한 적이 있다. 하지만 이는 이 프로그램에 대한 시시비비를 가린 다음에 가능한 일이다. 그걸 무시하고 가면 안 되는 것이었다. 그래서 데스크에게 '우리 신문이 객관적인 위치에서 그것을 제대로 보도한 적 있느냐? 제대로 보도도 하지 않다가 갑자기 비판 기사를 쓰는 것은 자기기만이다. 정 이걸 쓰려거든 우리 신문도 포함시켜 비판해야 한다'고 했다. 그리고 또 얼마 뒤에는 논설실장이 완전한 '조중동' 관점에서 지상파 방송사의 한 프로그램을 몰아치는 사설을 썼다. 객관적으로 뭐가 잘못됐다고 지적하지도 않고. 그런데 그 다음 날 부장이 그 사설을 앞에 놓고 앞으로는 이 사설의 입장에서 기사를 쓰라고 얘기했다. 야마를 정해놓고 거기에 모든 걸 맞추라는 주문이다.(L)

기자를 전문가로 인정한다면 기사의 야마는 아이디어 구성 단계에서 얼추 만들어져야 한다. 데스크는 현장 기자가 발제한 야마를 확인하고 보강하는 역할을 하는 게 맞다. 하지만 인터뷰 결과는 데스크가 먼저 야마를 잡아주는 경우도 적지 않음을 보여줬다. 무슨 기사를 어떻게 써야 하는지를 구체적으로 지시하는 것이다.

야마를 기자가 잡는 경우가 7이면 데스크가 잡는 경우가 3 정도 아닐까. 그건 신문사에 따라 다를 것이다. 회사 성향에 따라 차이가 있다. 우리 신문은 7 대 3 정도다. 근데 거의 데스크에서 야마를 잡아서 기획하는 기사는 데스크와 현장 기자의 야마 잡는 비율이 8 대 2 정도

가 맞을 거다.(I)

기획 기사를 쓸 때 주로 데스크가 야마를 잡아준다. '서민 경제 들여다보자' 이런 거. 아무래도 큰 기사는 위에서 신경을 많이 쓰니까 어쩔 수 없는 것 같다. 하지만 매일매일 벌어지는 일반 기사에 대해서도 야마 지시를 내리는 데스크가 많다.(E)

오전 11시 반쯤 되면 불안해지기 시작한다. 오늘은 데스크가 또 무슨 주문을 할까. 다 정해놓고 기사만 쓰라고 하는데, 이럴 때는 굳이 이 회사에 내가 있어야 할 이유를 느끼지 못한다.(C)

한 방송사 리뷰 위원회에서 어느 날 아침에 공정성 선서를 한다는 자료를 보내왔다. 내가 자료대로 야마를 잡아 기사를 써서 보냈더니 데스크는 노사 간 협약 문서가 없기 때문이 아니냐고 물었다. 그래서 그런 측면도 있다고 했더니 '그럼 이걸로 해' 하고 말했다.(B)

물론 언론사에 따라 데스크의 야마 개입이 어려운 경우도 있다. 야마를 잡을 때 데스크 등 윗선의 간섭이나 영향을 묻는 질문에 대한 아래와 같은 답변도 적지 않게 나왔다.

우리 신문사는 사장이 논조에 간섭할 수 없는 시스템이다. 부국장이나 국장이 큰 틀에서 기획을 정하긴 한다. 소통 기획, 민주화 시리즈 등등.(I)

산업부는 내가 야마 세우면 거의 받아준다. 경제, 산업 기사는 매체별로 야마에 차이가 없다.(A)

우리 시스템에서 야마는 거의 내가 정한다. 아이디어 회의는 잘 하지 않는다. 아침 보고 때 이렇게 쓰겠다고 말한다.(R)

데스크가 비중 있는 팩트도 아닌데 추가 지시하면 나는 반영 안 한다. 보통 현장 기자는 팁만 가지고 하는 정보 보고 수준의 발제는 하지 않는다. 그래서 우리는 현장 기자의 요구를 대체로 반영한다. 데스크가 현장 관리하면서 우리 신문의 방향을 제시할 수도 있지만 우리는 대체로 현장 의견을 존중한다. 그래서 사설과 기사가 다르게 가는 경우가 종종 있다.(F)

야마가 다른 것은 기자 개인의 가치관과 신문사의 가치관이 다르기 때문이다. 신문사와 가치관이 부합하면 좋겠지만 그렇지 않으면 논의해봐야 한다. 나는 개인적 가치관이 더 중요하다고 본다.(L)

나는 팩트가 먼저다. 원론적으로 보면 팩트 속에 야마가 있지 야마에 따라오는 게 팩트가 아니다. 물론 신문엔 할당된 면이 있고 기사에 맞춰야 한다는 부담감에 자주 활용되는 팩트도 있고 오도되기도 한다. 하지만 기본적으로 팩트가 있으면 쓰고 없으면 안 쓴다.(P)

13

이론적으로는 취재 및 기사 작성 과정에서 언론인으로서 기자의 자율성이 가장 많이 보장된다. 자신이 야마를 잡았든, 데스크가 야마 지시를 내렸든 실제 취재를 하는 당사자는 바로 기자 자신이기 때문이다. 어디를 가느냐, 누구를 만나느냐, 어떤 질문을 하느냐 등에 대해 온전히 기자가 스스로 판단해야 한다. 하지만 실제론 취재 수행 단계에서의 기자 자율성이란 업무를 혼자서 한다는 의미의 자율성인 경우가 많다. 종종 기사의 야마는 이미 정해져 있고, 취재는 단지 그 야마를 확인하고 보강하는 단계에 불과하기 때문이다.

박재영2006은 "'현장 취재를 위한 준비'와 '현장 취재'는 새로운 정보, 깊이 있는 정보를 찾는 과정이라기보다는 아이템 주제에 적합한 화면과 압축적인 인터뷰를 확보하는 과정이라는 성격이 더 짙다. 보도하고자 하는 내용은 이미 제공된 자료와 함께 결정되고, 그 내용을 방송 뉴스용으로 포장하는 데 업무의 절대량을 쓰고 있다. 취재 후 제작 과정 역시 정보를 찾거나 분석하는 것, 곧 정보의 질을 높이는 것과는 무관한 작업이다"고 지적한 바 있다. 박재영은 방송의 사례를 들고 있지만, 신문의 경우에도 그의 지적은 그대로 적용된다.

취재 수행 과정에서의 주된 일은 취재원 접촉이다. 일반적으로 기자가 선호하는 취재원 스타일은 대답을 잘해주거나, 어떤 사안에 대한 깊은 내막을 알고 있는 사람이다. 기자는 또한 언제든지 물어봐도 곧바로 답변을 해주는 취재원을 선호한다. 여러 매체에 자주 등장하는 취재원은 접근성이 좋은 취재원일 가능성이 높다.

> 말만 많고 야마 없는 취재원은 쓰기 힘들다. 편의가 많이 작용한다. 물어보면 바로 답이 나오는 사람이 편하다.(A)
> 신문에 자주 등장하는 사람은 그 나름의 이유가 있다. 전문성이 뛰어나거나, 말을 조리 있고 쉽게 잘하거나, 어떤 기자가 물어봐도 거기에 맞춰 대답을 잘 해주거나 하는 사람인 경우가 많다. 문제는 기자가 업무 편의를 위해 지나치게 '쉬운 취재원'에만 의존하는 경향이 많다는 것이다.(D)

취재원의 다양성은 저널리즘의 질을 논할 때 빼놓을 수 없는 중요한 요소다. 최대한 많은 취재원을 만나고, 서로 다른 시각을 가진 취재원을 인용하는 것이 객관성, 공정성 측면에서 기사의 질과 가치를 높일 수 있다. 한 데스크는 "기자가 자기 기사를 얼마나 밀도 있게 구성하려고 노력하느냐에 따라 취재원 폭이 달라진다"고 말했다. 기자가 좋은 기사를 생산하는 데에는 취재원의 다양성과 전문성, 적절성 등이 결정적으로 작용할 수 있다는 얘기다. 또 다른 데스크도 기사 발제 단계에서는 어쩔 수 없지만, 취재 수행 단계에서는 기사의 방향과 다른 시각을 갖고 있는 취재원과 충분히 접촉해야 할 것이라고 조언했다.

헌재에서 미디어법 논란이 계속되고 있는데, 방통위는 서둘러서 방송법 시행령을 만들고 있다. 이게 문제라고 우리 신문은 본다. 이 사안에 대해 문제의식 갖고 있는 사람이 얘기를 할 것이다. 성명이나 기자회견 등을 통해. 그럼 기자는 그 나름 공감할 수 있는 단체나 개인과 접촉해 멘트를 딴다. 신뢰할 수 있고 제대로 말해줄 수 있는 자들과 연락해 코멘트를 딴다. 다른 시각을 갖고 있는 사람에게는 연락 안 한다. 이 단계에서 기사가 발제된다. 현장 기자는 발제할 때 '합리적이고 전문성 있고 신뢰할 만한 사람이 이렇게 얘기하네요'라고 데스크에게 설명한다. 하지만 기사를 쓸 때는 방통위 관료, 보수적 학자, 보수 성향 시민 단체 등 다른 시각을 갖고 있는 취재원과도 접촉해야 한다. 〈뉴욕 타임스〉는 적어도 서로 다른 관점을 갖고 있는 취재원이 서너 명 정도는 있어야 좋은 기사라고 본다.(J)
미디어법은 시장주의, 공익 우선주의 등 두 가지 관점에 따라 의미의 차이가 선명해진다. 따라서 기사에서 다양한 취재원을 보여주는 게 의미가 있다. 우리 신문은 공공성에 중점을 두기 때문에 한쪽 얘기를 많이 인용했지만, 정책에 대한 평가는 한쪽 얘기만 듣고 쓰지 않고 여러 얘기를 듣고 쓰는 게 더 낫다. 정책에 대한 평가는 그 사안을 좀

더 깊이 있게 들여다볼 수 있게 한다.(H)

하지만 상당수 기자가 취재원과 접촉할 때도 야마에 따른 선별적 선택을 한다고 대답했다. 사안에 대한 정확하고 균형 잡힌 판단을 하기 위해서는 되도록 많은 수의, 다양한 시각을 가진 취재원이 필요하지만 야마에 맞는 말을 해주는, 해줄 것으로 기대되는 소수의 특정 취재원만을 집중적으로 활용한다는 것이다.

누구에게 멘트를 딸지 딱 정해져 있다. 그들이 할 수 있는 멘트도 정해져 있다.(M)

많은 기자가 잡아놓은 야마에 맞는 취재원만 인용한다. 안타깝다. 기자가 게으른 측면도 있다. 중도적으로 얘기할 수 있는 취재원을 적극적으로 발굴하지 못하고 그저 아는 사람만 계속 활용한다. 가령 기자가 자주 인용한 교수가 〈KBS〉 이사가 됐다면 이는 기자가 만들어준 것이다.(E)

글로벌 미디어 논리가 말도 안 된다고 생각해 진보적 학자의 코멘트만 섞어 모자이크식으로 만들었다. 또 '조중동 방송'은 허용해선 안 되고, 대기업에 지상파를 줘서도 안 된다고 기사를 썼다. 그렇게 생각할 것 같은 취재원만 조각 모으듯 모았다. 반대로 생각하는 사람은 아예 배제했다. 반대편 취재원을 취재하고 안 쓰는 경우도 있었다. 이번 사안은 너무 명백해서 내가 생각하는 답변을 취재원이 그대로 해줬다. 문제가 많다고 얘기하는 사람이 아주 많았다. 다만 기사체로

압축해서 쓰기 좋은 취재원의 코멘트를 주로 인용했다.(K)

솔직히, 매체 성격이 강한 한국의 신문은 기사 제목만 봐도 그 기사에 어떤 취재원이 나올지 예상할 수 있다. 다들 자기 입맛에 맞는 취재원만을 일방적으로 인용하기 때문이다. 또 특정 신문의 취재원 리스트를 죽 모아보면 일정한 '풀'이 형성될 정도다. 고질병이다. 그렇게 해봐야 설득력만 떨어진다는 것을 알면서도 고치지 못한다.(Q)

야마를 정해놓은 뒤 취재원에게 계속 그 얘기를 유도하면서 거기에 맞는 취재원만 활용하게 된다. '조중동'과 〈한겨레〉, 〈경향신문〉의 취재원은 리스트업할 수 있을 정도다.(O)

물론 여건상 다양한 취재원과 충분하게 접촉하지 못할 경우도 있다. 특정 사안에 대한 전문가가 부족하거나, 어떤 사안에 대한 사람들의 판단이 한쪽으로 쏠려 있는 경우라면 불가피하게 취재원의 폭은 좁아지게 마련이다. 또 취재원이 자신의 성향과 맞는 매체하고만 인터뷰를 하는 경우 다른 성향의 매체는 그 취재원과 접촉할 기회를 얻지 못한다.

미디어법 논란 초기에 정보통신정책연구원 외에 다른 전문가는 제대로 얘기해주지 않았다. 다양한 입장을 아우르는 전문가가 없다 보니 편향적인 전문가만 활용하게 됐다. 물론 내 취재원 '풀'이 작은 것도 문제였지만….(M)

야마에 따른 취재원도 편향됐다고 본다. 처음에는 방통위 관료, 학자, 시민사회 단체, 지상파 관계자가 주요 취재원이었다. 초반에는 미디어법 반대자가 절대적으로 많았다. 찬성자를 찾기가 힘들 정도로 찬성 플레이어도 한정적이었다. 게다가 찬성하는 사람은 전화하면 말은 해주는데 별로 친절하지 않았다.(R)

취재원 편향은 〈경향신문〉이나 〈조선일보〉나 〈한겨레〉나 마찬가지인 것 같다. 안 그러려고 반대 방향 취재원을 만나려고 해도 그들이 싫어하고 거부하고. 그건 진짜 어쩔 수 없는 것 같다.(I)

그러나 이러한 불가피한 상황을 감안하더라도 한국 신문의 취재원 편향성이 문제가 크다는 데 '인터뷰이'는 대부분 동의했다. 신문사의 방향이나 방침을 고려한다고 해도 기사가 최소한의 객관성과 균형성을 갖추기 위해서는 적절한 취재원의 안배가 필요하다는 것이다. 다양한 취재원과 접촉해서 공정한 기사 방향을 세우고, 기사의 야마를 잡는 관행이 만들어져야 한다는 제안도 적지 않았다.

14

기사 작성
단 계
'야마' 구현

지금까지의 단계에서 구상했던 야마를 적극적으로 구체화하는 과정이다. 터크만1978은 "확인할 수 없는 사실이나 사실이라고 보기 어려운 의심스러운 명제라도 언론의 관행에 따라 '사실성의 망the web of facticity'을 짠다"고 말한 바 있다. 그는 특히 확인할 수 없는 내용을 사실로 확립하기 위해 ① 의심스러운 내용을 직접 보도하기보다는 '누가 그 발언을 했다는 사실'을 보도하는 방식, ②사실을 잘 알 것으로 추정되는 인물과 기관을 중심으로 뉴스를 구성하는 방식, ③직접 인용 방식을 사용해서 언론인의 주관이 개입되지 않은 사실임을 확립하는 방식 등을 기자가 사용하고 있다고 말했다.

한국의 언론 현실에서 야마를 구체화하기 위해서는 우선 기사의 전문이 중요하다. 스트레이트 기사는 보통 전문에 한두 문장 정도로 야마를 압축적으로 표현하기 때문이다. 때문에 기자는 기사 작성 과정에서 전문을 쓰는 데 가장 많은 공을 들인다. 한 기자는 "리드만 완성하면 사실 나머지 부분 쓰는 것은 식은 죽 먹기다"라고 했다.

리드는 크게 전달형, 해석형, 평가형 등 세 가지로 나뉜다. 전달형은 '~가 ~을 했다', '~씨 ~에 당선' 식으로 사실을 그대로 전달하는 데 중점을 둔 리드를 말한다. 이는 세 가지 유형의 리드 가운데 외형상 가장 객관적인 형태다. 하지만 이런 전달형 리드는 기사에 전달하고자 하는 사안이 기자가 생각하는 야마에 거의 맞아떨어지는 경우에 많이 쓴다고 인터뷰에 응한 기자들은 답했다. 해석형 리드는 기자의 적극적인 판단이 개입된 것이다. 또 판단형 리드는 전문가 등 제삼자의 판단을 내세워 기사의 야마를 강조하는 방식이다. 결국 어떤 형태의 리드든 야마를 돋보이게 하려는 전략과 밀접하게 관련이 있다는 것을 기자는 대체로 인정했다.

기사 쓰기에서 기사의 야마를 강조할 수 있는 또 다른 방법은 취재원의 코멘트를 적절하게 인용하는 것이다. 특히 한국 기자는 사람·자료·관찰 등 여러 가지 형태의 취재원 가운데 사람을 가장 흔히 활용하는 점을 감안하면, 취재원 코멘트가 기사에서 차지하는 비중은 매우 크다고 할 수 있다.

야마가 잡히면 앞에 기사를 죽 쓰고 뒤에 코멘트를 붙인다. 사실은 이게 기자의 시각이다. 따라서 아무 코멘트나 붙일 수 없다. 최대한 기사의 야마에 맞는 코멘트를 대야 한다. 야마하고 어긋나거나 야마와 관련성이 적은 코멘트는 데스크가 반드시 지적을 한다. 따라서 야마에 맞는 코멘트를 인용하는 일은 결코 쉽지 않다.(C)
기자가 다양성을 구현하려고 해도 멘트에 내용이 없고 논리가 박약하면 구색을 갖춰 넣어주고 싶어도 넣어주기 힘든 경우가 많다. 가령 〈MBC〉 'PD 수첩'이 문제됐을 때 검찰이 수사하기로 결정했다. 검사 여섯 명으로 특별 수사팀을 꾸린 것이다. 우리는 언론을 공권력이 수사하겠다는 것을 엄중한 사안이라고 판단했다. 그래서 언론계의 반응 기사를 썼다. 그런 기사에는 일부러 우리와는 시각이 달랐던 중도적인 사람의 반응도 달았다. 그런 사람조차도 검찰 수사에 반대한다는 것을 보여주기 위해서다. 김ㅇㅇ, 이ㅇㅇ, 박ㅇㅇ 교수 등. 다양한 취재원이 기사에 다 들어가는 게 아니고 각 사안의 성격에 따라 기사에 들어가는 취재원의 폭에 차이가 난다. 명백한 사안도 있고 아리송한 사안도, 진보 및 보수 어느 쪽에서도 판단이 쉽지 않은 사안도 있다.(J)

15

최   종
데스킹 단계
'야마' 최종
확인

데스킹에는 오전 데스킹과 오후 데스킹 두 가지 종류가 있다. 오전 데스킹은 사전 제작 지면에 실리는 기사에 대한 데스킹을 말한다. 보통 문화부나, 기획팀 등에서 출고한 기사는 오전에 출고된다. 편집부에서 오전에 제목 달기와 레이아웃 등 편집을 마치는 것으로 정치부나 사회부 등 스트레이트 부서에서 오는 기사 편집을 오후 마감 시간 무렵에 원활하게 하기 위해서다. 오후 데스킹은 신문 마감 시간 앞뒤로 30분에서 1시간 정도의 시간에 이뤄지는 데스크의 주된 업무를 말한다. 우리나라 중앙지조간 기준에서는 대체로 오후 4시를 마감 시간으로 정해놓고 있다. 현장 기자는 오후 3시 30분부터 4시 사이에 집중적으로 기사를 송고한다. 데스크는 송고된 기사를 읽고 여러 가지 수정 작업을 거친다. 그 가운데 오탈자나 문법적 오류 등은 데스크가 혼자서 고치지만, 야마가 엉뚱하게 잡혔거나, 모호한 경우에는 현장 기자에게 연락해서 수정하게 된다.

마감 시간 직전의 데스크는 무소불위다. 짧은 시간에 많은 기사를 데스킹 하기 위해서는 잔인해야 한다. 말이 안 되는 부분은 과감히 친다. 야마에 맞지 않으면 모두 잘려나간다고 보면 된다.(D)

토씨나 단어를 조정하는 것은 기본이다. 조금만 손봐도 기사의 분위기는 확 달라진다. 특히 이른바 '조지는' 기사의 경우, 단어 하나가 조짐을 당하는 대상에게 치명상을 주기도 한다. 데스크는 이것을 누구보다 잘 안다. 데스크가 살짝 표현을 바꾸는 경우야 애교로 봐줄 수 있지만 어떤 곳에서는 하지도 않은 말을 집어넣기도 한다고 들었다. 다 야마를 키우기 위한 전략이라고 본다.(B)

이 과정에서 가끔 데스크와 현장 기자 간에 갈등이 벌어진다. 기자의 전문성과 데스크의 권한이 충돌하는 것이다. 갈등은 매체에 따라 다른 식으로 해소된다. 현장 기자의 전문성을 절대적으로 중시하는 곳이 있는가 하면, 데스크의 권한이 막강한 언론사도 있다. 사안에 따라 데스크와 현장 기자의 힘의 균형추가 작용하는 방식이 달라지기도 한다.

○○일보에서 바이라인만 살아남고 다 바뀌어서 나가는 경우를 봤다. 작년 촛불 집회 때 참가한 사람의 숫자가 바뀌었다. 우린 3000명이었는데 그쪽은 500명으로 나갔다. 숫자가 이상해서 현장에 같이 있었던 동기 기자한테 물어봤다. '이거 네가 썼냐?'고 물었더니 한숨 쉬면서 '안에서 바꿨다'고 했다. 나랑 현장에서 같이 봤는데 어떻게 이렇게 쓰느냐고 했더니 할 말 없다고 하더라. 그때 처음 알았다. 바

이라인만 살아남고 기사가 완전히 다 바뀌는 경우도 있다는 것을. 참으로 신기했다. 우리는 상상도 못한다. 우린 그랬다간 기자가 가만히 있지 않을 거다.(I)

○○신문은 기자 개인과 편집진 간의 견해 차이가 크지 않다. 개별 사안은 모르겠지만 큰 방향은 일치한다. 신문사의 야마와 기자의 야마 일치성 측면에서는 갈등이 적다. 반면 전에 있던 ○○신문에서는 의식적으로 내 야마를 살리려고 하면서 데스크와 많이 싸웠다. 야마가 불일치하면 괴리감이 굉장히 크다. 데스크에서 지시가 내려온 야마에 동의가 안 되면 일하기 힘들다. 어떤 기자는 별 생각 없이 데스크 주문대로 그냥 쓴다. 그럼 갈등이 안 생긴다. 하지만 어떤 기자는 자기 맘대로 쓰고, 야마를 바꾸는 것에 대해서도 동의하지 않는다. 그러면 충돌이 생길 수밖에 없다.

신문사에 따라 명백하게 의견이 갈리는 사안은 야마를 먼저 잡고 기사를 쓴다. 이것이 신문의 양식이다. 완전히 심하게 야마 잡고 가기도 하고 약간 그렇게 가기도 하고. 나는 야마와 팩트가 안 맞을 때 데스크에 항의해서 고친다. 가령 '언소주언론 소비자주권 캠페인' 법원 판결에서 공갈, 강요죄 나왔을 때 그게 아니라며 방어하라는 야마 지시가 내려왔다. 난 언소주가 애매하게 한 부분도 있다고 봤다. 그것은 방어 못하겠다고 했다. 그것에 대한 판단은 우리가 내릴 수 없다고 팀장에게 얘기했다. 팩트 가지고 들이받았을 때 데스크 수용 여부는 전 신문보다 지금 신문이 낫다.(L)

우리는 어떤 시스템이냐 하면, 현장에서 보고하면 안에서 부장이나 데스크가 정말 확실하냐고 물어본다. 책임질 수 있냐고도 묻고. 그리고 현장 중심으로 간다. 그래서 그 차이가 정말 크다는 것을 알게 됐다. 우리는 현장이 이긴다.(K)

우리 시스템에서 야마는 거의 내가 정한다. 아이디어 회의는 잘 안 한다. 아침 보고 때 이렇게 쓰겠다고 말한다. 판단이 안 서면 팀장과 얘기해서 야마를 정한다. 우리 회사 대표에게 직접 전화해서 물어보는 경우도 있다. 작년에 〈KBS〉 노조가 촛불 시위 뒤 언론 노조 탈퇴했다가 나중에 밀린 회비 내고 언론 노조도 인정한 일이 있었다. 야마가 잘 안 잡혀서 대표에게 상의했더니 이건 이상하다고 얘기하더라. 그래서 '이상한 정상화'라고 야마를 잡았다. 당시 해당 기사 중에서 유일하게 부정적인 기사였다. 나중에 보니 대표의 판단이 맞았다. 내가 생각하기에 사건의 본질에 맞는 야마였다.(R)

현장 기자가 기사 발제 때 제시한 야마는 초반부터 숱한 우여곡절과 갈등, 조정을 거치는 게 한국 언론의 한 단면이다. 마감 시간에 다가갈수록 애초의 야마는 '산전수전'을 피할 수 없다.

이러한 갈등과 조정 과정에서 애초의 야마가 다시 살아날 수도 있고, 해당 기사의 성격에 더 분명한 야마가 만들어질 수도 있지만, 그렇지 않고 데스크나 소속 언론사의 '힘'에 의해 전혀 엉뚱한 야마로 변질되는 경우도 허다하다. 현장 기자가 제시한 야마의 변화는 최종 데스킹 단계에서 그 정점에 이른다.

5장

'승부처' 미디어법
여야 "선거때 여론 향배 갈라" 인식 탓 양보 안해

"미디어산
언론 장악
30년된
바꾸가 위

사례로
본
'야마' 관행

이 장에서는 과거 〈한겨레〉 기자로 일했던 내가 미디어법 관련 기사를 취재하면서 직접 경험했던 내용을 다뤘다. 나는 1996년 11월 〈한겨레〉에 입사해 정치부, 경제부, 사회부, 문화부, 편집부, 집중 기획팀 등 여러 부서를 거쳤다. 특히 2009년 3월 중순부터 2010년 6월까지는 〈한겨레〉 여론 미디어 팀에 소속돼, 방송통신위원회, 방송통신심의 위원회, 신문사, 방송사, 인터넷 매체 등 여러 언론사를 주요 취재원으로 삼아 미디어법 논의의 전개 과정에 대해 꾸준히 취재했다. 나는 이러한 취재 과정에서 보고 느꼈던 일들을 기록으로 남기는 한편, 다른 기자가 취재하고 기사 쓰는 모습을 지켜보는 참여 관찰도 동시에 진행했다. 연구자 본인의 경험을 주된 연구 자료로 활용하기에 객관성 부족이라는 지적을 받을 수도 있으나, 최대한 삼자적 처지에서 업무 과정을 기술하려고 노력했다.

현장 기자와 데스크의 상호 결정

2009년 5월 1일 사례

▶미디어 오전 보고

△미디어발전 국민위원회 1차 주제별 공청회

—미디어 위원회가 오늘부터 주제별 공청회 일정에 들어감. 1차 공청회
　는 '신문 방송 겸영과 여론 다양성'을 주제로 국회의원 회관 101호에
　서 진행.

—이날 공청회엔 여야 추천 위원 간의 합의에 따라 각각 3명씩 6명의 공
　술인이 출석할 예정. 여당은 윤석민 서울대 교수언론정보학과와 신문 협회
　관계자를 부를 예정. 야당 추천 위원은 양문석 언론개혁 시민연대 사
　무총장, 성한표 전 〈한겨레〉 논설주간, 김경환 상지대 교수언론광고학부 등
　을 부를 예정.

—민주·한나라당, 위원 교체해 전열 정비. 민주당은 류성우·조준상→최상재·양문석. 한나라당은 이병혜→정완경희대 법대 교수. 민주당은 '전투력 배가' 차원, 한나라당은 이병혜 사고로, 민주당은 8일 회의부터, 한나라당은 1일 회의부터 위원 교체.

△미디어 공공성 포럼, 미디어발전 국민위원회 중간 평가

—언론 관계법 개정과 관련 핵심 쟁점을 심층적으로 토론하는 연속 기획 시리즈를 진행 중인 미디어 공공성 포럼이 제3차 토론회에서 미디어발전 국민위원회 활동에 대한 중간 평가 토론.

—국가인권위원회 7층 배움터 2회의실 오후 3시.

—주제 : '미디어발전 국민위원회에 대한 중간 평가와 향후 활동 방향 제언'.

—발제 : 김서중성공회대 교수, 토론 : 김유진민언련 사무처장·김정대미디어행동 사무처장·윤석민서울대 교수·이진로영산대 교수·정윤식강원대 교수.

△언론 노조 노동절 집회

—언론 노조가 오후 3시 여의도 민노총 집회 결합 후 6시에 별도로 프레스센터 앞에서 '언론 악법 저지−민주주의 수호 언론 노조 결의 대회'를 갖고, 저녁 8시 촛불 문화제 진행. 경찰의 집회 불허로 비상 상황 발생할 수도 있다며 돌발 상황에 대비.

이날 오전 여론 미디어 팀의 기사방*에는 세 꼭지의 기사 발제가 올라왔다. 모두 현장 기자가 아침에 출근해 자신들의 취재원에게 연락하고, 주요

출입처의 하루 일정을 확인한 뒤 이를 토대로 발제한 것이다. 이 가운데 첫 번째 발제가 내가 한 것이다.

이 사안에 대한 야마 결정엔 미디어법 전반에 대한 연구자 및 기자의 소속 언론사의 기본 태도와 가치관이 개입됐을 것이다. 미디어법에 대해 내가 속했던 언론사는 발의 자체가 일부 언론에 유리하도록 만들기 위한 의도를 깔고 있고, 신문 방송 겸영 허용이 여론의 다양성을 파괴하고, 특정 정파에 유리한 미디어 구도를 만들어내며, 결과적으로 우리 사회의 민주주의를 파괴할 수 있다고 전제했다. 내 생각도 이 틀에서 별로 벗어나지 않았다.

따라서 나는 여당이 미디어법 개정안을 발의해 수적 우위를 바탕으로 밀어붙이려 했을 때 국민 여론 수렴과 사회적 합의를 바탕으로 처리해야 한다는 기사를 줄곧 써왔다. 그리고 2009년 3월 2일, 여야가 "국민 여론을 수렴해 국회에서 표결 처리한다"고 합의하고, 그에 따라 미디어발전 국민위원회라는 미디어법에 대한 사회적 논의 기구를 구성했을 때, 이 기구의 사회적 의미가 매우 크다고 봤다. 따라서 미디어발전 국민위원회가 주최하는 자체 토론회나 공청회는 비중 있게 취재를 해서 기사를 써야 한다는 생각을 애초부터 하고 있었다. 이날 마침 미디어발전 국민위원회의 첫 번째 주제별 공청회가 예정돼 있었고, 나는 이 행사를 국민 의견 수렴과 사회적 합의라는 미디어발전 국민위원회의 설립 취지를 제대로 살려서 취재를 하고, 기사를 써야 한다고 판단했다. 발제의 주제는 행사의 이름처럼 '신

● 언론사마다 별도의 기자 입력기 프로그램을 갖고 있다. 이 프로그램에는 부서마다 기자가 기사를 작성하고 전송하는 별도의 방이 있다. 기자는 매일 아침 이 방에서 그날의 취재 계획에 대한 보고를 한다.

문 방송 겸영과 여론 다양성'이었지만, 발제 안에 담긴 '큰 야마'는 "여론의 다양성을 파괴하는 신문 방송 겸영을 허용해서는 안 된다"는 것이었다.

데스크는 오전 편집회의에 들어가 여론 미디어 팀이 세 건의 기사를 준비하고 있다고 밝혔다. 하지만 편집국장은 내가 발제한 한 건의 기사만 종합면에 싣는 것으로 결정했고, 나머지 두 건의 기사는 '킬*'했다. 오전 편집회의에서 나온 여론 미디어 팀 데스크는 미디어발전 국민위원회 첫 번째 공청회를 종합면에 쓰기로 했다고 알려주고, 발제와 관련해서 몇 가지 사항을 확인했다. 데스크는 참석자의 발제 내용을 미리 읽어봤는지,

● 기자 은어로 취잿거리 또는 기삿거리가 되지 않거나, 여러 가지 이유로 기사를 쓸 수 없다고 결정하는 것을 말한다.

그 내용 가운데 어떤 부분을 뽑아서 기사로 쓸 수 있는지 물었다. 내가 "신문 방송 겸영으로 인한 여론 다양성 파괴가 야마로 보인다"고 얘기하자, 데스크는 "그것을 야마로 잡되, 공청회에서 참석자의 얘기를 듣고 다시 논의하자"고 말했다.

공청회는 오전 10시에 시작해서 오후 1시가 조금 넘어서 끝났다. 취재를 마치고 나는 발제문과 토론회 내용 그리고 공청회 분위기 등을 종합해 여야 쪽 참석자가 신문 방송 겸영을 둘러싸고 공방을 벌였다는 것과 국민의 여론 수렴이라는 공청회의 취지가 사라졌다는 내용을 중심으로 하되, 전자 쪽을 더 강조하는 기사를 구성하기로 했다.

이에 맞춰 전문엔 여야 쪽 참석자가 신문 방송 겸영을 놓고 공방을 벌였다고 쓰고, 이후 본문에는 지상파 방송의 독과점 여부, 다른 나라의 신문 방송 겸영 사례 등의 항목으로 나눠, 공청회에서 나왔던 주장을 요약해서

제시했다. 후반부에는 일반인의 참석이 제한되고 질문 기회가 주어지지 않았다는 점에서 공청회의 취지가 실종됐다는 내용을 붙였다. 맨 뒷부분에는 미디어발전 국민위원회 일부 여야 위원이 바뀐다는 내용을 덧붙였다.

기사를 보내고 난 뒤 데스크는 공청회 장소의 규모와 참석자 수, 일반인의 질문 등을 묻고 이에 대한 내용을 한 문장으로 만들어 보내라고 지시했다. 그 결과 나는 이날 오후 4시 54분에 아래와 같은 메모를 보냈다.

붙임 | 미디어 위원회 공청회

이날 공청회는 장소가 비좁은 국회의원 회관에서 열려 일반인 참석자는 20여 명에도 미치지 못했고, 그나마 발제자와 토론자가 사전에 정해져 있어 질문을 던질 기회조차 없었다.

메모를 올리자 데스크는 다시 한 번 전화를 걸어와 "오늘이 첫 번째 공청회이므로, 앞으로의 공청회의 일정에 대해 독자가 궁금해할 것이다"며 향후 공청회 일정에 대해 다시 붙임 형태로 기사를 보내라고 지시했다. 나는 그날 오후 5시 19분에 '붙임 | 미디어 위원회 공청회 일정'이라는 제목으로 덧붙임 기사를 송고했다.

붙임 | 미디어 위원회 공청회 일정

미디어 위원회는 이날 행사를 시작으로 6일 부산 공청회, 8일 방송사업에 대한 진입 규제 완화와 공공성, 13일 춘천 공청회, 15일 인터넷 민주주의와 사회적 책임, 20일 광주 공청회, 22일 인천 공청회, 27

일 대전 공청회, 29~30일 2차 워크숍 등 6월 15일 활동 마감 전까지 여덟 차례 주제별 지역 공청회를 열 예정이다.

데스크는 내가 보낸 두 개의 조각 글을 애초에 보낸 기사의 리드에 보탰다. 이로써 내가 처음에 '신문 방송 겸영에 대해 미디어발전 국민위원회 공청회 참석자 간에 공방이 벌어졌다'라고 세웠던 야마는 데스크와의 상호작용을 거치면서 '미디어발전 국민위원회의 첫 번째 공청회가 국민의 의견을 제대로 수렴하지 못했다'로 바뀌었다. 물론 내가 처음에 잡았던 야마는 리드 뒷부분에 곧바로 이어져, 양적으로는 기사의 상당 부분을 차지했지만 기사가 독자에게 가장 강하게 전달하고자 하는 야마는 되지 못했다.

내가 속한 신문사에선 오후 6시께 1판 신문이 나온다. 그리고 오후 6시 30분께 각 편집장과 부국장, 편집국장이 참석한 가운데 저녁 편집회의를 진행한다. 이 자리에서 1판에 나온 기사 가운데 잘못된 부분을 바로잡거나 제목이나 편집을 바꾸는 것 등이 결정된다. 또 새로 발생한 기사를 집어넣거나 기존의 기사를 빼기도 한다. 저녁 편집회의에 들어갔다 온 데스크는 나에게 다른 나라에서 교차 소유를 어떤 식으로 허용하고 있는지, 그리고 교차 소유를 허용한 뒤 나타날 수 있는 여론 다양성의 후퇴를 어떻게 막는지를 물었다. 그리고 그와 관련된 설명 조의 문장을 추가로 보내라고 지시했다. 다음은 이와 같은 데스크의 지시에 따라 내가 3판 신문에 맞춰 보낸 붙임 메모다.

예컨대 이종 미디어 교차 소유보다는 주로 동종 미디어 겸영 허용에 대한 규제만이 부분적으로 완화되고 있는 게 대부분의 나라의 상황이고, 겸영이 자유롭다고 알려진 미국에서도 동일 지역 시장 안에서는 신문과 방송의 교차 소유를 막아 여론의 다양성을 제도적으로 지키고 있다.

결과적으로 미디어발전 국민위원회의 첫 번째 공청회에 대한 나의 기사는 3판 신문에서 아래와 같이 바뀌었다. 1판 신문과 비교해보면, 1판의 야마인 '미디어발전 국민위원회의 첫 번째 공청회가 국민 의견 수렴을 제대로 하지 못했다'는 부분은 그대로 유지됐으나, 신문 방송 겸영과 여론 다양성과의 관계에 대한 찬반 주장을 제시하는 부분에서는 여론 다양성을 해친다는 주장이 한층 강화됐다. 또 미디어발전 국민위원회의 앞으로의 일정에 대한 부분은 리드에서 맨 뒷부분으로 옮겨졌다. "향후 일정 부분이 리드에 포함돼 있으면 기사 전체의 야마가 흐려지기 때문"이라고 데스크는 나중에 나에게 설명했다.

이 사례는 현장 기자와 데스크 간의 야마 결정이 무난하게 이뤄진 경우라고 할 수 있다. 데스크는 여론 수렴에 신경을 쓰지 않는 공청회의 분위기를 가장 중요한 야마라고 생각해 현장에 있던 나에게 지시를 내렸고, 나는 데스크의 제안이 타당하다고 생각해 그대로 따랐다. 나는 "신문 방송 겸영이 여론 다양성을 해친다"는 전체 기사의 내용적 야마를 제시했는데 데스크가 이에 대해 이의를 제기하거나 수정을 요구하지 않은 만큼 리드를 통

'공방으로 끝난' 미디어위 첫 공청회

야당쪽 "신·방 겸영땐 여론다양성 해쳐"
여당쪽 "지상파방송 여론독점이 더 심각"
일반인 참석 20여명뿐…질문기회도 없어

[그림1] 〈한겨레〉 2009년 5월 1일 3판 4면 기사

해 제시되는 기사의 야마를 바꾸는 일은 괜찮다고 생각했다. 물론 야마의 수정을 요구하는 데스크의 지시를 수용하지 않는 경우도 가끔 있지만 나는 야마에 대해 데스크와 현장 기자 간에 의견이 충돌할 경우 현장 기자의 주장이 더 앞서야 한다고 생각한다.

17

2009년 6월 23일 사례

▶미디어 보고

△미디어발전 국민위원회 민주당 · 창조한국당 추천 위원 주최 '언론 관계법에 대한 국민 대토론회'.

—미디어 위원회가 운영 문제로 사실상 종료되고 여당과 야당이 각각 최종 보고서와 여론조사 결과를 발표하며 각자의 행보를 시작한 상황에서, 민주당 · 창조한국당 추천 위원이 대국민 토론회를 열어 여론을 수렴하겠다며 오후 2시 국회도서관 강당에서 '언론 관계법에 대한 국민 대토론회' 개최.

—사회 : 강상현.

—발제1 : '미디어발전 국민위원회 활동 과정과 평가'조준상 발제2 : '대국민 여론조사 결과의 내용과 의미'이창현 발제3 : '언론 관계법에 대한

분석과 평가`양문석.

*미디어 면

△머리/미디어 위원회 여야 쪽 보고서 내용과 전망.

─여당 쪽이 공개한 초안을 보면 신방 겸영을 전제로 하는 내용. 세 가지 선택안을 제시하거나 2012년 디지털 전환시까지 유예하거나, 사후 시청자 점유율 제한 규정을 둔다거나 하는 내용들이 담겨 있는데 모두 겸영을 허용하는 것을 전제로 하는 것임.

─여당 쪽 논리는 규제의 형평성과 미디어 산업 경쟁력 강화 그리고 방송 독과점 해소. 지금까지 주장해왔던 것에서 달라진 게 없음.

─여당 쪽은 종편·보도 채널 진입에 대해서는 거의 언급하지 않거나 신문 고시 존치 등을 끼워 넣으면서 구색 맞추기를 시도한다는 지적이 나옴.

─반면 야당 쪽은 주말에 실시한 여론조사 결과를 바탕으로 종편의 성격을 규정하고 신문을 살릴 방안을 제시하는 등의 내용을 담아 별도 보고서 낼 예정. 야당 쪽은 기본적으로 현재의 언론법을 흔들 필요가 없다는 것을 강조할 계획.

─야당 쪽은 오늘 국회도서관에서 대국민 토론회 연 뒤 의견을 정리해서 보고서 낼 예정.

△허리/언소주 광고 불매운동 들여다보니

─'조선', '동아' 반격과 검찰 탄압으로 시민의 자발적 호응 늘어. 언소주 쪽 회원 7만여 명 중 1만 명 동참 추산.

- 가장 널리 하고 있는 방식이 삼성카드, 삼성증권 계좌 해지, 삼성생명 보험 계약 해지 등이며, 삼성이 지분 5퍼센트로 참여하고 있는 홈 플러스 안 가기, 경쟁사 가전제품 사기, 삼성 계열사인 제일모직 브랜드 안 입기 등으로 확산.

- 제품 불매 외에도 대학생·직장인 등이 점심시간에 짬을 내 삼성 건물 앞에서 1인 시위 2주째 하루도 빠짐없이 하고 있고, 지역에서는 삼성 판매장 앞에서 자발적 참여. 또 '몸자보'라고 해서 '조중동에 광고하지 말라'는 문구를 적어 등에 붙이고 지하철 에스컬레이터를 타는 시민도, 자동차 스티커, 아파트 베란다 펼침막 등 언소주 카페에 주문 쇄도.

- 김성균 대표 "삼성 선정 처음에는 두려움 컸고 삼성 제품이 워낙 광범 위해서 효과가 날지 모르겠다는 바깥의 시선도 있었지만 막상 회원의 반응은 예상 외로 뜨겁다." "당분간 삼성 불매에 집중할지 제3호 불매 기업을 선정할지 고민이다.".

〈참고〉

△한국 여성 민우회 미디어 운동본부, 방통심의위 출범 1년 평가 토론회.

- 주제 : '흔들리는 방송 통신 심의 위원회, 이대로 좋은가'.

- 오전 10시, 국가인권위 배움터.

- 발제1 : '1.5기 방송 통신 심의 위원회, 무엇을 할 것인가' 강혜란 한국 여성 민우회 미디어운동 본부 소장. 발제2 : '그들만의 자부심, 우리는 최소 규제를 한 다' 김영미 한국 여성 민우회 미디어운동 본부 팀장.

당시 내가 일하던 신문사는 매주 수요일 1개 면을 미디어 면으로 특화해 운영했다. 미디어 면의 기사 아이템은 보통 전주 목요일 저녁 회의에서 결정된다. 회의에서 팀원이 각각 두세 건 정도의 발제를 하면, 논의를 거쳐 미디어 면의 머리기사와 보조 기사를 잡는다. 회의에서 팀장은 팀원에게 자신들의 생각을 말할 기회를 충분히 준다. 회의 분위기는 매우 자율적이다. 하지만 어떤 기사를 미디어 면에 쓸 것인지 결정하는 것은 팀장의 전권이다. 팀장은 두 꼭지의 기사를 쓰기로 결정한 뒤, 두 명의 기자를 지정해 기사를 준비하도록 지시한다. 이 과정에서는 데스크가 자신이 생각하는 야마에 대해 충분히 설명한다.

6월 23일 아침에 내가 발제한 '여야 미디어위 보고서 내용과 쟁점'이라는 기사 아이템은 이처럼 한 주 전 목요일6월 18일 회의에서 결정된 것이었다. 나는 당시 회의에서 팀장이 지시한 야마를 바탕으로 취재를 한 뒤 이날 오전 기사 출고 보고를 다시 한 것이다. 나는 이날 낮 무렵 아래와 같은 기사를 출고했다.

20면 | 초고 | 미디어 머리 | 여야 미디어위 보고서 내용과 쟁점(12시 32분)

"신문·대기업에 어떤 방송을 어떤 방식으로 허용하느냐의 문제가 아니라, 특정 신문과 대기업의 여론 독과점을 왜 허용해야 하는지가 언론법 개정 논란의 핵심이다."

많은 언론학자와 시민·언론 단체, 국민이 언론법에 대한 사회적 논의 기구인 미디어발전 국민위원회 출범 전부터 이런 주장을 줄기차게 해왔다. 하지만 100일에 가까운 미디어위 활동을 통해 얻은 결론은 '없다'. 공청회, 인터넷 토론방, 언론 보도 등을 통해 제시된 국민 여론은 '거의' 수용되지 않았다.

한나라당과 자유선진당 쪽 위원이 22일 공개한 보고서 초안은 "규제 완화 및 규제 선진화를 통해 세계적 추세에 부응하고 미디어 산업의 발전을 꾀한다"는 명분 아래, 신·방 겸영을 전면 허용하는 여당 안을 거의 그대로 따르고 있다.

초안은 신문·대기업의 지상파 진출에 대해 △49퍼센트까지 지분 소유를 허용하거나 △여당 개정안대로 20퍼센트까지만 허용하거나 △대기업에게는 가시청 인구 일정 규모 이하의 지상파 방송만 허용하는 세 가지 선택지를 제시했다. 여당 쪽 간사인 최홍재 위원은 "49퍼센트까지 동등하게 완화하는 첫 번째 안을 지지하는 위원이 가장 많았다"고 말했다. 자칫 한나라당 개정안보다 더 악화된 법안이 만들어질 수 있는 것이다.

초안은 종편과 보도 채널에 대해서는 별다른 내용을 담지 않았다. 하지만 김우룡 위원은 "종편 지분 소유 비율을 30퍼센트로 하거나 49퍼센트로 확충하는 안을 검토 중"이라고 말했다. 한나라당 개정안엔 신문·대기업에 종편 채널 지분을 30퍼센트까지 허용한다고 돼 있다. 최소한 여당 안을 그대로 수용하겠다는 의미다. 한나라당과 자유선진당 쪽 위원은 신방 겸영으로 여론 독과점이 더 심해질 수 있다는 우려를 의식한 듯 몇 가지 대안을 제시했다. △대기업·신문·뉴스통신의 지상파 총 지분을 49퍼센트 이내로 하거나 △겸영 허용 뒤 시청 점유율 제한 규정30퍼센트가 유력을 둘 수 있다는 것이다.

하지만 5~10퍼센트의 지분만으로도 실질적으로 기업을 장악하고 있는 경영 현실을 고려하면, 총 지분 억제나 최다 출자자 제한만으로는 독과점 우려를 제거할 수 없다. 시청률 30퍼센트로 제한하겠다고 하지만, 현재 우리나라 지상파 가운데 이 정도 시청률을 유지하는 곳은 한 곳도 없다.

이에 반해 민주당과 창조한국당 쪽 위원은 자체적으로 실시한 국민 여론조사 결과를 토대로 현행 언론법의 틀을 그대로 유지하는 것을 주된 내용으로 하는 보고서를 작성하고 있다. 대기업과 신문의 지상파 소유 및 운영 반대는 각각 68.5퍼센트, 66.8퍼센트이고, 종편 소유 및 운영 반대는 각각 59.8퍼센트, 62.7퍼센트, 보도 전문 채널 반대는 각각 61.8퍼센트, 57.5퍼센트로 조사됐다.

민주당·창조한국당 쪽 위원은 신방 겸영의 부당성을 강조하는 내용을 보고서에 담기로 했다. 특히 정부·여당이 종편을 통해 거대 신문과 대기업의 방송 진출을 허용해줄 것으로 예상하고, 종편 관련 내용을 상세하게 담을 예정이다. 양문석 위원은 "종편의 성격을 '지상파의 전국 방송'으로 규정할 것"이라고 말했다. 이밖에도 이들은 신문 기금 마련, 구독료 소득공제 등 신문에 대한 지원 방안을 담기로 했다.

여야 쪽 위원은 25일 각각 별도의 보고서를 발표한다. 조준상 공공미디어 연구소장은 "신방 겸영의 정당성과 여론조사 결과가 앞으로 언론법 처리의 핵심 쟁점이 될 것"이라고 내다봤다. ○○○ 기자 데스크는 기사를 본 뒤 몇 가지 지시를 했다. 우선 여당 쪽과 야당 쪽의 보고서 내용이 서로 다른 만큼 둘을 구분하는 표시를 하라는 것이었다. 이런 구분 표시를 기자는 흔히 '마이가께'라고 한다. '마이가께'는 내용을 병렬식으로 연결하는 기사 쓰기 형태를 말한다. 보통 기사 중간에 ■, ▲, △ 등의 부호를 단 뒤 소제목을 입력하는 식으로 단락을 구분한다. 나는 '여당 쪽 보고서', '야당 쪽은 여론조사와 토론회로 맞불'이라는 두 개의 단락을 '마이가께'로 구성했다.

● 제 식민지 때 들어온 일본식 언론계 용어로 지금까지 한국 기자가 일상적으로 사용하고 있음.

데스크가 내린 또 하나의 지시는 이날 아침 보고했던 미디어발전 국민위원회 야당 쪽 토론회 내용을 기사에 포함해서 쓰라는 것이었다. 이 토론회의 내용을 별도의 기사로 쓰기보다는 내가 쓰려는 미디어 면 기사에 포함하는 게 더 나아 보인다고 데스크는 설명했다. 하지만 이날 토론회는 내가 아닌 다른 기자가 취재를 했다. 이에 따라 나는 해당 기자에게 내가 잡은 야마를 설명한 뒤 그에 맞춰 취재한 내용을 기사로 정리해 보내달라고 얘기했다. 일단 야마가 정해지면 같은 언론사 기자는 그에 따라 일사분란하게 움직인다는 것을 보여준다. [그림2]는 이런 과정을 거쳐 내가 전송한 최종 기사 원고_{재송/20면/미디어 머리 15시58분}다.

2009년 6월 초, 부서 회의에서 여론 미디어 팀 데스크는 담당 부국장 및 편집국장과 상의한 결과 미디어법 관련 연재 시리즈를 7월에 내보내기로 했다고 밝혔다. 데스크는 여당이 미디어법 강행 처리를 공언하고 있는 만큼 시리즈 기사 준비를 서둘러야 한다고 강조했다. 나는 데스크의 이러한 설명을 미디어법의 문제점을 알려 반대 여론을 좀 더 모으자는 취지로 이해했다. 이후 데스크는 팀 회의 때마다 팀원의 시리즈 기사 준비 상황을 점검했다. 그리고 처음에 짰던 기사 계획을 회의 때마다 조금씩 수정해나갔다. 6월 말, 데스크는 최종 기사 계획안을 짠 뒤 팀원에게 공지했다. 데스크는 부국장, 국장과 상의한 안이라고 설명한 뒤 팀원에게 써야 할 기사 꼭지를 배분했다. 기사를 출고하는 날인 7월 12일 아침, 여론 미디어 팀장은 아래와 같은 기사 계획을 편집회의에서 보고했다.

▶미디어 보고(7월 12일 오전 9시 50분)

〈언론법 기획〉

◇신방 겸영 확대 안 된다.

　신방 겸영 확대 문제 많다.

　일방적 방송 개편 안 된다.

　(가제)

=한나라당이 13일 이후 일방 처리를 공언.

　상황 유동적, 관련 기획 기사 이 시점을 중심으로 집중 배치해야.

　　=2개 면+2개 면+1개 면

*7월 13일자/12일(일) 출고(2개 면)

5면/△FCC의 신방 겸영 확대는 왜 좌절됐나(12.5매, 박○○).

　　=미국 FCC 2년에 걸친 겸영 확대 사회적 합의 시도했으나 결국 실패.

　　=미국 동일 지역에서 신방 겸영 허용하지 않고 있음.

　　=미국의 사회 단체나 언론 플레이어는 왜 신방 겸영을 반대했는지.

미디어위 보고서 '따로'…여야 언론법 '폭풍전야'

미디어위 활동, 여론수렴않고 결론없이 끝나
여당쪽 '신·방 겸영 전면허용' 기존안 되풀이
야당쪽은 여론조사 결과등 언론법 부당성 강조

"특정 신문과 대기업의 여론독과점을 왜 허용해야 하는지가 언론법 개정 논란의 핵심이다."

많은 언론학자들과 시민·언론단체, 국민들이 언론법의 사회적 논의기구인 미디어발전국민위원회 출범 전부터 이런 주장을 즐기차게 해왔다. 하지만 100일에 가까운 미디어위 활동을 통해 얻은 결론은 '없다'. 지난 17일 여당 위원들의 여론조사 실시 거부와 야당 위원들의 퇴장으로 미디어위가 사실상 끝난 뒤, 여야 위원들은 각자의 길을 걷고 있다.

■ 여당쪽 보고서 한나라당과 자유선진당 쪽 위원들이 22일 공개한 보고서 초안은 "규제완화 및 규제선진화를 통해 세계적 추세에 부응하여 미디어산업의 발전을 꾀한다"는 명분 아래, 신·방 겸영을 전면 허용하는 여당안을 거의 그대로 따르고 있다.

초안은 신문·대기업의 지상파 진출에 대해 △49%까지 지분 소유를 허용하거나 △여당안 제출안대로 20%까지만 허용하거나 △대기업에게는 가시청 연구 일정 규모 이하의 지상파방송만 허용하는 3가지 선택지를 제시했다. 최홍재 위원은 "첫째 안을 지지하는 위원들이 가장 많다"고 전했다.

종합편성채널(종편) 지분 소유 비율과 관련해 김우룡 위원은 "30%로 가거나 49%로 확충하는 안을 검토 중"이라고 말했다. 한나라당 개정안은 신문·대기업에 종편 채널 지분을 30%까지 허용한다고 돼 있다. 따라서 최소한 여당안을 그대로 수용하겠다는 의미로 해석된다.

한나라당과 자유선진당 쪽 위원들은 신·방 겸영으로 여론독과점이 더 심해질 수 있다는 우려를 의식한 듯 몇 가지 대안을 제시했다. △대기업·신문·뉴스통신의 지상파 총지분을 49% 이내로 하거나 △경영 허용 뒤 시청점유율 제한 규정(30%)이 유력하다는 것이다. 하지만 5~10%의 지분만으로도 실질적으로 기업을 장악하고 있는 경영 현실을 고려하면, 총지분 억제나 최다 출자자 제한만으로는 독과점 우려를 제거할 수 없다. 또 시청점유율을 30%로 제한하겠다고 하지만, 현재 우리나라 지상파 가운데 이 정도 점유율을 유지하는 곳은 한 곳도 없다.

■ 야당 쪽은 여론조사와 토론회로 맞불 민주당과 창조한국당 쪽 위원들은 자체 실시한 여론조사 결과를 토대로 현행 언론법의 틀을 그대로 유지하는 것을 주된 내용으로 하는 보고서를 작성하고 있다. 여론조사 결과 대기업과 신문의 지상파 소유 및 운영 반대는 각각 68.9%, 66.8%로 나타났다. 이들은 신·방 겸영의 부당성을 강조하는 내용을 보고서에 담기로 했다. 이들은 특히 정부가 대기업과 개별 신문에 진출을 허용해 줄 것으로 예상되는 종합편성채널의 성격을 '지상파의 전국방송'으로 규정하고 관련 내용을 상세하게 담을 예정이다. 이 밖에 신문기금 마련, 구독료 소득공제 등 신문 지원 방안도 담긴다.

한편, 민주당 추천 위원들은 23일 국회도서관 강당에서 '미디어위원회 대국민 보고를 위한 토론회'를 열어, 언론법 개정의 부당성을 재차 강조했다. 강상현 공동위원장은 "다수 국민들의 의견을 반영하지 않은 한나라당 위원들의 보고서는 허위"라고 말했다. 최촌상 공공미디어연구소장은 "과행으로 끝난 미디어위는 사회적 논의 기구도 여론 수렴 기구도 아닌 '국민 무시 기구'였을 뿐"이라고 지적했다. 이창현 위원은 "언론법 개정안을 조속히 철회하고 여야를 불문한 전문가와 학자들이 참여한 가칭 '미래미디어정책위원회'를 구성해 정책 안을 해야 한다"고 제안했다.

박창섭 이문영 기자 cool@hani.co.kr

[그림2] 〈한겨레〉 6월 24일 20면

=장기간에 걸친 어떤 프로세스를 통해 FCC의 의도가 좌절됐는지 꼼꼼 입체적 해부.

=아울러 미국이 사회적 합의를 이루기 위해 어떤 노력을 장기간에 걸쳐 했는지 그 과정에서 어떤 근거와 자료가 동원됐는지 우리는 이런 토대가 있는 것인지 등등.

△언론법 각 정당 안과 핵심 쟁점은(이○○, 6.5장, 표)

－미디어발전 국민위원회 논의를 거쳐 민주당 대안, 자유선진당 안을 절충한 한나라당 수정안, 자유선진당 안, 창조한국당 이용경 의원 안 등이 나오고 있지만, 핵심 쟁점은 결국 다시 신방 겸영을 둘러싼 이견.

－한나라당은 지난해 제출한 법안에서 2013년까지 신문과 대기업의 지상파 방송 겸영을 허용치 않는 수정안을 제출하겠다고 했으나, 주식 소유는 열어둬 본질적으로는 크게 다르지 않음. 지상파·종합 편성 채널·보도 전문 채널 지분 허용 비율(20퍼센트·20퍼센트·49퍼센트)은 자유선진당 안(10퍼센트·20퍼센트·30퍼센트)을 민주당과의 타협안으로 고려한다는 이야기도 추가.

－민주당 안도 신문과 대기업의 보도 채널 및 지상파 진출 금지는 기존 입장과 동일. 종편의 경우 시장점유율 10퍼센트 미만 신문사에만 허용해 조중동 진출 불가능. 10조 미만 대기업에 허용한 것은 방송법 시행령 개정과 동시에 현행법으로도 가능한 내용. 창조한국당 이용경 안도 민주당 안과 유사.

－여야가 대안과 수정안이라고 내놨지만 서로를 향해 "시간 끌기 작전" "눈속임"이라 비판하는 이유.

4면/△일본 미디어 석학 인터뷰(12매, 김○○ 특파원)

　=일본 신방 겸영 보편화된 나라.

　=일본의 사례 집중 분석 인터뷰.

△일본 방송의 실태는(6매, 김○○, +표)

　　내가 심층 인터뷰했던 한 기자는 위와 같은 대형 기획은 처음부터 대부분 윗선에서 결정된다고 말했다. 국장·부국장·부장 선에서 먼저 결정된 뒤, 현장 기자에게 지시가 내려온다는 것이다. 내가 속한 신문사 역시 대형 기획 가운데 일부는 위에서 먼저 취재 지시가 내려오는 경우가 있다. 아주 큰 사안이라고 판단되면 특별 취재 팀을 꾸리기도 한다. 당연히 그 기사의 야마는 그 어느 때보다 정교하게 설정된다. 취재 진척 과정이 부장을 통해 국장단에 보고되며, 기사의 야마도 편집회의를 통해 수시로 재확인된다. 기사 출고는 보통 지면 게재 일주일 전에 끝난다. 출고된 기사는 부장과 부국장, 국장의 데스킹을 거치면서 애초의 야마에 맞게 좀 더 세밀하게 다듬어진다.

18

부 서 간
공조

메모/"방송공사법은 방송사 투쟁 전선 약화 전략"(최○○)

△ 국회 문방위 관계자

—정병국 의원실에서 작업 중인데 아직 공개할 단계가 아니라고 한다. A
안, B안 놓고 논의 중이란다. 법 취지는 〈KBS〉1 · 2와 〈EBS〉를 묶어
서 '한국방송공사법'(가칭)으로 관리하겠다는 것. 큰 뼈대는 △수신료
인상 △사장 선출 방식 △예산 예결산 심의권인데, 수신료의 경우, '수
신료 배분 위원회'(가칭)를 만들어 어느 정도 걷어야 할지, 어디에 쓸
지 등을 정하도록 한다. 예전에 맨 처음 공영방송법 초안에선 수신료
와 광고 비율을 8:2로 한다고 했는데, 이후 어떻게 바뀌었는지는 알 수
없어.

—〈KBS〉가 시청료 못지않게 관심 있는 것이 사장 선임 문제. 애초엔 아

홉 명 정도로 구성된 사장 선임위에서 뽑자는 안이 나왔는데 이건 계속 협의 중이란다. 낙하산 사장이 내려와서 독립성 침해하면 안 된다는 것은 변함없어. 〈KBS〉 노조에서 안을 갖고 왔고, 이걸 당 안과 조율하는 과정.

—예결산 국회 심의는 아마 관철될 거다.

—〈KBS〉는 지금 수신료 인상에 목매고 있다. 디지털 전환 비용도 많이 드니까 재원 필요.

—애초 '공영방송법'은 공영과 민영으로 나눠 관리하겠다는 것이었는데, 이게 하도 〈MBC〉 민영화로 가는 수순 아니냐는 반발이 많아서 아예 '방송공사법'으로 이름도 바꾼 거다. 〈MBC〉 안 건드리고 돌아가겠다는 거지. (방송법 처리도 안 됐는데 왜 준비도 안 된 공영방송법 주장?) 미디어법 직권 상정 이후에 방송 3사 자동 파업하겠다는 거잖아. ▶▶
▶ 방송공사법 미끼로 '〈KBS〉 달래기'하는거 아니냐. 어차피 〈KBS〉는 대기업이나 언론사 진입과 관계없잖아. 사장 선임권과 시청료 인상 미끼로 〈KBS〉를 '투쟁 대오'에서 이탈시켜 전선 약화시키려는 속셈 아니겠나.

* 메모/정병국 "결산 심의권만 포함"(최○○, 17시 8분)

—지금 보도되는 것은 다 예전에 논의된 거다. 다 오보다. 지금 준비 중인 내용은 많이 바뀌었다. (예결산 심의권 포함되나) ▶▶▶ 결산 심의권만 들어간다. 이것만 알려줄게 (수신료 인상폭?) 간단히 생각해봐라. 수신료를 현실화하게 되면 책정이 될 거 아냐. 물가 변동폭이 있을 거

고 예산 심의할 때 반영하는 거지. (▶▶▶ 그럼 수신료가 매년 달라질 수 있는 건가) 그럴 수도 있지. (사장 선출 위원회 구성?) 말할 수 없어. 따로 위원회를 꾸리지 않는다. ▶▶▶ 조직 안에서 결정하도록 한다. 어쨌든 방송공사법의 취지는 방송을 정치권에서 독립시키고 방송의 공공성을 강화하려는 데 있다.

메모/"방송공사법은 방송사 투쟁 전선 약화 전략"(최혜정)

＊ 참고 메모/〈KBS〉쪽 "공영방송법 독소 조항 걷어낸 걸로 알고 있다" (권○○ 15시 6분)

△ 최재훈 〈KBS〉노조 부위원장

—한나라당과 〈KBS〉회사 쪽은 4월 말까지 공영방송법에 대해 물밑 논의해왔다. 회사 쪽에서 보고하길, 〈KBS〉에서 우려하는 국회 예산 사전 승인, 사장 선임 구조 관련 독소 조항 다 걷어냈다고 했다. 그런 조항이 있으면 〈KBS〉에서 받을 수 없다.

＊ 메모/공영방송법 관련 반응(권○○, 15시 52분)

△ 최재훈 〈KBS〉노조 부위원장

—공영방송법 논의 자체는 찬성. 노조가 말하는 건 디지털 전환 과정에서 미디어법의 산업화 논리 포장해서 재벌과 보수에 길 열어주는 것에는 반대한다는 것. 디지털 전환 과정에서 공익 공공성 중심으로 논의 구조를 바꿔야 한다. 지금은 (공영방송법과 같이 논의하지 않기 때문에) 거꾸로 논의하고 있다. 시장과 공익의 접점을 찾으려면 방송의 공

공성 유지를 같이 논의해야 한다. 공영방송법, 방송공사법은 민주적 지배 구조, 〈MBC〉, 〈EBS〉, 〈KBS〉의 재원 안정화에 대해 다룸. 같이 논의를 안 하니까 늘 천박한 논리로 대립하고 있다. 이건 안 된다는 게 노조 입장이다. ▶▶공영방송법 통해 공공성을 유지하자.

— 미디어법 논의에서 공영방송법을 같이 논의해 공공성을 핵심 의제로 논의 구조를 공공성을 핵심 의제로 하는 방향으로 재편하자는 것. 신방 겸영 여론 다양성 유지 맞느냐, 여론 독과점 규제 장치 돼야 한다. 시청률 규제, 점유율 규제 필요하다.

— 한나라당 발의 신호, 긍정적 시그널로 본다. 민주적 지배 구조, 청정 지역, 재원 안정화 담았다고 한다. 공영방송법 민주적 지배 구조, 독일식 특별 다수제 도입하자 제안. 그러면 특정 교섭단체가 50퍼센트를 추천할 수 없다. 사장 선출 때 여야 반반이 된다.

— 한나라당과 〈KBS〉 회사 쪽 4월 말까지 공영방송법 물밑 논의해왔다. 회사 쪽에서 보고하길, 〈KBS〉에서 우려하는 국회 예산 사전 승인, 사장 선임구조 관련 독소 조항 다 걷어냈다고 했다. 그런 조항이 있으면 〈KBS〉에서 받을 수 없다. 안 그러면 미쳤다고 받냐.

— 〈KBS〉에서 제안한 공영방송법은 한나라당 안과는 다르다. 따로 처리하듯 하자는 게 아니다. 미디어법 문제. 〈KBS〉 입장은 민주당과 합의해서 9월에 세 가지 법 동시 논의한다고 하면 파업할 이유 없다. 미디어법 이대로 처리하면 파업 결의한 대로 우리도 파업한다.

△ 김영호

- 그런 법 만들 이유가 뭐 있나. 국영방송 만들겠단 것이지. 지금 법으로도 잘 운영되잖아. ▶▶〈KBS〉 장악 통한 정치 기반 안정화. 여론 조작, 정권 안정화 기여.
- 그게 이제 10월 지나고 재보선 국면에 불리한 정국이 된다. 언론법이란 게 어차피 반발과 저항이 거세다. 다음번에 기도하다 또 한차례 곤욕을 치르기에는 정치적으로 불안정하다고 내부적으로 판단.
- 수신료 인상은 〈KBS〉 종업원 당근용. 〈KBS〉 노조 어용화. 수신료 인상 안 하면 수익 구조 불안. K 노조 너희 미디어법 반대하는데 우리 얻는 게 뭐냐. 종업원은 이기적이다. 〈KBS〉 노조 어용화 확실
- 정치적으로 노조 포섭. 노조가 아니라 정치 세력의 전위대. 파업 결의는 기술적 문제, 위장 전술. 막판에 깃발 하나 들고 왔다갔다 하다 파업 동참했다 기록하겠지.

△ 이근행

- 〈KBS〉야 수신료 인상이 숙원이었다. 일종의 K노조에서 요구했던 것, 당근 물리는 것. ▶▶〈KBS〉가 파업 결의해놓은 상황에서 무력화되겠지. 첫째, 〈KBS〉가 파업 전선에 나오지 못하도록 당근 던진 것. 둘째, 공영방송법 안에 담고 있는 〈KBS〉 구성원이 심사숙고를 했으면 좋겠다. 예결산 문제 핵심이라고 본다. 수신료는 정권이 주는 게 아니라 시청자에게 받는 것이다. 지금 이 시점에서 공영방송법 발의를 거론하는 정권의 의도에 비판적으로 접근했으면 좋겠다. 현 시기에 〈KBS〉 집행

부를 그렇게 선출한 조합원 전체에 책임이 있다.

─〈MBC〉. 공영방송법이 발의되든 안 되든 〈MBC〉는 공영방송으로서 별도의 위상을 갖고 있다. 그게 엄연한 현실이다. 〈MBC〉의 선택은 수신료 받냐 안 받냐가 아니다. 특별법의 위상을 갖고 있는데 공영방송법과 연결 지어 민감하게 생각하고 싶지 않다. 미디어법 논의 과정에서도 그랬지만 M을 공영방송법과 관련지어 민영화 거론하는 것은 논리 비약이라고 본다. 특별법으로서의 공영방송 위상이 있다.

─방문진 이사가 친여로 교체된다 해도, 위원이 정치적 미션을 갖고 〈MBC〉의 위상을 흔들 수 있는 건 아니다. 방문진은 관리 감독 기구로서 사회적 합의에 따라 구성되는 것이다. 〈MBC〉의 구조 자체를 바꿀 순 없다. 그들은 실질 주주가 아니고 사회적으로 위임을 받은 것이다.

─방송 개편을 〈MBC〉만의 투쟁, 〈MBC〉만의 문제로 치환하지 마라. 무노동 욕먹으면서 파업하는 것은 민주주의를 위해서다. 싸움 안 하면 〈MBC〉가 죽냐? 아니다.

△ **강상현**

─상식적으로 보더라도 미디어법 현안이 지금 중요하다. 지지가 있어야 통과 명분이 있는데, 시간이 지날수록 미디어법의 한계와 논리의 허점이 드러나고 있다. 그럼에도 강행 처리하려는 건 한마디로 '무대뽀'다. 논리의 힘이 아니라 힘의 논리로 처리하려 하고 있다. 한나라는 논리의 전장에서 패배했다. 그러자 상식 밖의 공세를 펴고 있다. 미디어

법 잘못됐다 얘기하고 증명도 됐다. 데이터 잘못된 거 밝혀져도 여전히 애초 주장만 반복하고 있다.

—그러니까 어차피 무리다. 욕도 먹을 거다. 그러니 아예 한꺼번에 통과시키려 한다. 시끄러워도. 또 시차를 갖고 하면 또 시끌. 관련법 도매금으로 묶어서 처리하려는 의도. 어차피 직권 상정하면 방망이 세 번 두드리면 끝 아냐. 다 끼워 넣어서 하자는 거지. 욕 왕창 먹고 넘어가자.

—〈KBS〉 현수막 보니까 '반대 미디어법 쟁취 공영방송법' 돼 있다. 〈KBS〉 노조는 다분히 공영방송법이 〈KBS〉에게 유리하니까 명분상으로는 미디어법 반대하고. 공영방송법 통과 땐 수신료 인상 보장되니까. 미디어법 통과 땐 파업하겠다던 〈KBS〉를 분리시키려는 것. 〈KBS〉 노조 언론 총파업 무력화하는 것.

—수신료 80퍼센트 이상. 해당 안 되면 공영방송. 지상파 〈MBC〉 민영화 〈KBS〉2 민영화. 큰 그림 〈KBS〉1 중심 공영방송. 민영화 부추김. 수신료 한꺼번에 인상 못하니까.

* 참고 메모/한나라 공영방송법 의견 수렴 토론회(권○○)
—2월 5일 한나라당 미디어 발전특위 주최 토론회 내용.

안상수 한나라당 원내 대표가 7월 14일 오전, 원내 대책 회의에서 예정에도 없이 '방송공사법' 입법을 추진하고 있다는 발언을 했다. 그는 〈KBS〉의 수신료 인상을 포함해 공영방송의 책임성과 위상을 재정립하는 법안이라고 설명했다. 이명박 정부 들어서 집권 여당이 〈KBS〉의 위상 변화를 공식화한 것은 처음이어서, 언론사마다 안 원내 대표 발언의 배경과 진의를 놓고 많은 해석이 오갔다. 내가 속한 언론사에서도 의미가 적지 않다고 판단했다. 미디어법 강행 처리를 앞두고, 여권이 아무 의도 없이 KBS의 위상을 바꾸겠다고 할 리는 없다는 생각이었다. 편집국장은 정치부장의 보고를 받은 뒤 곧바로 정치부와 여론 미디어 팀이 공조해서 기사를 준비할 것을 지시했다. 이에 따라 정치부장과 여론 미디어 팀장은 서로 협의해 스트레이트 기사는 정치부에서, 해설 및 반응 기사는 여론 미디어 팀에서 쓰기로 했다.

이런 경우엔 부서 간 취재 내용의 공유가 가장 중요하다. 이에 따라 양쪽 부서 기자는 취재한 내용을 메모 형식으로 곧바로 상대방 부서의 기사방에 올린다. 최○○ 정치부 기자는 국회 문화체육관광 방송통신위원회 소속 한나라당 의원실의 한 보좌관에게 들은 내용을 정치부 방과 여론 미디어 팀 방에 함께 올렸다. 이어 권○○ 여론 미디어 팀 기자도 〈KBS〉와 〈MBC〉, 그리고 언론학자를 대상으로 취재한 내용을 양쪽 방에 동시에 올렸다. 이때 기자는 본인이 생각하기에 중요한 부분에 '▶▶▶'나 '★' 같은 강조 부호를 표시한다. 이런 작업은 양쪽 부서에서 쓰는 기사의 야마가 서로 다르지 않게 하기 위한 방책이다. 또한 빠듯한 마감 시간 안에 여러 꼭지의 기사를 작성하기 위한 것이기도 하다.

나는 직접 취재한 내용과 다른 기자가 올린 메모를 참고해 '방송공사법의 문제점과 노림수'라는 제목으로 기사를 작성했다. 기사의 야마는 '미디어법 반발 무마와 〈MBC〉 민영화 포석'으로 잡았다. 즉 〈KBS〉에게 수신료 인상이라는 '당근'을 줘서 미디어법 반대 파업을 하겠다는 〈KBS〉 구성원을 달래는 한편, 〈KBS〉와 〈EBS〉를 묶어 공영방송으로 규정짓는 대신 〈MBC〉를 민영으로 전환하겠다는 전략에서 나온 발언이었음을 강조하는 내용으로 기사를 썼다. 이런 야마는 데스크인 여론 미디어 팀장이 주문한 내용이기도 했지만, 내가 생각하기에도 그렇게 보는 것이 옳다고 판단했다. 또한 내가 쓴 야마는 정치부 기자가 쓰는 기사의 야마와도 어긋나지 않아야 했다.

지금까지 내가 몸담았던 언론사인 〈한겨레〉에서 야마를 잡는 과정을 살펴봤다. 여기에서 나타난 몇 가지 특징을 보자면, 우선 야마는 언론사 전체의 집단적 가치관과 사고, 판단의 산물이라는 점이다. 즉 언론사의 편집 방향에 맞는 쪽으로 개별 기사의 야마가 형성된다고 할 수 있다. 특히 중차대한 사안이 발생했을 경우, 언론사는 조직적이고 일사분란하게 그 사안의 야마를 잡고 지면을 제작한다. 이때 편집_{보도}국장→부국장→부장 또는 팀장→현장 기자로 이어지는 지시 시스템이 군대의 전형적인 운영 시스템인 상명하달식으로 정교하게 가동된다.

둘째, 큰 사안의 경우 부서 간 협업은 필수적이다. 취재 영역에 있어서 부서 간 구분은 분명히 있지만, 야마를 잡는 과정에 있어서 해당 부서는 긴밀하게 공동 작업을 한다. 취재원이나 취재 지역을 나눠 역할 분담을 하고, 취재된 정보를 공유하고, 기사 작성 시 상대 부서의 야마를 잘 고려해야 한다. 나는 다른 부서에서 올린 메모를 제대로 이해하지 못했을 때, 또는 내가 잠정적으로 생각하는 야마와 상대 부서의 야마가 다른지 파악하기 위해 다른 부서 기자에게 직접 전화를 건다. 이때 다른 부서의 기자가 또 다른 형태의 취재원이 되는 셈이다.

셋째, 야마를 정하는 데 있어 가장 큰 영향력은 편집국장에게 있다. 현장 기자가 아래로부터 기사 아이디어를 올려 그것이 야마가 되는 경우가 가장 많기는 하지만, 상향식이든 하향식이든 야마의 최종 결정권자는 편집국장이다. 현장 기자와 데스크는 이를 잘 알고 있다. 그리고 대체로 국장의 결정을 존중한다. 물론 이는 언론사마다 다를 수 있지만, 오랫동안 함께 일을 해본 경험이 있는 같은 언론사 내의 국장과 데스크, 현장 기자는 야마 결정 시스템을 자연스럽게 체득하는 것으로 보인다. 심층 인터뷰에 응해 준 어떤 기자도 국장의 결정에 반기를 든 경우는 없었다고 했다.

6장

'승부처' 미디어법

여야 "선거때 여론 향배 갈려" 인식 탓 양보 안해

미디어법
보도를 통해 본
'야마' 관행

신문 방송 겸영을 핵심으로 하는 미디어법 개정, 교육 복지와 부자 급식 주장이 맞서고 있는 무상 급식에 대한 언론의 보도 등 두 가지 사례를 통해 야마의 실체와 작용 메커니즘을 볼 수 있다. 이 장에서는 미디어법의 국회통과를 둘러싼 한국 신문의 보도 행태와 기자의 취재 보도 전략을 살펴봤다.

한국 신문은 미디어법을 놓고 극단적인 찬반 위치에서 정파적인 보도를 일삼았다는 지적을 언론 단체와 시민 단체로부터 받았다. 또 미디어법의 본질보다는 미디어법을 둘러싼 여야 갈등에 지나치게 초점을 맞춰 보도하거나, 자사의 이익을 최대화하는 쪽으로 기사의 가치를 잡아서 보도를 했다는 지적도 많았다. 미디어법의 내용은 무엇이고, 법안이 발의된 배경은 무엇이며, 국회에서 통과되면 어떤 결과가 예상되는지 등에 대한 우리 언론의 보도가 미디어 수용자인 국민의 요구에 턱없이 부족했다는 비판도 나온다.

19

미 디 어 법
처   리
경과

미디어법은 여당인 한나라당이 미디어 산업을 육성한다는 취지로 2008년 12월 3일에 발의한 신문 방송 겸영 허용 등을 골자로 하는 미디어 관련 법률 개정안을 말한다. 구체적으로는 신문 등의 진흥에 관한 법률신문법, 방송법, 인터넷 멀티미디어 방송사업법, 정보 통신망 이용 촉진 및 정보보호법 등이다. 이 가운데 미디어법의 핵심이라고 할 수 있는 방송법 개정안에 따르면, 신문뉴스 통신 포함과 대기업이 지상파 방송은 20퍼센트, 종합 편성 채널과 보도 전문 채널은 49퍼센트까지 지분을 보유할 수 있다. 또 외국자본의 경우엔 지상파 진입은 현행대로 금지하되, 종합 편성 및 보도 전문 채널은 20퍼센트까지 지분을 가질 수 있도록 했다.

하지만, 민주당 등 야당과 시민·언론단체는 미디어법 개정에 대해 한나라당의 장기 집권에 유리한 조건을 만들기 위한 술수라며 강하게 반발했다. 친여당적인 논조를 보인 특정 보수 신문에게 지상파와 다를 바 없는 종편을 줘서 여론 시장을 안정적으로 장악하겠다는 구상이라는 지적이다.

이에 따라 이후 여야 간에는 양보 없는 대결이 지속됐다. 한나라당이 미디어법 개정안을 정식으로 발의하자 민주당은 그해 12월 26일, 본회의장을 점거했다. 이른바 '1차 입법 전쟁'이었다. 2009년 1월 3일 김형오 국회의장 지시로 국회 경위가 동원돼 야당의 농성에 대한 강제해산이 시도됐다. 여야 의원은 해머와 망치까지 동원하며 격렬한 몸싸움을 벌였다.

극심한 갈등 끝에 여야는 2009년 1월 6일, '이른 시일 내에 미디어법을 합의 처리한다'는 타협으로 갈등을 일시적으로 잠재웠다. 그러나 이러한 합의에도 이후 여야 간에는 제대로 된 논의가 이뤄지지 않았고, 갈등은 오히려 더 증폭됐다. 그해 2월 25일, 고흥길 국회 문화체육관광 방송통신위원회文放委 위원장이 문방위에 미디어법안을 직권 상정하면서, 여야는 '2차 입법 전쟁'을 치르게 된다. 여당은 강행 처리를 거듭 시도했지만, 여론의 분위기를 감안해 다시 한 번 야당과의 미봉책에 합의했다. 3월 2일, '국민 여론 수렴을 거쳐 6월 임시국회에서 국회법 절차에 따라 표결 처리한다'고 한나라당과 민주당이 합의한 것이다.

이후 여야 추천으로 위촉된 20명으로 구성된 미디어발전 국민위원회가 출범했다. 이 위원회는 2009년 3월 13일부터 자체 토론과 전문가 의견 청취, 공청회 등을 진행하면서 국민 의견 수렴에 나섰다. 하지만 일곱 번 개최된 주제별 및 지역별 공청회는 회의 시간, 청중 참여, 논의 주제 제한 등으로 형식적인 통과의례에 그치고 말았다. 결국 최종 보고서 작성을 코앞에 둔 6월 17일, 국민 여론조사를 꼭 해야 한다는 민주당 및 창조한국당 쪽 위원과 여론조사는 절대 받아들일 수 없다는 한나라당과 자유선진당 쪽 추천 위원이 갈라서면서 미디어발전 국민위원회는 파국을 맞았다. 여당

쪽 위원은 민주당 추천 위원이 불참한 가운데 6월 24일 최종 보고서를 채택했는데, 이 보고서는 '규제 완화 및 규제 선진화를 통해 세계적 추세에 부응하고 미디어 산업의 발전을 꾀한다'는 명분 아래, 신문 방송 겸영을 전면 허용하는 한나라당 안을 거의 그대로 따른 것이었다. 신문과 대기업의 지상파 진출을 기본적으로 허용하고, 종합 편성 채널에 대해서도 신문과 대기업이 30퍼센트 또는 49퍼센트를 소유할 수 있도록 했다. 반면 민주당은 자체 여론조사 결과 대기업과 신문의 지상파 소유 및 운영 반대는 각각 68.5퍼센트, 66.8퍼센트로 나타났다며 신문과 대기업의 지상파 및 종합 편성·보도 전문 채널에 대한 겸영을 유예하는 대신, '여론 다양성 위원회'를 꾸려 2012년까지 운영하자고 제안했다.

미디어발전 국민위원회를 통해 절차적 정당성과 명분을 얻은 한나라당은 6월 임시국회를 소집하며 민주당을 다시 압박하기 시작했다. 김형오 국회의장도 몇 차례 미디어법 직권 상정을 언급하며 민주당을 밀어붙였다. 민주당은 국회에서 장기 농성을 벌이며 맞섰다. 이 와중에 그해 7월 15일, 박근혜 한나라당 전 대표의 '폭탄' 발언이 터져 나왔다. 그는 "미디어법은 가능한 여야가 합의해서 처리해야 한다"며 여당의 일방적인 강행 처리 움직임에 제동을 걸었다. 박 전 대표는 이어 7월 19일에는 "미디어법 강행 처리를 위한 국회 본회의가 열려 참석하게 된다면 반대표를 행사할 것"이라고 말해 여당을 더욱 곤혹스러운 처지로 몰아갔다.

한나라당은 부랴부랴 수정안 마련 작업에 들어갔다. 7월 21일, 한나라당은 야당에 제시한 협상안에서 한발 물러선 내용의 미디어법안을 확정해 공개했다. 신문과 대기업의 지분 소유 비율을 지상파는 10퍼센트, 종합 편성 채널과 보도 전문 채널은 각각 30퍼센트까지 허용하는 안이었다. 또 신문과 대기업의 지상파 방송 경영 참여는 2012년까지 유예한다는 안을 제시했다. 한나라당은 박근혜 전 대표의 제안을 수용해 사전·사후 규제 장치도 신설했다. 사전 규제의 내용은 가구 구독률 20퍼센트 이하의 신문에만 방송 진입을 허용한다는 것이고, 사후 규제의 내용은 신문의 구독률을 환산한 뒤, 해당 신문사가 소유하고 있는 방송의 평균 시청률과 합산해 30퍼센트가 넘으면 광고 등을 제한하는 것이라고 밝혔다.

2009년 7월 21일, 김형오 국회의장은 최후통첩을 날렸다. 그는 "임시국회가 이번 주에 끝난다. 여야 원내 교섭단체 대표는 내일부터 금주까지의 의사일정을 협의해달라"며 직권 상정 방침을 천명했다. 민주당 등 야당은

[표14] 미디어법 관련 매체별 보도량

시기	시기의 특징	경향	한겨레	한국	조선	동아	합
2008. 12. 3~ 2009. 1. 6	1차 입법 전쟁	8	11	5	8	10	42
2009. 1. 7~ 2009. 3. 3	2차 입법 전쟁	66	61	37	46	38	248
2009. 3. 4~ 2009. 6. 26	미디어 발전 국민 위원회	88	81	62	59	38	328
2009. 6. 27~ 2009. 7. 22	3차 입법 전쟁	70	86	56	65	48	325
		232	239	160	178	134	943

2008년 12월 3일 : 한나라당 미디어법 발의
2009년 1월 6일 : 여야 '이른 시일 내 합의 처리' 합의
2009년 3월 2일 : 여야 '6월 임시국회서 합의 처리' 합의
2009년 6월 25일 : 미디어발전 국민위원회 여야 쪽 개별 보고서 제출
2009년 7월 22일 : 미디어법 국회통과

국회 농성 등을 통해 격렬하게 저항했지만, 7월 22일에 이윤성 국회 부의장은 본회의를 개의하고, 방송법 개정안 등 미디어 관련 세 3건을 직권 상정해 표결 처리했다.

20

미 디 어 법
주   요
쟁점

한나라당이 통과시킨 미디어법엔 방송의 1인 지분 한도를 기존 30퍼센트에서 40퍼센트까지 확대하고, 대기업의 방송 참여 범위®를 늘리고, 외국자본이 국내 방송®에 진출할 수 있도록 하는 등 국내 미디어 분야에 큰 변화를 가져올 수 있는 내용이 다수 포함돼 있다. 그 가운데서도 핵심은 신문의 방송 진출 허용, 즉 신문 방송 겸영이다. 신문과 대기업이 지상파 방송의 10퍼센트, 종합 편성 채널과 보도 전문 채널의 30퍼센트까지 지분 참여를 할 수 있도록 한 것이다.

● 지상파 10퍼센트, 종합 편성 채널 30퍼센트, 보도 전문 채널 30퍼센트.

● 종합 편성 채널은 20퍼센트 지분까지, 보도 전문 채널은 10퍼센트 지분까지 허용한다.

신문 방송 겸영은 1980년 신군부의 언론 통폐합 단행 이후 금지돼왔다. 또한 경제협력개발기구OECD 나라 중에서 우리나라만 겸영을 허용하지 않고 있기도 하다. 한나라당은 이에 따라 군사정권이 만든 낡은 규제 틀을 제거하고, 심각한 지상파의 독과점 폐해를 해소하고, 세계 미디어 정책의 흐름에 부응하기 위한 것이라고 신문 방송 겸영 허용의 정당성과 필요성을 강조했다. 한나라당은 겸영이 이뤄지면 국내 미디어 산업의 글로벌 경쟁력이 커지고, 일자리가 늘어나며, 콘텐츠의 다양화로 미디어 수용자의 만족도도 커질 것이라고 주장했다.

하지만 민주당 등 야당과 시민·언론단체는 신문 방송 겸영을 허용한다고 해서 국내 미디어 산업의 경쟁력이 높아지는 것은 아니며, 일자리가 늘어나기는커녕 오히려 줄어들 가능성이 크고, 여론 독과점이 심화돼 민주주의가 후퇴할 수 있다고 우려했다. 또한 다른 나라와 우리나라의 사회적, 문화적 환경이 다르기 때문에 신문 방송 겸영 문제를 직접적으로 비교할 수 없다고 반박했다. 가령 미국은 동일 지역 내에서는 신문 방송 겸영이 금지돼 있고, 겸영을 허용하는 많은 나라가 여론 독과점 심화 등의 부작용을 겪고 있다고 지적했다.

주요 쟁점을 좀 더 구체적으로 살펴보자. 먼저 매체 독과점 논쟁을 들 수 있다. 한나라당은 줄기차게 〈KBS〉, 〈MBC〉, 〈SBS〉 등 지상파 3사의 독과점이 심각하다고 주장했다. 2009년 5월 1일, 미디어발전 국민위원회 여당 쪽 공술인으로 참석한 윤석민 서울대 언론정보학과 교수는 "미디어의 도달률과 이용 시간, 매출액 등에 토대를 두고 미디어의 영향력과 신뢰도, 집중도 등을 고려해 개발된 모든 지표에서 압도적인 여론 지배력을 드러내는 미디어는 지상파 TV였다"고 말했다. 윤 교수의 분석에 따르면, 매체별 여론 지배력은 〈KBS〉 423.5, 〈MBC〉·〈SBS〉 각 106.1, 네이버·다음 각 26, 〈조선일보〉·〈중앙일보〉·〈동아일보〉·〈한겨레〉·〈경향신문〉 각 6.2이다. 즉 〈KBS〉가 주요 신문사의 약 70배에 달하는 여론 지배력을 갖고 있다는 것이다.

이에 대해 야당과 진보 진영은 공영방송인 〈KBS〉까지 넣어서 여론 지배력을 산정한 데다, 매체별 가중치 부여도 지나치게 자의적이어서 지상파 방송의 독과점 주장을 받아들일 수 없다고 밝혔다. 설사 지상파 방송의 독과점을 인정한다고 하더라도 무료 보편 서비스를 특징으로 하고 여러 가지 사전·사후 감독과 규제를 받기 때문에 큰 문제가 없다고 주장했다. 이들은 무엇보다 지상파의 독과점보다는 거대 신문사의 독과점이 훨씬 더 심각한 사회문제라고 강조했다. 이른바 '조중동'으로 불리는 거대 보수 성향 신문이 수십 년간 한국 사회의 여론 시장을 장악해왔고 지금도 가장 큰 영향력을 행사하고 있는데, 이들에게 방송까지 안겨주면 특정 방향으로의 여론 독과점이 더욱 심화될 것이라는 지적이다.

신문 방송 겸영 허용과 관련해 사전·사후 규제를 하면 여론 독과점 우려가 사라지지 않느냐는 것과 관련해서도 여야는 치열하게 대립했다. 한나라당은 겸영 허용의 사전 규제로 가구 구독률 20퍼센트 이하의 신문에만 방송 진입을 허용하면 되고, 사후 규제로 신문의 구독률을 시청률로 환산한 뒤 해당 신문사가 소유하고 있는 방송의 평균 시청률과 합산해 30퍼센트가 넘을 경우 규제하면 된다고 주장했다. 하지만 야당 쪽에서는 국내 일간지 중 가구 구독률이 20퍼센트를 넘는 곳은 한 곳도 없으며, 현재 30퍼센트 시청률에 도달하는 국내 방송사 역시 전무하며, 현재 그 어떤 신문과 그 어떤 방송 점유율을 합쳐도 시청 점유율 30퍼센트를 넘지 않는다는 점에서 사전·사후 규제 장치는 의미 없는 조항이라고 반박했다. 또 신문의 구독률을 시청 점유율로 환산하는 작업도 거의 불가능할 것이라고 지적했다.

일자리 창출과 관련해서 여당은 미디어법이 개정되면 2만 개의 일자리가 만들어진다고 선전했다. 근거는 정보통신정책연구원KISDI에서 2009년 1월에 나온 '방송 규제 완화의 경제적 효과 분석'이라는 보고서였다. 반면 민주당 등 야당은 여태껏 새로운 미디어가 도입될 때 일자리가 늘어난 적은 없으며, 이번에도 다르지 않을 것이라고 반박했다. 정보통신정책연구원의 보고서는 2009년 7월 민주당 천정배 의원에 의해서 분석에 결정적인 오류가 있었음이 드러났다. 당시 연구원은 일자리 2만 개 증가의 핵심 근거로 'GDP 대비 한국의 방송 시장 규모'를 들었다. 연구원이 ITU국제 전기통신연합 자료를 바탕으로 2006년 우리나라 GDP를 1조 2949억 달러로 보고 산출한 'GDP 대비 한국의 방송 시장 규모'는 0.68퍼센트였다. 이는 선진국 수준인 0.75퍼센트보다 낮기 때문에 방송에 대한 소유 규제 완화가 필요하고, 소유 규제를 완화하면 고용·생산 유발 효과가 상당하다고 주장했다. 하지만 ITU가 2006년 국내 명목 GDP인 847조 8800억 원에 잘못된 환율 654.78원2006년 실제 원·달러 환율은 954.80원을 적용해 국내 GDP가 1조 2949억 원으로 뛴 것이었다.

[표15] 정당별 방송법 개정안 비교

기존 법	한나라당	민주당	자유선진당	창조한국당
지상파 · 종편 · 보도PP 1인 지분 비율	40%	전과 동일 (30%)	40%	전과 동일
지상파 · 종편 · 보도PP에 대한 대기업 · 신문 · 통신의 소유 제한	• 지상파—10% • 종편 · 보도PP—30%	• 지상파—대기업 · 신문의 참여는 2012년까지 금지 • 종편—자산 10조 미만 대기업과 시장 지배력 15% 미만 신문은 20%까지 • 보도 PP—자산 10조 미만 대기업과 시장 지배력 15% 미만 신문사 참여 가능 • 준종편—자격 및 지분 소유 제한 없음 지상파—10%	• 지상파—10% • 종편—20% • 보도PP—대기업은 30%, 신문 · 뉴스 통신은 40%	①대기업—상위 20대 기업 금지 ②신문사—전국 종합 일간지 중 발행 부수 점유율 10% 미만인 자에 한해 지상파는 금지, 종편과 보도PP는 각각 20% 가능
외국자본의 출자 · 출연	• 지상파—금지 • 종편—20% • 보도PP—10% • 위성방송—49%	기존 법과 동일 • 지상파 · 종편 · 보도PP—금지 • 위성방송—33%	• 지상파—금지 • 종편—20% • 보도 PP—10% • 위성방송—49%	기존 법과 동일
기타 매체(SO · 위성)에 대한 소유 제한	기존 법과 동일 • 신문 · 통신의 SO · 위성방송—33% • 대기업의 위성방송—49%	• 신문 · 뉴스 통신의 SO · 위성방송—49% • 대기업의 위성방송 소유 제한 폐지	• 신문 · 뉴스 통신의 SO · 위성방송 소유—49%	기존 법과 동일
신설(가상 · 간접 광고)	가상 광고 및 간접광고 허용	가상 광고 및 간접광고 허용	규정 없음	규정 없음
신설(시장점유율 규제)	• 미디어 다양성 위원회 설치—시청 점유율 조사 • 시청 점유율 30%로 제한—신방 겸영 일간 신문은 구독률을 시청 점유율로 환산해 매체 합산	• 여론 다양성위원회 설치—시청자 점유율 조사 • 시청자 점유율 25%로 제한 • 여론 지배적 사업자에 대해 지분 일부 매각 등 규제	규정 없음	민주당 안과 동일

[표16] 정당별 신문법 개정안 비교

항목	현행 규정	한나라당	민주당
신문 방송 겸영	일간신문과 뉴스 통신은 상호 겸영 불가 및 종합 편성·보도 전문 PP 겸영 금지	삭제	• 일간신문과 뉴스 통신의 지상파 방송 및 종합 편성·보도 전문 PP 겸영 또는 지분 소유 금지 • 시장점유율 10퍼센트 미만 일간신문의 종합 편성 PP 지분 20% 이하 허용
대기업 지분 제한	대기업은 일간신문 또는 뉴스 통신의 지분 1/2 초과 취득 금지	기존 법과 동일	1/3로 제한
거대 신문 인수·합병 제한	신설	규정 없음	일반 일간신문이 동일 보급 지역의 다른 일간신문 인수·합병 시 그 지역 시장점유율 20% 초과 금지
신문 지원 기관 통합	신문법상 신문 발전위원회(제27조), 신문 유통원(제37조), 민법상 재단법인인 한국언론재단 등이 존재	신문발전위원회, 한국언론재단을 통합해 한국언론진흥재단을 신설하고, 신문 유통원은 한국언론진흥재단에 두도록 함	기존과 동일

21

미 디 어 법
보 도 에
드러난 '야마'

한국의 신문과 기자가 미디어법을 보도하면서 어떤 야마 전략을 썼는지를 따져보기 위해 〈조선일보〉, 〈동아일보〉, 〈한국일보〉, 〈경향신문〉, 〈한겨레〉 등 주요 신문 다섯 개를 골랐다. 〈조선일보〉와 〈동아일보〉는 한국 사회의 대표적인 보수 신문으로서, 〈경향신문〉과 〈한겨레〉는 대표적인 진보 신문으로서 중요한 사회적 이슈에 대해 서로 다른 시각을 보여줬다는 판단에서 선택했다. 〈한국일보〉는 나머지 신문과 달리 분명한 색깔을 드러내지 않는다는 점에서 채택했다. 나는 서로 다른 성향의 신문사에 소속된 기자가 야마를 구성하는 전략에 있어서 유사점과 차이점을 동시에 보여줄 것으로 예상했다. 내용 분석 대상으로 삼은 기사는 여야가 미디어발전 국민위원회라는 사회적 논의 기구를 구성해 미디어법에 대한 논의를 한 뒤 국회에서 표결 처리하기로 합의한 2009년 3월 2일부터 국회에서 미디어법이 강행 처리된 2009년 7월 22일까지 다섯 개 신문에 실린 것이다. '아이서퍼 *'라는 신문 기사 전문 검색 사이트에서 '미디어법', '언론법', '언론관계법'의 검색어로 찾은 결과, 〈경향신문〉 86건, 〈한겨레〉 83건, 〈한국일보〉 71건, 〈조선일보〉 59건, 〈동아일보〉 75건의 기사를 얻었다.

반 다이크van Dijk, 1988는 이야기 속에는 주제를 전개하기 위한 일정한 구조주제 구조가 있다고 주장했다. 이준웅1997도 뉴스 보도를 이야기 구조로 보고, 구조 내에 일정한 흐름이 있기 때문에 이를 분석할 수 있다고 봤다. 이준웅은 이에 따라 주요 행위자, 대항 행위자, 대상, 방식, 배경, 합의 등의 주제 구조 목록을 작성한 뒤 이를 내용 분석에 적용해 주제 진술문을 찾아냈다. 이준웅은 특정 주제 진술문끼리 서로 묶이면 더 큰 의미를 형성하는 경향이 보일 것이므로 종합적인 의미 구조를 이끌어낼 수 있다고 봤다.

주요 행위자 : 누가 행위를 했고, 무엇을 했나?

대항 행위자 : 행위의 과정에서 어떤 사람이 반대 의견을 제시하고 개입했는가?

대상 : 행위의 대상은 무엇이며, 예상되는 결과에 대한 논의는 어떻게 진행됐는가?

방식 : 행위는 어떤 방식으로 이뤄졌나?

배경 : 행위의 배경은 무엇인가?

함의 : 행위의 결과는 어떻게 전망되고 그것이 가지고 있는 의미는 무엇인가?

나는 이 같은 논의를 가져와 야마 분석에 적용했다.° 행위자, 행위, 방식,

● **행위자** 정부/여당, 야당, 보수 학자/단체, 진보 학자/단체, 국민 등.
행위 강행은 불가피, 타협, 선전 선동 등.
방식 왜곡, 과장, 여론 수렴, 발목 잡기 등.
배경 정치투쟁, 여론에 부응 등.
함의 장기 집권 토대 마련, 야당에 유리한 현 방송 체제 유지 등.

배경, 함의에 주목해 야마를 찾아보려고 시도했다. 하지만 개별 기사 안에 있는 한 문장이나 단락을 기준으로 행위자와 대상, 방식, 배경, 함의를 찾는 방식으로는 이 책에서 주목하고 있는 '야마'를 제대로 찾아낼 수 없다는 결론에 도달했다. 야마는 기본 속성이 개별 기사를 단위로 해서 구체화되는 것이기 때문이다. 따라서 나는 기사를 읽은 뒤 그 기사의 야마를 하나의 주제 진술문으로 요약하는 방식으로 분석을 진행했다. 이런 식으로 전체 기사에 대한 '야마 주제 진술문'을 모두 도출한 뒤, 거의 비슷한 주제 진술문을 하나로 묶었더니 총 열다섯 개의 '야마 주제 진술문'이 마련됐다. 또한 열다섯 개의 주제 진술문에 '내용 야마'라는 이름을 붙였다. 그리고 이를 통계 분석해 네 개의 군집을 찾아냈다. 나는 이를 '관점 야마'가 형성되는 것으로 이해했다. 마지막으로 심층 인터뷰 결과 및 내용적 야마 군집을 동시에 분석해 '의도 야마'를 도출했다.

내용 야마

내용 야마 분석을 위해 아래와 같은 열다섯 개의 주제 진술문을 끄집어냈다. 문장 뒤의 내용은 해당 주제 진술문에 해당하는 대표적인 기사 내용이다.

① 여야가 미디어법 내용 또는 처리에 관해 협상을 시도했다. : 미디어 발전 국민위원회 합의, 합의 유도, 등원 뒤 논의, 탈출구 희망, 대화 시사

② 미디어법 제기와 논의는 정파적 이해관계의 산물이다. : 정당 대리전, 예견된 파국, 당리당략, 입법 전쟁, 아전인수 해석, 파워 게임, 시한부 휴전, 농성, 배수진, 국회 동시 점거

③ 여야또는 좌우 세력는 미디어법에 대해 근본적인 견해차를 보였다. : 초반부터 이견, 기존 입장 고수, 평행선, 기 싸움, 보혁 단체 대결

④ 정부 · 여당은 미디어법 강행 처리를 강조하거나 시도했다. : 직권상정 천명, 선전포고, 연내 종합 편성 채널 선정, 미디어법 조속 처리

⑤ 여당은 미디어법을 제대로 처리하지 못하는 무기력한 집단이다. : 박근혜 전 한나라당 대표 파워, 여권 내 갈등

⑥ 야당또는 진보 세력은 미디어법 처리를 저지하고자 했다. : 표결 반대, 파업, 단식

⑦ 야당은 여당의 미디어법 강행 처리에 제대로 대응하지 못하고 무기력함을 보였다. : 초조한 민주당, 민주당 책임론, 정권 협박에 굴복

⑧ 미디어법 처리는 국회의 정당한 권한이다. : 다수결 원리, 소수의 발목 잡기 부당

⑨ 미디어법 논의에서 국민 여론 수렴이 매우 중요하다. : 여론조사, 여론 수렴, 합의 처리, 보수층도 반대, 실질적 합의

⑩ 정부 · 여당이 미디어법 필요성의 논리를 왜곡했다. : 미디어법 보고서 왜곡, 종합 편성 채널 수익성 불투명

⑪ 야당이 미디어법에 대한 여야의 약속을 파기하고 엉뚱한 선전 선

동을 했다.

⑫ 미디어법은 여러 이유에서 꼭 필요한 법이다. : 일자리 창출, 미디어 산업 발전, 여론 다양성 확보, 지상파 독과점 방지 장치 마련, 30년 낡은 규제 제거

⑬ 미디어법은 많은 측면에서 부당한 것이다. : 민주주의 위기, 거대 신문의 방송 장악, 지역 언론 파국, 여론 다양성 파괴, 재벌 방송 탄생, 해외선 겸영 실패

⑭ 미디어법은 친정부 언론 환경 조성을 통해 장기 집권을 하겠다는 의도에서 비롯됐다. : 언론 장악, 이념법, 조중동–여권 결탁, 거대 신문사 종편 준비 박차

⑮ 야당은 자신들에게 우호적인 현 방송 체제가 유지되기를 바라기 때문에 미디어법에 반대한다.

주제 진술문에 대한 군집 분석 결과 크게 네 개의 군집이 형성됐다. 우선 1군집은 전체 374건의 기사 가운데 147건의 기사가 몰려 가장 큰 군집을 형성했다. 1군집을 대표하는전체의 29.9퍼센트 기사의 내용 야마는 '여야의 정파적 대립'이었다. 여야가 미디어법 처리와 관련해 논리적이고 합리적으로 법안의 필요성이나 부당성을 부각하거나, 법안과 관련된 여론을 수렴하려는 노력을 하기보다는 당리당략에 얽매여 '강행 처리'와 '저지'라는 두 틀에서 거의 물러서지 않았다는 식으로 보도한 기사가 여기에 속한다. 가령 〈한국일보〉 2009년 3월 2일자 4면 '승부처 미디어법'이라는 기사[그림 3]를 보면, 〈한국일보〉는 여야가 미디어법을 둘러싸고 갈등을 빚는 배경에는 '정치적 이유'가 내재돼 있다고 분석하고 있다. 한나라당은 두 차례 대

[표17] '내용 야마' 진술문 군집● 분석 결과

(괄호 안은 퍼센트)

내용 야마	군집별 사례 수				합
	1	2	3	4	
①여야 협상	27 (18.4)	0	0	9 (9.1)	36 (9.6)
②정파 이해	44 (29.9)	0	0	29 (29.3)	73 (19.5)
③근본 견해차	11 (7.5)	0	0	4 (4.0)	15 (4.0)
④정부 여당 강공	28 (19.0)	0	0	14 (14.1)	42 (11.2)
⑤무기력 여당	14 (9.5)	0	0	5 (5.1)	19 (5.1)
⑥법안 저지	19 (12.9)	0	0	30 (30.3)	49 (13.1)
⑦무력한 야당	4 (2.7)	0	0	8 (8.1)	12 (3.2)
⑧국회 권한	0	1 (2.4)	0	0	1 (0.3)
⑨여론 중시	0	0	24 (27.6)	0	24 (6.4)
⑩여권 논리왜곡	0	0	12 (13.8)	0	12 (3.2)
⑪야당 합의 파기	0	15 (36.6)	0	0	15 (4.0)
⑫법안 타당	0	23 (56.1)	0	0	23 (6.1)
⑬법안 부당	0	0	26 (29.9)	0	26 (7.0)
⑭정권 연장	0	1 (2.4)	25 (28.7)	0	26 (7.0)
⑮현 방송 체제 유지	0	1 (2.4)	0	0	1 (0.3)
합	147 (100)	41 (100)	87 (100)	99 (100)	374 (100)

● 군집 분석은 통계 기법을 활용해 3단계로 진행했다. 일단 hierarchical method를 통해서 상관관계가 급격히 변화하는 지점을 기준으로 집단 수를 파악한 다음, 파악한 집단 수를 K—means method에 대입하여 최종 집단을 분류했다. 세 번째로는 집단별 특성을 더 세부적으로 살펴보기 위해서 군집별 crosstab을 다시 수행했다.

선 패배의 주요 원인 중 하나가 방송의 편파적인 보도 때문이라고 보고 미디어법을 통해 방송에 대한 통제를 강화하고 당에 우호적인 언론 환경을 마련하려는 속셈을, 민주당은 미디어법 통과로 보수 성향 신문이나 대기업이 방송에 진출하면 야당 쪽에 우호적인 방송 보도를 기대하기 힘들 것이라는 생각을 갖고 있다는 것이다.

〈동아일보〉 2009년 3월 3일 3면 '발목 잡기 석 달', '우물쭈물 석 달' 기사[그림4]도 마찬가지다. 〈동아일보〉는 이 기사에서 재벌의 방송 장악 저지를 명분으로 삼았던 민주당이 정작 대기업의 지상파 지분 참여를 일절 허용하지 않겠다는 한나라당의 제안을 거부한 것은 민주당의 미디어법 저지가 사실은 '반대를 위한 반대가 아니었느냐'는 지적에 대한 충분한 근거가 될수 있다고 보도했다. 또 한나라당에 대해서는 민주당의 버티기에 굴복해 '민주당 2중대'라는 비판을 받고 있다고 지적하고, 미디어발전 국민위원회를 구성하기로 합의한 것에 대해서도 입법 활동의 핵심 기능을 외부에 전가하는 무책임한 행동이라는 지적이 나오고 있다고 보도했다. 당리당략에 여야가 기형적인 합의를 도출했으며 국회 고유의 입법 권한이 심각하게 침해됐다는 것이다.

또 미디어법에 대한 사회적 논의 기구인 미디어발전 국민위원회 활동을 정당 대리전 측면에서 접근하거나, 여야의 정파적 논리 및 근본적인 입장 차이로 인해 미디어발전 국민위원회의 파국이 이미 예정돼 있었다고 분석하거나, 여야가 미디어법 통과와 저지를 고리로 파워 게임을 벌이다 국회에서 3차례의 입법 전쟁을 치렀다는 식으로 보도하는 기사가 1군집에 속한다고 할 수 있다. '100일짜리 시한폭탄'〈조선일보〉 3월 3일 4면 '미디어위 여야 대리전하다 100일 날 샜다'〈조선일보〉 6월 25일 5면, '"死卽生" … 3차 입법 전쟁 전운'〈한국일보〉 6월 25일 5면, '强 대 强 … 한 치 양보 없는 설전'〈한국일보〉 6월 10일 5면, '미디어위 기 싸움만 하다 데드라인'〈한국일보〉 6월 11일 29면, '미디어위 예견된

'승부처' 미디어법

여야 "선거때 여론 향배 갈라" 인식 탓 양보 안해

법안전쟁의 파국을 막기 위한 여야 간 협상에서 미디어법이 최종 걸림돌 이었다. 여야 모두 미디어법 처리 여부에 따라 이번 법안전쟁의 승패가 달렸다고 판단하고 있기 때문이다.

미디어법에 대한 여야 간 입장차는 확연하다. 한나라당은 17대 국회 때부터 신문·방송 겸영 등 규제 완화와 KBS2 및 MBC 민영화 등을 주장해왔으며, 18대 국회에서도 미디어법을 중점 처리 법안 가운데 최우선 순위로 꼽았다.

한나라당은 미디어법 처리를 고집하는 이유에 대해 "방송·통신 융합이란 새로운 매체 환경 속에서 소유 규제 완화를 통한 부자 촉진과 세계적 미디어 기업 육성을 도모할 수 있다"고 주장한다. 아울러 '미디어법=경제살리기법'이란 논리로 2만개의 일자리 창출과 2조9,000억원의 생산유발 효과가 예상되기에 시급히 처리해야 할 법안이라고 강조하고 있다.

이에 대해 민주당은 견해가 전혀 다르다. "일부 보수 신문들의 시장 점유율이 70%에 달하는 상황에서 신문과 방송 겸영은 여론 독점을 심화할 뿐 아니라, 방송에 진출한 대기업을 견제할 수단이 없게 된다"고 반대하고 있다. 민주당은 미디어법을 '재벌방송법'으로 규정. 이명박 정부의 방송 장악 음모라고 여론몰이를 하고 있다.

그러나 여야의 속내를 한 꺼풀 더 들여다보면 정치적 이유도 적잖이 내재돼 있다. 한나라당은 지난 두 차례의 대선 패배의 주요 원인 중 하나가 일부 방송의 편파적인 보도 때문이라고 보고 있다.

특히 2004년 당시 노무현 대통령의 탄핵문제와 지난해 MBC 'PD수첩'의 광우병 보도로 인한 촛불시위를 둘러싼 방송사 측의 보도 행태가 지극히 비 우호적이었다고 생각하고 있다. 따라서 미디어법을 통해 방송에 대한 통제를 강화하고 당에 우호적인 언론 환경을 마련하자는 속내가 들어있는 것이다. 대신 대기업의 방송 진출에 대한 반발을 고려. 신문사의 방송 지분 보유율은 20%로 유지하되 대기업에 한해서는 방송 진출을 아예 불허하는 방안도 가능하다고 야권을 설득하고 있다.

민주당의 미디어법 처리 반대에는 아무래도 방송 분야는 현 체제 유지가 나을 것이란 계산이 들어 있다. 신방 겸영과 대기업의 방송 진출이 허용되면 보수성향의 신문이나 대기업들이 방송에 영향을 미칠 가능성이 커지게 되고. 이 경우 야당 측에 우호적인 방송 보도를 기대하기는 어려울 것으로 판단하고 있어서다.

민주당은 현재 국회의장의 직권상정이란 카드 앞에서는 사실상 별다른 저항 수단이 없는 상황이다. 따라서 민주당은 법안 내용 보다는 법안 처리 시기와 사회적 논의기구 등을 통한 여론수렴 절차를 강조하며. 우선 '직권상정'이란 급한 불을 끄는 데 집중하고 있다.

김회경기자 hermes@hk.co.kr

(17.0×16.0)cm

[그림3] 〈한국일보〉 2009년 3월 2일 4면 '승부처 미디어법' 기사

파국'〈한국일보〉 6월 18일 6면, '靑 각본 · 與 연출 · 김형오 주연 1박 2일 치킨게임'
〈경향신문〉 3월 3일 3면, '한나라당 판정승 자축'〈경향신문〉 3월 3일 4면, '미디어법 100일
시한, 여야 동상이몽'〈경향신문〉 3월 4일 6면, '미디어법 100일 전쟁, 여야 사생결
단'〈경향신문〉 3월 6일 8면, '정치에 간힌 미디어위, 막판까지 파행'〈경향신문〉 6월 10일 23
면, '협상 끊긴 여야 3차 입법 전쟁 시작'〈경향신문〉 6월 24일 4면, '여 "미디어법 한
방에 처리", 야 "공동전선… 삭발 · 단식"'〈경향신문〉 7월 18일 4면이 1군집에 속하
는 기사다. '농성' '단식' '뻔한 배수진 담판' '국회 본회의장 동시 점거'
등 충돌이나 다툼, 갈등의 표현이 제목이나 전문에 들어간 기사도 대체로
정파적 대립 양상을 부각하는 1군집에 속하는 것으로 분류됐다.

　1군집에 속하는 기사는 한편으로는 여야가 미디어법 논의에 대해서 여
러 가지 방식으로 협상을 한다는 내용을 많이 다뤘다. 여야가 미디어발전
국민위원회 구성에 합의하고, 국회의장이 여야에 타협을 주문하고, 여야가
수정안 등을 내며 서로 의견 접근을 하는 기사가 주로 여기에 속한다. 하지
만 여야를 싸잡아 비판하는 양비론적 시각에서 무조건 타협을 해야 한다
는 주장에 매몰되다 보니, 미디어법의 내용이 무엇이고, 왜 발의됐으며, 사
회적으로 어떤 의미가 있는지 등 미디어법의 본질을 밝히려는 노력은 부
족했다고 할 수 있다. 가령 〈한국일보〉 2009년 7월 4일자 4면 '與野 속셈
다른 미디어법 4자 회담' 기사는 한나라당이 민주당에게 양당의 정책위 의
장과 국회 문화체육관광 방송통신위원회 간사가 참여하는 4자 회담을 통
해서 미디어법의 돌파구를 만들어보자고 민주당에 제안했고, 민주당이 이
를 수용했다는 내용이다. 하지만 한나라당은 제안 하루 만에 "6월 국회 처
리가 전제돼야 만날 수 있다"는 추가 조건을 달며 애초 제안이 야당 압박

용이었음을 고백했고, 민주당은 일단 국회 강행 처리만은 막겠다는 '시간 끌기 속셈'이었음을 드러났다

1군집에 속하는 기사는 이와 함께 무슨 일이 있어도 미디어법을 통과시키겠다는 한나라당의 의지와 기필코 법안 처리를 막아내겠다는 민주당의 저지에 대한 기사도 다른 군에 견줘 눈에 띄게 많이 다뤘다.

2군집엔 기본적으로 미디어법의 정당성을 강조하는 기사와 미디어법을 저지하는 야당과 시민사회 단체의 주장이 선전 선동이라거나 부당한 발목 잡기라고 비판하는 기사가 몰려 있다. 미디어법이 타당하다고 주장하는 쪽의 논리인 일자리 창출, 미디어 산업 발전, 국내 미디어의 글로벌 경쟁력 강화, 지상파 독과점 해소, 신군부가 만든 낡은 규제 장치 제거 등을 강조하는 기사가 이 군집에 속한다. 2군집에는 이와 함께 야당과 시민 단체가 이러한 미디어법의 논리와 정당성을 부정하고 미디어법 처리를 저지하기 위해 선전 선동하고 있다는 식의 기사도 포함됐다. 또 야당이 2009년 6월, 임시국회에서 표결 처리하기로 합의한 뒤 이 약속을 깼다는 기사도 이 군집에 속하는 것으로 분석됐다.

'민주 미디어법 합의 깰 움직임'〈조선일보〉 5월 7일 5면, '미디어 산업 개편 언론 장악 아닌 30년 된 규제 체제 바꾸기 위한 것'〈조선일보〉 7월 10일 6면, '낡은 규제 개혁 미디어법 본질은 사라지고 선동만 난무'〈조선일보〉 7월 17일 4면, '丁대표 미디어법 합의 판 깨기?'〈동아일보〉 5월 6일 4면, '글로벌 미디어 핵심은 콘텐츠와 규제 완화'〈동아일보〉 5월 12일 20면, '미디어법이 정치 볼모 돼선 안 돼, 방통 산업 키워야 새 일자리 늘어'〈동아일보〉 7월 10일 10면 등의 기사가 대표적이다.

대표적으로 〈동아일보〉 5월 13일자 4면에 실린 '합의를 잊고 싶은 민주

[표18] 야마와 신문사 관계 교차 분석

(괄호 안은 퍼센트)

	경향	한겨레	한국	조선	동아	합
여야 협상	3 (3.5)	6 (7.2)	12 (16.9)	8 (13.6)	7 (9.3)	36 (9.6)
정파 이해	14 (16.3)	15 (18.1)	22 (31.0)	11 (18.6)	11 (14.7)	73(19.5)
근본적 견해차	3 (3.5)	1 (1.2)	3 (4.2)	1 (1.7)	7 (9.3)	15 (4.0)
정부 여당 강공	9 (10.5)	5 (6.0)	4 (5.6)	10 (16.9)	14 (18.7)	42 (11.2)
무기력 여당	3 (3.5)	2 (2.4)	2 (2.8)	4 (6.8)	8 (10.7)	19 (5.1)
법안 저지	19 (22.1)	11 (13.3)	9 (12.7)	9 (15.3)	1 (1.3)	49 (13.1)
무력한 야당	5 (5.8)	3 (3.6)	2 (2.8)	2 (3.4)	0	12 (3.2)
국회 권한	0	0	0	0	1 (1.3)	1 (0.3)
여론 중시	4 (4.7)	11 (13.3)	9 (12.7)	0	0	24 (6.4)
정부 여당 논리 왜곡	6 (7.0)	4 (4.8)	2 (2.8)	0	0	12 (3.2)
야당 합의 파기	0	0	0	6 (10.2)	9 (12.0)	15 (4.0)
법안 타당	0	0	0	6 (10.2)	17 (22.7)	23 (6.1)
법안 부당	11 (12.8)	14 (16.9)	1 (1.4)	0	0	26 (7.0)
정권 연장	9 (10.5)	11 (13.3)	5 (7.0)	1 (1.7)	0	27 (7.0)
현 방송 체제 유지	0	0	0	1 (1.7)	0	1 (0.3)
합	86 (100)	83 (100)	71 (100)	59 (100)	75 (100)	374 (100)

당 "미디어법 장외투쟁"'이라는 기사는 민주당이 2009년 3월 여야 동수의 미디어법 사회적 논의 기구인 미디어발전 국민위원회를 만들어 100일간 여론 수렴 과정을 거친 뒤 6월 임시국회에서 국회법 절차에 따라 표결 처리하기로 합의해놓고 뒤늦게 합의를 깨려 하고 있다고 비난했다. 이 기사는 "미디어법은 여야가 약속한 대로 처리돼야 한다"는 김형오 국회의장과 "여론조사가 없으면 물리력으로 저지한다는 건 합의 정신의 전면적인 부

[그림 4] 〈동아일보〉 2009년 3월 3일 3면 기사

정"이라는 나경원 한나라당 국회 문화체육관광 방송통신위원회 간사의 말을 인용해, 민주당을 공당 간의 약속을 깬 무책임한 정당으로 몰고 갔다.

〈조선일보〉 7월 10일자 6면 '미디어 산업 개편 언론 장악 아닌 30년 된 규제 체제 바꾸기 위한 것'이라는 기사 역시 2군집의 대표적인 기사라고 할 수 있다. 이 기사는 중견 언론인의 모임인 관훈 토론에서 마련한 미디어법 토론회에 참석한 최시중 방송통신위원회 위원장의 말을 빌어 "미디어법은 30년 전 군부 독재 시절 만들어진 낡은 규제 체제를 깨는 것이며, 정책 결정을 여론조사로 결정할 수는 없다"며 정부 여당의 논리를 별다른 이의 제기 없이 그대로 받아쓴 것이다.

3군집은 기본적으로 미디어법의 부당성을 강조하는 것이 특징이다. 미디어법이 통과되면 거대 신문이 방송까지 갖게 되어 신문 시장의 독과점이 방송 시장으로까지 전이되며, 이에 따라 지역·소수 언론은 위축되고, 여론의 다양성을 기본 전제로 하는 민주주의가 위기에 처할 수 있다고 주장하는 기사가 주로 여기에 포함됐다. 특히 이 군집의 기사는 미디어법의 의도가 현 정권의 장기적인 집권 체제 기틀을 다지는 데 있다고 지적한다. 3군집의 기사는 이에 따라 미디어법 논의는 국민의 과반이 반대하고 있는 만큼 여론을 폭넓게 수렴한 뒤 여야 간에 실질적인 합의를 이루는 식으로 진행돼야 한다고 주장한다.

'여론 수렴 없는 미디어법 처리 반대 59퍼센트'〈한국일보〉 6월 23일 5면, '"방송 규제 완화하면 일자리 최대 2만 개 창출" 미디어법 관련 보고서 엉터리였다'〈한국일보〉 7월 9일 2면, '한나라당 100일 허송세월 바라나, 언론법에 사회적 논의 결과 꼭 반영을'〈한겨레〉 3월 6일 19면, '방송+통신+신문 결합 상품 작은 언론

위협, 언론법 통과되면 거대 신문-재벌 독과점 강화'〈한겨레〉 3월 18일 20면, '시간 끄는 미디어위… 대책은 여론 반영 압박뿐'〈한겨레〉 4월 8일 16면, '대기업 진출 땐 지역 언론 공공성 훼손'〈한겨레〉 5월 14일 6면, '비판적 보도→경영진 교체→친정권 방송화 포석'〈한겨레〉 6월 25일 3면, '민심 귀 막고 언론법 총대 멘 최시중'〈한겨레〉 7월 1일 5면, '일본 신·방 겸영 폐해… 앵무새 언론 양산'〈한겨레〉 7월 13일 4면 등이 구체적인 사례다.

구체적으로 살펴보면 '국민 63퍼센트 반대하는데… 여당, 국민 뜻 거스르며 "강행"'〈한겨레〉 7월 21일 3면 기사는 국민 과반이 반대하고 있는데 국회 다수당인 한나라당이 힘으로 밀어붙이고 있다는 내용을 다루고 있다. 또 '"조중동만을 위한 언론법" 지역신문도 화났다'〈한겨레〉 7월 1일 5면는 기사는 미디어법이 신문 시장을 독과점하고 있는 일부 거대 신문을 위한 것이며, 따라서 미디어법이 통과되면 나머지 작은 언론은 설 자리가 없어질 것이라는 점을 지적하고 있다. '"집권 2년 차 언론 장악 시나리오" 시각도'〈경향신문〉 3월 27일 4면 기사는 미디어법 강행 처리를, 〈YTN〉 노조 탄압, 언론 노조 총파업 무력화, 〈MBC〉 대주주인 방송문화 진흥회 이사진 전면 교체, 〈KBS〉, 〈EBS〉 이사진 교체, 공영방송법 제정 등 현 정권의 언론 장악 시나리오에 따라 이뤄지는 수순의 일환이라고 분석했다. '여권, 국정 운영 동력 상실 위기감'〈경향신문〉은 7월 20일자 1면이라는 제하의 기사에서 한나라당이 왜 미디어법 강행 처리에 매달리고 있는지를 분석했다. 이 기사에서 〈경향신문〉은 "잇단 국정 난맥으로 취약해진 현 정권의 '언론 장악-재집권 토대 마련'으로 이어지는 정치적 의도가 궁극적 배경"이라고 강조하고 있다.

마지막으로 4군집은 미디어법의 국회 처리를 막기 위한 야당과 시민 단

전기병 기자 gibong@chosun.com

"미디어산업 개편 언론 장악 아닌 30년된 규제체제 바꾸기 위한 것"

최시중 방송통신위원장, 관훈토론

최시중〈사진〉 방송통신위원장은 9일 "미디어 산업 개편을 언론 장악용이나 정권 연장을 위한 발판용으로 생각하는 것은 지나친 논리의 비약"이라며 "이는 현재의 방송체제를 만든 30년 전 군부 독재 시절에나 가능했던 일"이라고 말했다.

최 위원장은 이날 서울 중구 프레스센터에서 열린 관훈토론회에서 "정부는 30년 된 낡은 규제 체제를 헐어 오히려 방송에 대한 정부의 간섭을 줄이려 한다"고 말했다.

그는 최근 정치권에서 종합편성채널에서 보도 부분을 제외하거나 2013년 이후 신문·대기업의 방송 진출을 열어주자는 절충안이 논의되는 것에 대해 "낡은 체제에서 벗어나야 새로운 간판이를 만드는 것은 적절치 않다"면서도, "대기업과 신문의 방송 진출을 2013년 이후로 하거나 지분 비율을 조정하는 것은 탄력적으로 고려할 만하다"고 말했다.

그는 미디어법에 대한 여론 향배와 관련, "경부고속도로를 만들 때나, 포항제철을 만들 때, 기름 한 방울 나지 않는 나라에서 정유공장 지을 때도 여론의 반대가 많았다"며 "전문가들도 옳다 그르다 가리기 힘든 부분을 여론조사로 결정하자는 주장은 잘못"이라고 말했다.

일자리 창출 실효성에 대한 질문에 대해 그는 "70년대만 해도 여론조사 전문가라는 직업이 없었다"며 "미디어 산업을 키우면 사람이 모이고 일자리가 만들어지고 선순환이 이뤄질 것"이라고 했다. 그는 "숨통이 막혀 있는 미디어 산업과 국내 광고시장의 파이를 키워서 인쇄든 방송이든 인터넷이든 선의의 경쟁을 하도록 하자"고 했다.

최 위원장은 MBC의 정체성과 관련, "MBC는 공영·민영·공민영·노영(勞營)이라는 등 다양한 말이 있는데 편의적으로 때로는 공영, 때로는 민영이라는 것은 곤란하다"며 "새롭게 구성되는 방송문화진흥회 이사회가 MBC 종사자들의 의견을 존중해 정체성을 찾을 것"이라고 했다. 그는 대기업의 MBC 인수 가능성에 대해 "몇 조 단위의 돈이 필요한 MBC 인수에 나설 기업이 있을지 회의적이며 이문도 남지 않는 일"이라고 했다. 또 "일부 방송사의 정도를 벗어난 보도는 공정성을 훼손하고 국민여론을 오도했다"고 말했다.

최근 사이버 테러 사태와 관련, 최 위원장은 "국정원과 검찰, 인터넷서비스제공자(ISP) 등과 공조해 철저히 대응하고 사이버 공격의 배후도 조속히 밝힐 것"이라고 말했다.

이날 토론회의 패널로는 김창균 조선일보 정치부장, 이대현 한국일보 논설위원, 강성만 한겨레신문 여론미디어팀장, 이준안 KBS 문화과학팀 미디어 담당 차장이 참석했다.

신동흔 기자 dshin@chosun.com

(15.4×18.7)cm

[그림5] 〈조선일보〉 2009년 7월 10일 6면 기사

체, 국민의 움직임에 주목한 기사로 주로 구성됐다. 4군집의 기사들은 주로 정세균 민주당 대표가 단식에 들어가고('민주 배수진 "의원직 사퇴·삭발 검토"'〈경향신문〉 7월 20일 3면), 〈KBS〉, 〈MBC〉, 〈SBS〉 등 지상파 TV 노조가 파업을 벌이고('지상파 3사, 12년 만에 연대 총파업'〈경향신문〉 7월 20일 4면, '언론 악법 결사 저지 언론 노동자 파업 돌입'〈한겨레〉 7월 22일 1면), 야당과 시민·언론 단체가 미디어법 표결 처리에 반대하는 성명을 낸 일('민주, 미디어법 저지 촛불 든다'〈경향신문〉 5월 12일 4면, '민주당 "여당 언론법 강행 땐 죽기로 싸울 것"'〈한겨레〉 5월 18일 2면, '민주당 "시국 집회"'〈한겨레〉 6월 23일 6면, '언론 노조 "상정 시도 즉시 총파업"'〈한겨레〉 6월 27일 2면, '강도 높아진 언론 파업 … 야 4당·시민 단체 공동전선'〈한겨레〉 7월 22일 5면)을 다루고 있다. 아울러 여야가 정파적 입장에 따라 미디어법을 둘러싸고 양보 없는 대립을 하고 있다는 기사도 이 군집으로 분류됐다.

4군집의 대표적인 기사로는 '언론 단체, 미디어 악법 알리기 국민 속으로'〈경향신문〉 4월 8일일자 23면 기사를 들 수 있다. 〈경향신문〉은 이 기사에서 미디어법의 6월 국회 처리를 앞두고 전국 언론 노동조합 등 언론 현업 단체, 언론 광장·언론 개혁 시민 연대·미디어 행동 등 시민 언론 단체, 미디어 공공성 포럼 등 언론학자 모임 등 각계에서 미디어법의 부당성과 문제점을 알리기 위한 활동을 벌이고 있다는 내용을 부각했다.

미디어법 보도에 나타난 관점 야마

내용 야마에 근거해 관점 야마를 추출하기 위해 군집 분석을 시도했다.

[표22]에서 보면 1군집은 여야 정당이 미디어법에 대한 기본적인 견해차가 크고, 정파적 이해관계에 사로잡혀 있기 때문에 첨예하게 대립할 수밖에 없다는 식으로 보도하는 기사가 하나로 묶인 것이다. 이 군집에 묶이는 기사는 여야는 협상 시도를 했지만, 여당은 강행 처리, 야당은 결사 저지라는 명분에 사로잡혀 협상이 실패할 수밖에 없다는 식으로 보도를 했다. 이런 점을 두루 고려해 나는 1군집에 '정파적 대립'이라는 이름을 붙였다.

두 번째 군집은 미디어법안의 정당성을 강조하고, 야당의 부당한 태도를 문제 삼는 기사로 구성돼 있다. 이 군집에 속하는 기사는 일자리 창출, 미디어 산업 발전, 지상파 독과점 해소, 여론 다양성 확보, 30년 낡은 규제 제거 등을 내용 야마로 다루면서 미디어법이 조속히 국회에서 처리돼야 한다고 강조했다. 반면, 6월 표결 처리 약속을 뒤집고, 정부 여당이 언론 장악이나 정권 안정을 위해서 미디어법을 개정한다고 거짓 선전을 하는 야당의 태도에 문제가 크다고 지적했다. 두 번째 군집은 '정당한 미디어법'이라고 할 수 있다.

세 번째 군집은 두 번째 군집의 반대편에 놓여 있다. 미디어법 통과는 특정 신문과 재벌에 방송을 주는 것을 목표로 하는 것이기 때문에 여론 독과점이 심화되고 민주주의가 위기에 처할 수 있다는 기사로 구성돼 있다. 또 궁극적으로 미디어법을 통해 현 정권이 장기 집권의 토대를 만들기 위한 친정부적인 방송 체제 구축을 시도하고 있다고 본다. 이 군집에 속하는 기사는 국민의 여론을 중시해서 미디어법을 처리해야 한다고 주장한다. 나는 세 번째 군집의 이름을 '장기 집권용 언론 체제 개편'이라고 지었다.

마지막 네 번째 군집은 주로 야당과 언론 시민 단체의 미디어법 저지의

언론단체, 미디어악법 알리기 '국민 속으로'

6월 국회 처리 앞두고 대대적 홍보전

언론학자들 문제점 진단 잇단 토론회

신문산업 보호·육성 촉구 국회 문방위 소속 민주당 의원들과 언론노조·기자협회 간부 등이 '신문의 날'인 7일 국회에서 공동기자회견을 갖고 정부와 정치권에 초당적인 신문산업의 보호·육성 방안 마련에 나설 것을 촉구하고 있다. 우철훈기자

[그림6] 〈경향신문〉 2009년 4월 8일 23면 기사

정당성을 강조한다. 이 군집에는 파업, 집회, 항의 등 미디어법 반대편의 움직임을 다루는 기사가 많이 포함돼 있다. 아울러 여야가 정파적 이해관계에 매몰돼 미디어법을 둘러싸고 한 치의 양보도 없는 갈등을 빚었다는 기사도 네 번째 군집에 많이 포함됐다. 나는 이 군집의 이름은 '미디어법 저지'라고 지었다.

개별 기사의 '내용 야마' 분석 결과를 바탕으로 나온, 정파적 대립, 미디어법 정당, 정권 유지용 미디어법, 미디어법 저지라는 네 개의 군집은 곧 미디어법에 대한 다섯 개 신문의 의도 야마와 연결된다고 볼 수 있다. 이러한 추정은 5장 '야마'에 대한 개념 정의 부분에서 야마를 크게 주제, 새로운 것, 사안을 바라보는 시각, 의도 등 네 가지로 구분한 것을 토대로 했다. 기자가 일어난 사건이나 현상에 대해 어떤 위치에서 어떤 가치관이나 시각을 가지고 바라보는지를 기사의 야마로 설정하는 관행이 있다고 하면, 그러한 시각으로서의 야마는 주제로서의 야마를 의미하는 '내용 야마'를 통해 반복적으로 나타날 것이라고 본 것이다.

네 개의 카테고리, 즉 네 개의 관점 야마에는 다섯 개 신문의 방향, 논조가 반영돼 있다. 이는 다섯 개 신문과 군집 간의 관계 분석에서 알 수 있다. [표19]를 보면, 〈조선일보〉와 〈동아일보〉에는 '미디어법 정당'으로 이름 붙인 2군집에 속하는 기사가 가장 많다. 〈한겨레〉는 '장기 집권용 언론 체제 개편'인 3군집, 〈경향신문〉은 '미디어법 저지'라는 4군집에 기사가 주로 몰려 있다. 〈한국일보〉는 '정파적 대립'에 해당하는 1군집에 가장 많은 기사가 속해 있는 것으로 나타났다. 따라서 〈조선일보〉와 〈동아일보〉는 미디어법이 정당하니 조속하게 국회에서 처리해야 한다는 주장을 하는 것으

[표19] '내용 야마' 진술문에 대한 매체별 군집 분석

(괄호 안은 퍼센트)

매체	군집별 사례 수				합
	1	2	3	4	
경향	0	0	30 (34.5)	56 (56.6)	86 (23.3)
한겨레	0	0	40 (46.0)	43 (43.4)	83 (22.2)
한국	54 (36.7)	0	17 (19.5)	0	71 (19.0)
조선	45 (30.6)	14 (34.1)	0	0	59 (15.8)
동아	48 (32.7)	27 (65.9)	0	0	75 (20.1)
합	147 (100)	41 (100)	87 (100)	99 (100)	374 (100)

로 볼 수 있고, 〈한겨레〉는 미디어법은 정권 재창출 의도와 맞물려 있는 만큼 사회적 합의를 거쳐서 논의해야 한다는 시각을 갖고 있다고 할 수 있다. 〈경향신문〉은 미디어법의 부당성을 강조하면서 국회통과를 막아야 한다는 쪽에 방점을 뒀고, 〈한국일보〉는 미디어법을 둘러싸고 여야 간, 정파 간 이해에 매몰돼 서로 갈등을 빚었다는 시각을 주로 견지한 것으로 요약할 수 있다.

이렇게 내용 야마가 형성하는 군집이 타당한지 알아보기 위해 미디어법 관련 기사를 썼던 기자를 인터뷰했다. '정파적 대립'1군집의 성격이 가장 강한 〈한국일보〉의 기자는 여야의 정파성이 가장 큰 문제라고 지적했다. 가령 미디어발전 국민위원회의 공전®에 대해서 "위원들이 스스로 엉망이라고 자인할 정도였다. 그래서 언론이 채찍질할 필요가 있었다"고 보거나, 여야 원내 대표의 관훈 클럽 맞장

● 〈한국일보〉 5월 14일 29면 '미디어 위원회 한 달 남았는데 … 공청회 파행에 정치권 미디어법 기존 입장만 되풀이로 답보' 기사.

토론* 에 대해 "여야 모두 자기 입장만 강조하며 상대 의견을 수용할 뜻을 전혀 보이지 않았다"고 봤다.

'미디어법 정당'2군집이라는 군집에 속한 〈조선일보〉와 〈동아일보〉의 기자는 신문 방송 겸영을 핵심으로 하는 미디어법은 다른 나라에도 많이 있고, 미디어 산업 경쟁력 강화, 시청자 만족 증가 등 장점이 많은데 야당이나 일부 단체가 부당하게 반발하고 있다고 말했다. 〈동아일보〉의 한 기자는 이렇게 말했다.

언론학회장이 한 회의 석상에서 "미디어의 공정성과 다양성에 치우쳐 산업적 측면에 대한 논의가 위축돼왔다. 이제는 미디어 빅뱅 시대에 걸맞게 미디어의 산업적 측면을 고려해야 할 때가 왔다"는 말을 한 적이 있다. 그러지 않을 것 같은 사람이 이런 말을 하니까 관심이 갔다. 우리 논지와도 잘 어울렸다. 그래서 발제를 할 때, '현직 언론학회장도 미디어의 산업적 측면을 고려해야 한다'는 야마를 잡아 보고했다.

군집 분석 결과 '장기 집권용 언론 체제 개편'3군집에 속한 〈한겨레〉의 기자는 미디어법은 언론 공공성을 심각하게 훼손하는 것이며, 한나라당의 재집권 구상에 따라 추진되는 것이라고 봤다. 한 기자는 "이명박 대통령은 조중동 덕에 대통령이 됐다. 이는 권언 유착을 넘어 권언 일치 단계라고 할 수 있다. 따라서 한나라당이 앞으로도 계속 집권을 하려면 이들 세력을 이용하지 않으면 안 된다. 그런데 신문의 위상은 자꾸 떨어지니까 방송을 줘서 자기를 밀어주는 확실한 세력을 만들려고 하는 것이다"고 말했다.

'미디어법 저지'를 강조한 〈경향신문〉의 기자는 미디어법의 부당성을 지적하고 반대하는 시민사회나 단체, 야당의 목소리에 주목하는 것이 권력을 견제하는 언론의 역할이라고 본다고 말했다. 가령 언론 단체의 미디어법 반대 토론회 내용을 알리는 기사를 잇달아 쓴 것에 대해서 이 신문의 한 기자는 "아무리 뜯어봐도 미디어법은 부당한 것이라고 생각했기 때문에 미디어법 저지 노력을 하는 단체의 움직임을 주목해서 관찰했다"고 말했다.

의도 야마

내용 야마와 관점 야마만으로는 기사의 이면에 숨겨진 기사를 쓴 목적이나 의도를 온전히 다 파악하기 어렵다. 전문직으로서 기자는 기본적으로 객관주의라는 방법을 동원해 기사 자체에 어떤 의도가 명시적으로 나타나는 것을 제한하기 때문이다. 따라서 기사의 진짜 야마에 해당하는 '의도 야마'를 파악하기 위해서는 내용 분석보다는 해당 기사를 쓴 기자를 직접 인터뷰하는 방법밖에 없다.

먼저 〈경향신문〉 기자에게 기사를 보여주면서 그 기사를 왜 썼는지 물었다. 그리고 의도나 목적이 있었는지, 있다면 무엇인지를 캐물었다.

이명박 정부는 10년 만에 정권 탈환에 성공하면서 언론계에 회오리를 몰고 왔다. 조중동으로 대표되는 보수적·반통일적·반민주적 언론에 권한과 당근을 주는 쪽으로 미디어 산업 재편에 나선 것이다. 방송 때문에 대선에서 두 번이나 졌다고 생각하는 한나라당이 미디어법을 개정한 것이다. 겉으로는 경쟁 분위기 조성, 미디어 산업 발전, 독자 선택권 확대라는 명분을 내세웠지만 속내는 자신에게 유리한 언론 지형을 구축하겠다는 의도였다.

2008년 7월, 한국언론재단 이사장 퇴진, 정연주 〈한국방송〉 사장 해임, 최시중 방송통신위원회 위원장 임명, 방송사의 각종 낙하산 인사 등이 실제로 일어났다. 이런 차원에서 봤을 때 미디어법은 현재 권력이 장기 집권에 유리한 구도로 언론 지형을 뜯어고치기 위해 우호적인 언론에 경영적, 경제적 이익을 주기 위한 것임이 분명했다.

따라서 2009년 12월, 미디어법 입법 국면과 관련해 기획을 할 때 그런 입장을 갖고 야마를 선택했다. 특정 정권이 장기 집권을 하려는 것이었기에 나는 A와 B의 시각을 공평하게 다루는 객관성을 거부했다. 미디어법을 민주주의 후퇴, 언론 악법으로 규정하고, 최소한 국민에게 알려야겠다고 생각했다.

그래서 미디어 악법이 문제라는 기자회견을 비중 있게 다루고, 미디어법이 공공성보다는 신자유주의 논리로 간다는 것을 지적한 미디어 공공성 포럼 기사를 1면 사이드, 2면 톱 정도로 크게 보도했다. 시청자의 선택권 확대를 위해 미디어법이 필요하다는 전현직 언론인, 교수의 기자회견이나 주장은 아예 안 쓰거나 1단으로 깔아뭉갰다. 지식인의 양심의 논리가 아니라 이해관계에 따른 태도라고 생각했고, 이명박 정부의 대변자라고 판단했기 때문이다. 오피니언 면에 관련 글을 실을 때도 90퍼센트 이상 미디어법의 부당성 알리는 칼럼을 실었다. 데스크로서 미디어법은 악법이라고 생각하는 필자를 섭외하고 그들의 글을 주로 실었다.

〈경향신문〉 독자는 MB 미디어법에 비판적이다. 미디어법의 본질에 대해 더 알릴 수 있을 것이라 기대했다. 악법 저지 운동에 참여해줄 것을 기대하면서 기사를 썼다. 독자 입장에서 쉽게 왜 미디어법이 문제가 되는지 독자가 쉽게 이해할 수 있도록 알려주자고 생각했다. 정부는 사안사안마다 여론 다양성에 대해 얘기하지만 미디어법은 그것과 하등 관계가 없고 외국의 사례를 보더라도 그 점은 분명하다. 그런 기사를 국제면에 냈다. 그리고 독자 입장에서 미디어법은 국민의 권익이나 알 권리를 위한 법이 아니라고 강조했다. 물론 아무리 논리적으로 지적해도 정부 여당은 하루빨리 통과시켜 정권 재창출에 매진하려고 했고 결국 예정대로 갔다. 미디어법에 반대하면 "니네는 신문으로만 먹고 살거니"라고 지적할 수 있다. 논의 과정에서 〈MBC〉 민영화, 공영방송의 문제 차원에서 지금의 지상파를 그냥 두는 게 문제 아니냐, 특히 〈MBC〉 기자는 문제가 많다, 기존의 방송 기득권자 도와주는 것이다라는 입장도 신문사 내부에 있었다. 하지만 대세는 아니었다.

박근혜가 국회에서 미디어법을 표결 처리하면 반대표를 던지겠다고 한 적이 있다. 나는 이것이 MB 정부의 졸속성, 반시민성을 정확하게 꿰뚫어본 것이라 생각했다. 그래서 1면 톱에 내보내달라고 편집회의에서 제안했다. 박근혜의 근본 입장이 바뀐 건 아니라는 게 나중에는 드러났지만 나는 기사를 통해 미디어법에 대한 친박계 의원의 생각을 바꾸자는 구상도 했다. 의도와 노림수가 있었다. 박근혜의 정치적 영향력은 절대적이다. 다른 의원에게 박이 이렇게 생각하니 절대 나서지 말라는 메시지를 분명하게 주려고 했다.

정리하면 〈경향신문〉은 미디어법 기사를 취재하고 쓰면서 미디어법 저지라는 의도를 명확하게 갖고 있었다고 할 수 있다. 정부 쪽에 유리한 언론 지형을 만들기 위한 수단이 미디어법이라고 봤고, 따라서 〈경향신문〉의 임무는 그것을 저지하는 것이라고 판단했다는 것이다.

〈한겨레〉 기자는 기사의 의도나 목적에 대해서 아래처럼 설명했다.

미디어법을 왜 시행해야 한다고 했는지 생각해보라. '언론 환경이 어려워지고 신문과 방송의 영역이 나뉘어 있어서 언론이 제대로 역할을 못한다. 그래서 민주주의가 위협받고 있다. 그러니 칸막이를 없애자.' 이런 논리에서 미디어법이 시작됐나? 정파적 판단에서가 아니라, 정권 창출과 무관하게, 공정하고 객관적으로 미디어법을 시행하자고 한 것일까? 내가 보기에 그렇지 않다. 미디어법은 국민 권익을 높이고 국민에게 이익이 되기보다는 국민의 권리를 침해하고 결과적으로 국민에게 불이익을 준다. 미디어법은 보수 정파, 권력, 재벌에게만 이익을 줄 수밖에 없다고 판단했다. 그래서 미디어법에 대한 우리 신문의 야마는 반대와 저지였다. 만약 우리 신문 미디어 팀이 미디어법의 본질과 의도를 잘못 읽었다고 한다면, 정부가 헌재의 판결이 진행 중인데도 미디어법 적용을 그냥 밀어붙이는 이유를 무엇으로 설명할 수 있나? 또 조중동이 온갖 군데 다 다니면서 찌르고 컨소시엄 구성에 압박을 넣는 것은 뭔가? 권력과 특수 언론의 이해관계가 맞아떨어져서 돌아가는 것이다. 이게 미디어법의 의도를 잘 보여준다. 현 시점에서 보면 우리의 판단이 크게 틀리지 않는다. 당장 (우리 신문에게는) 불이익이 되더라도 국민의 권익과 이익을 위해 (미디어법의 본질을) 알려야 했다. 나름대로 (우리가) 할 일을 한 것이다.

조중동은 자기 이해관계 속에서 기사를 본다. 근거도 없는 한국 정보통신정책연구원의 기사를 막 키우고. 그래서 기사 성격에서 합리성을 결여했고 무리했다. 특히 〈중앙일보〉는 심했다. 기사의 배치, 양에서 합리성을 결여했다. 동아도 심했다. 조선은 그나마 양반이다. 〈한겨레〉는 국민의 과반이 반대한다, 여러모로 뜯어봐도 문제가 있다고 판단했다. 다만 미디어법은 신문사의 처지와 겹치는 부분이 있다. 그래서 다른 의제보다도 이 의제를 좀 더 대접한 측면은 있다.

〈한겨레〉는 반복에 집착하면서 다른 기사가 들어설 자리를 없앤다. 이슈화되어야 할 요소, 짚어야 할 여러 측면이 사장된다. 가령 돈이 없어 미디어 시장이 다 죽게 될 상황에서 건설적인 논의가 필요하다. 방송 광고 시장이 어떻게 배분될지 등에 대해 전혀 다루지 않았다. 그런 게 들어설 자리가 없다. 다른 주제에 대해 쓰고 싶어도 쓸 자리가 없다. 미디어 비평도 있고 여러 이슈도 있지만 모두 거대 야마에 수렴돼버렸다.

미디어 공공성은 큰 철학이다. '조선' 기자도 가치관이 있고 야마가 있지만 비교해보면 논리가 허술하다. 가령 미디어 산업 발전에 대한 합리적인 논리가 없다. 광고 시장도 한계가 있고. '조선'은 공공성에 대해 나 몰라라 한다. 나만 살겠다는 심보다. 그걸 발전이라고 볼 수 있나? 진보 쪽에서도 신문의 방송 진출 반대 안 한다. 다만 똑같은 신문 논조를 문제 삼는 것이다. 정책을 좌지우지하는 신문이 방송하는 게 문제라고 지적한 것이다. 독과점 폐해가 심각해질 것을 우려한다. 한국 미디어 시장의 특수성을 이유로 결국 조중동만 들어갈 것으로 본다. 〈뉴욕 타임스〉는 보수지지만 사익 추구는 안 한다.

〈한겨레〉 기자 역시 미디어법을 의도적으로 키우거나 특정 방향으로 몰고 가려 했다는 것을 숨기지 않았다. 〈한겨레〉 기자는 특히 미디어법이 정권 재창출 또는 보수 신문의 여론 독과점과 직접 연결되어 있다고 보고 이런 부분을 집중적으로 기사에 부각했다. 특정 의도 야마에 매몰된 결과, 〈한겨레〉는 미디어법과 관련해 중요한 다른 측면의 보도를 놓친 것을 알수 있다.

〈경향신문〉과 〈한겨레〉는 내용 야마에는 큰 차이가 없어 보인다. 하지만 의도 야마 측면에서는 약간의 차이를 드러낸다. 즉 두 신문 모두 3군집 장기 집권용 언론 체제 개편과 4군집미디어법 저지에 기사가 걸쳐 있는 공통점이 있기는 하지만, 〈경향신문〉은 4군집에, 〈한겨레〉는 3군집에 더 방점이 찍혀 있다. 전자는 미디어법 뒤에 숨겨진 정권의 노림수 부각에, 후자는 미디어법의 국회통과 저지에 더 관심을 기울인 것이다. 이에 따라 두 신문은 의도 야마에서도 차이를 보인다. 〈경향신문〉은 미디어법을 민주주의를 후퇴시키는 언론 악법으로 규정하고 어떻게든 국회통과를 막겠다는 분명한 목표 아래 야마를 선택하고 그에 따라 기사를 선택적이고 전략적으로 배치했다. 반면 〈한겨레〉는 미디어법에 정권 재창출과 보수 신문의 여론 독과점 음모가 숨어 있다고 보고, 이런 음모를 전면에 드러내는 데 매우 신경을 썼다고 볼 수 있다.

〈한국일보〉의 미디어법 기사는 1군집정파적 대립에 주로 몰려 있다. 〈한국일보〉는 정치적으로는 여야, 이념적으로는 진보와 보수가 서로 대립했던 하나의 장으로서 미디어법을 바라봤다고 할 수 있다.

보수 언론이나 진보 쪽 언론의 보도 양태를 보면 크게 다르지 않다고 여겨진다. 노골적으로 드러내는 게 해가 되기 때문에 주변부를 건드려서 실제 전하고 싶은 메시지를 전달하는 식으로 발달하고 있다. 적어도 미디어법은 정치적인 색깔을 많이 띠니까 더 그렇게 된 것 같다. 미디어법은 필요 없는 법이다. 대기업이 방송에 들어와서 삼성이 모든 기사 스크린한다고 가정해봐라. 수용자가 큰 피해를 본다. '조중동 방송'은 너무 지나친 프레임이다. 미디어법의 가장 큰 문제는 조중동 방송보다는 대기업 방송이다. 건강한 보수 언론도 우리 사회에 필요하다. 또 칸막이 제거는 세계적 트렌드다. 따라서 지금은 미디어 간 칸막이를 어떻게 없애야 하는지에 대해 논의해야 한다. 그런데 우리 사회엔 논의하고 사회적 합의를 이루는 과정이 거의 없었다.

〈한국일보〉 기자는 보수 쪽과 진보 쪽 신문을 의식적으로 경계했다. 어느 쪽으로도 휩쓸리지 않기 위해 의도적으로 중간자적 입장을 취했다는 것이다. 〈한국일보〉 기자는 이에 따라 사안의 본질을 제대로 알려주지 못했다는 한계를 안고 있다고 털어놨다. 하지만 〈한국일보〉 기사 중 일부는 3군집장기 집권용 언론 체제 개편에 적지 않게 분포돼 있어, 이 신문 소속 기자는 정부 여당이 미디어법을 제안한 배경에 의구심을 가지고 있었다고 추정할 수 있다. 〈한국일보〉의 한 기자는 이렇게 말했다.

> 한나라당의 접근법은 순서가 뒤바뀌었다. 홍준표 전 원내 대표가 예산안 처리가 끝나자마자 이틀 뒤에 곧바로 이제는 입법 전쟁에 돌입한다고 천명했다. 그게 12월 14일이다. 〈MBC〉 소유 구조가 애매한 상황이고, 민영 미디어렙을 연말까지 도입해야 한다면 그 체계에 대한 논의를 먼저 했어야 한다. 미디어법은 전체 방송 체제의 개편 문제와 맞물려 가야 했다. 〈KBS2〉 광고를 시장에 풀어놓으면 어떻게 되는지 등. 이런 접근법을 취하면서 그래서 산업구조 개편이 필요하고 융합신문 방송 겸영이 필요하다고 얘기했으면 사정이 달라졌을 수도 있다. 한나라당 문방위원 중에는 이런 얘기를 하는 사람도 있었으나 청와대와의 조율 과정에서 무산됐다. 그리고 미디어법의 상징적 의미가 너무 커져버린 뒤에는 강행 처리 외에 다른 방법이 모두 사라졌다.

〈조선일보〉와 〈동아일보〉 기자는 자신들의 의도에 대해서 제대로 된 설명을 하지 않았다. 정부, 여당에서 내세웠던 미디어 산업 발전, 낡은 칸막이 제거, 지상파 독과점 해소 등을 위해 미디어법은 당연히 통과돼야 한다는 생각에서 기사를 썼다고 했다. 이렇게 본다면 〈조선일보〉와 〈동아일보〉의 미디어법 기사는 기자의 자발적인 기사 가치 판단에 따른 것이라고 볼 수도 있다. 하지만 나머지 매체 기자는 이 두 신문 역시 강한 의도성을 갖고 기사를 작성한 것으로 보인다고 말했다.

미디어법이 국회에서 강행 처리된 뒤 〈조선일보〉와 〈동아일보〉는 '누더기 법안'을 야마로 세웠다. 지극히 자의적이다. 자의적인 정치적 판단이 개입한 것이다. 누더기라고 얘기하면 도둑놈 심보다. 여론 독과점 우려가 박근혜 얘기로 넘어가면서 가장 명징하게 보여줬다. 실질적으로 우려한다고 해놓고 내놓은 대안 자체가 독과점 해소 능력 없다는 걸 확인시켜준 것이다. 〈조선일보〉가 전체 신문 시장 점유율이 가구 구독률로 바뀌고, 점유율 기준도 25퍼센트에서 20퍼센트로 낮아진 것을 누더기 법안이라고 하는 것은 철면피다.

한나라당 의원과 밥 먹고 하면서 여러 얘기를 들었다. 하지만 상당수 의원에게 미디어법 처리 직전까지 미디어법이 미디어 산업에 유용하고, 여론 다양성 구현하고, 일자리 만들어낼 수 있다고 얘기한 걸 들어본 적이 없다. 2007년 대통령 경선하면서 'MB'가 당내에서 이겼는데, 그때 '조중동'이 잘 써줘서 이겼다며 그들에게 모두 종편 준다고 약속해서 우리한나라당가 발목 잡힌 게 아니냐는 얘기도 들었다. 초선, 중진 의원 등이 자조적으로 그런 말을 많이 했다.

'조중동' 기자의 대다수는 회사에 동조적이고 긍정적이다. 전두환 정권 때 강제로 통폐합됐던 경험이 있고, 현재는 신문 독자도 광고도 줄어들고 있다. 그래서 직장인으로서 이해관계 때문에 지금은 신문 방송 겸영 허용하는 게 맞다고 생각한다. 이게 버무려지면 오너의 지시를 안 받아도 회사 측의 방향성에 맞으면서 자신의 소신과 판단인 것처럼 기사를 쓴다.

〈조선일보〉의 한 기자는 "언론 장악 주장은 100퍼센트 헛소리다. 하지만 일자리 창출도 말이 안 된다. 언론 장악이 헛소리라는 걸 어떻게 야마 잡아서 보여줄지가 고민의 핵심이었다. 종편 주면 황금알인지 아닌지도 보여주려고 했다"고 말했다. 〈조선일보〉의 의도적 야마가 어디에 있는지 깨닫게 해주는 대목이다. 미디어법에 대한 다섯 개 신문의 의도 야마를 표로 그리면 [표20]과 같다.

[표20] 다섯 개 신문의 미디어법 보도에서 드러난 '의도 야마'

	내용 야마	관점 야마	의도 야마
경향	4군집 〉 3군집	미디어법 저지(4군집)	민주주의 후퇴시키는 언론 악법 부각해 미디어법 무산
한겨레	3군집 〉 4군집	장기 집권용 언론 체제 개편(3군집)	정권 재창출·보수 신문의 여론 독과점 강조로 여권에 타격
한국	1군집 〉 3군집	정파적 대립(1군집)	양비론으로 중립적 매체 이미지 부각
조선	2군집 〉 1군집	미디어법 정당(2군집)	방송 진출 속내 및 조속한 미디어법 처리
동아	2군집 〉 1군집	미디어법 정당(2군집)	방송 진출 속내 및 조속한 미디어법 처리

　미디어발전 국민위원회는 한나라당이 미디어법을 강행 처리하려고 하는 것에 대해 민주당 등 야당이 반대하자, 여야가 타협의 산물로 만든 미디어법에 대한 사회적 논의 기구다. 여야는 각 10명씩 동수의 위원을 추천해 미디어발전 국민위원회를 꾸렸지만, 위원회의 위상과 회의 공개 여부 등 사사건건 의견이 달라 초반부터 순조롭게 운영되지 않았다. 일곱 번의 주제별 및 지역별 공청회를 열었지만 회의 시간 제한, 청중 참여 제한, 논의 주제 제한 등 갖가지 장애물로 의견 수렴 절차는 원만하게 진행되지 못했다. 막판에는 여론조사를 강조하는 민주당 및 창조한국당 쪽 위원과 여론조사는 절대 받아들일 수 없다는 한나라당과 자유선진당 쪽 추천 위원이 갈라서면서 미디어발전 국민위원회는 사실상 파국을 맞았다. 이후 여야 쪽 위원이 각자의 보고서를 마련해 발표하는 것으로 미디어발전 국민위원회는 문을 닫았다.

　미디어발전 국민위원회가 활동했던 시기인 2009년 3월 2일부터 6월 25일까지의 기사를 내용 분석한 결과 우유부단한 한나라, 민주당의 발목, 미디어발전 국민위원회는 독립 기구, 미디어발전 국민위원회 출발부터 잡음, 요식적 공청회, 여론조사 결과 "국민 과반, 미디어법 반대", 미디어발전 국민위원회 단일안 마련 가능성, 여야의 불통, 예견된 파국 등이 개별 기사의 내용 야마로 나타났다. 각 신문별 내용 야마를 분석한 결과는 [표21～26]과 같다.

　미디어발전 국민위원회 보도를 구성 단계, 활동 단계, 마무리 단계 등 크게 3단계로 나눠보면 다섯 개 신문의 내용 야마가 좀 더 뚜렷하게 드러난다. 우선 '구성 단계'에선 다섯 개 매체 모두 여야가 미디어발전 국민위원회의 위상을 어떻게 정하고, 위원을 어떻게 선임하며, 운영을 어떤 방식으로 할지를 놓고 갈등하고 있다는 관점에서 접근했다. 〈조선일보〉를 뺀 네 개 신문의 야마는 '미디어발전 국민위원회의 위상에 대한 여야 이견'이었다. 이는 애초 미디어발전 국민위원회는 '미디어법에 대한 사회적 논의 기구'로 만들어졌는데, 실제 구성 단계에서 여당은 단순한 자문 기구로, 야당은 실질적 합의 기구로 위상 정의를 서로 달리한 데 따른 것이었다. 하지만 네 개 매체의 야마가 여야 이견을 강조하는 것이었던 데 반해 〈조선일보〉

[표21] 미디어발전 국민위원회 활동 일지

월	일	내용
3	2	3당 원내 대표, 국회 문화체육관광 방송통신위원회(문방위) 산하에 여야 동수의 사회적 논의 기구 구성 합의
	5	문방위 3당 간사, 미디어위 구성 합의(총 20명, 활동 기한 100일)
	6	문방위, 자문 기구로 미디어위 구성 의결
	13	1차 전체 회의 개최
5	1	1차 주제별 공청회(신문 방송 겸영과 여론 다양성)
	6	부산 지역 공청회
	8	2차 주제별 공청회(방송 사업에 대한 진입 규제 완화와 공공성)
	13	춘천 지역 공청회
	15	3차 주제별 공청회(인터넷 민주주의와 사회적 책임)
	20	광주 지역 공청회
	22	인천 지역 공청회
6	17	야당 추천 위원 "여론조사 실시 및 반영" 요구하며 퇴장, 이후 한나라당 추천 위원들만으로 파행 운영
	24	미디어법 개정 관련 최종 보고서 확정
	25	문방위에 보고서 제출 후 활동 종료

[표22] 〈경향신문〉 미디어발전 국민위원회 관련 기사

보도 일자	게재 지면	제목	리드	내용 야마
3/4	6	'미디어법 100일 시한' 동상이몽	여 "표결" 야 "여론 수렴"에 방점	사회적 논의 기구 성격 여야 논란
3/4	23	미디어법 '사회적 논의 기구' 운영 이렇게	"시민 단체 대안 함께 다뤄야" "방송·신문사 대표도 참여"	"합의 이끌어내야"
3/6	8	'미디어법 100일 전쟁' 사생결단	성격 둘러싸고 여야 갈등 가열	여는 기존안, 야는 실질적 합의 강조
3/12	6	'중간 지대' 없어 치열한 논전 예고	미디어위 윤곽 드러나	의견 수렴보다는 치열한 공방 예고
5/6	23	'매체별 여론 지배력' 평가 믿을 만한가	겸영 허용 주장 근거인 '여론 지배력' 개념 논란	'여론 지배력' 개념 놓고 여야 위원 이견
5/18	4	미디어위 여론조사 놓고 파행	야 "여론조사 꼭 해야" 여 "수용 불가"	야 "여론조사 필수" 여 "여론조사로 입법 곤란"
6/10	23	정치에 갇힌 미디어위 막판까지 파행	들러리 성격 기구의 예견된 실패	당리당략 얽매여 애초부터 한계 노정
6/18	6	'여론조사' 이견으로 미발위 파국	미디어법 여론 수렴 방안 도출 실패	여 "여론 수렴 충분" 야 "여론조사 없는 논의 무의미"

[표23] 〈한겨레〉 미디어발전 국민위원회 관련 기사

보도 일자	게재 지면	제목	리드	내용 야마
3/3	3	인원 · 의결권 놓고 여야 '동상이몽' . 시민 단체 "국회의장 직속 기구 돼야"	역할 · 기능에 대한 구상 이견	여 "자문 기구" 야 "국회의장 직속 독립 기구"
3/4	6	여 '언론법 논의 기구' 위상 깎아내리기	위상 둘러싼 여야의 신경전	여 "단순 자문 기구" 야 "실질적 합의 도출 기구"
3/4	6	"인적 구성 각계 망라해 꾸려야" …	언론법 논의 기구에 대한 시민 단체 · 학계의 제언	다양하게 구성하고 합의점 찾아야
3/6	1	'언론법 논의 기구' 20명 구성	사회적 논의 기구 구성 합의	미디어위 여야 동수로 구성
3/9	6	언론법 논의 기구 13일 출범, 여야 갈수록 '샅바 싸움' 만	100일간 일정 시작	미디어위 여야 인선 마무리
3/12	3	미디어위 1명 빼곤 확정 …열띤 공방 예고	미디어위 명단 윤곽	미디어위 여야 인선 마무리
4/8	16	시간끄는 미디어위… 대책은 '여론 반영' 압박뿐	국민 여론 반영 합의 구조 갖춰야	당리당략 피하려면 여론 따라야
5/7	8	청중 "요식행위 공청회" 반발	여당 쪽 부산 공청회 일방 종료	여쪽의 요식적 공청회 운영에 야당 · 청중 반발
5/14	6	"대기업 진출 땐 지역 언론 공공성 훼손"	방송법 개정안 논리 공방	야 "대기업이 지역 언론 장악" 여 "지역 언론 활성화"
6/3	16	'종료 시점 갈등' 미디어위 좌초 위기	종료 시점 견해차로 난파 위기	야 "여론 수렴 미진, 연장해야" 여 "시간 끌기"

[표24] 〈한국일보〉 미디어발전 국민위원회 관련 기사

보도 일자	게재 지면	제목	리드	내용 야마
3/5	31	"정치인 참여 땐 심도 있는 논의 기대 難"	전문가 8인 "미디어법 사회적 논의 기구 이렇게"	파행 방지 · 의견 수렴 차원 구성해야
3/6	5	'미디어발전 국민위' 구성 합의	여야, 사회적 논의 기구 구성 합의	형식 합의 불구, 위상엔 이견
3/14	6	미디어발전위, 첫날부터 입씨름	위원회 성격 놓고 신경전	여 "자문 기구" 야 "국민 의견 수렴 기관"
3/21	4	회의 공개 놓고 기싸움 …정치 공방전 방불	차분한 토론 대신 정치적 논쟁 무성	회의 공개 여부, 공청회 횟수 등 이견
4/23	25	합의안 윤곽도 못 잡고 '5월 공청회' 합의만 달랑	한 달 넘게 부수적 논쟁에 시간 허비	여야 위원 의견 접근
5/4	6	'제자리 걷는' 미디어법	활동 기간 절반 경과 불구 개선 기미 없어	여야 이견만 확인
5/14	29	미디어 위원회 한 달 남았는데…	공청회 파행 · 기존 입장 되풀이로 답보	여야 모두 기존 입장만 고수
6/11	29	미디어위 기 싸움만 하다 '데드라인'	시한 연장 불구 마지막까지 신경전	의미 있는 생산 결과 어려워
6/18	6	미디어위 '예견된 파국'	미디어위 사실상 파국 선언	민주, 여론조사 이견으로 불참 선언. 한나라 "합의 파기 수순"
6/23	5	"여론 수렴 없는 미디어법 처리 반대 59퍼센트"	국민 58.9퍼센트 표결 반대	야 "국민 과반 반대", 여 "표결 저지 명분 쌓기"
6/25	5	"신방 겸영 허용… 2012년까지 유보"	미디어법 최종 보고서 확정	여 "겸영 허용" 야 "겸영 조항 삭제"

[표25] 〈조선일보〉 미디어발전 국민위원회 관련 기사

보도 일자	게재 지면	제목	리드	내용 야마
3/6	1	여야 미디어법 동수 논의, 거대 여당 '자승자박'	한나라당 171석 불구 무기력 결정	100일 합의 뒤집기 민주당은 이미 예고
3/13	2	'미디어발전 국민위' 활동 개시	미디어위 공식 활동	위원 선정 마무리, 위상·여론 수렴 방식에 갈등
3/14	6	미디어국민위 출범 첫날부터 격돌	'여야 대리전' 성격	여 "자문 기구" 야 "들러리 안 돼"
6/22	8	신문·대기업의 방송 진출에 '5대 단서 조건' 제안	미디어위 최종 보고서 초안, 여론 독과점 안전판 마련	정권의 방송 장악 우려 불식 장치 마련
6/25	5	미디어위, 여야 대리전 하다 100일 날 샜다	100일간 활동 마무리	'여론 수렴' 당초 목적 실종, 맞비난·책임 전가만 난무

[표26] 〈동아일보〉 미디어발전 국민위원회 관련 기사

보도 일자	게재 지면	제목	리드	내용 야마
3/3	4	여 "구속력 없는 자문 기구" 야 "의견 최대한 반영"	사회적 논의 기구 한계	위상에 대한 여야 견해차 크다
3/7	6	'미디어법 논의 기구' 출발부터 잡음	여야 견해차 크다	민주당 "여론조사 결과 따르자" 발목 잡기
4/14	20	"단일안 도출에 최선" 미디어발전위 제자리 찾아가다	출범 한 달 만에 구체적 일정 확정	초반 논란 벗어나 정상화 움직임
6/18	6	미발위 '허송 100일' … 예견된 파국	활동 시한 채우지 못하고 파국	민주 위원 일방적 활동 종료 선언
6/26	4	미디어법 출구는 여전히 오리무중	여당 위원 미발위 보고서 제출	미디어위 논의 종료, 표결 처리 약속 지켜야

는 민주당이 미디어발전 국민위원회 활동이 끝나는 100일 뒤에 합의 파기를 예고했다는 것을 야마로 잡았다.

'활동 단계'는 미디어발전 국민위원회 구성이 끝나고 본격적인 논의를 전개하는 국면이다. 이 시기의 핵심은 국민 여론 수렴을 위한 공청회이다. 신문 방송 겸영과 여론 다양성, 방송 사업에 대한 진입 규제 완화와 공공성, 인터넷 민주주의와 사회적 책임 등 세 개 분야로 나눠 주제별 공청회를 열었고, 부산·춘천·광주·인천 등 네 개 지역에서 지역별 공청회를 열었다. 하지만 이 시기 공청회 내용 보도는 거의 이뤄지지 않았다. 〈한겨레〉가 세 번의 공청회를 기사로 다뤘고, 〈경향신문〉은 한 번만 기사로 처리했다. 나머지 신문은 공청회 내용을 전혀 다루지 않았다. 미디어발전 국민위원회가 사회적 여론 수렴을 목적으로 구성된 만큼 공청회에서 나온 다양한 의견은 기사로 다룰 만한 가치가 컸지만, 다섯 개 신문은 대부분 이를 외면했다.

'마무리 단계'에서의 미디어발전 국민위원회에 대한 기사 야마는 '당리당략 따른 한계'〈경향신문〉, '야당 쪽 단독 여론조사'〈한겨레〉, '예견된 파국'〈한국일보〉, '여야 대리전'〈조선일보〉, '표결 처리해야'〈동아일보〉 등으로 크게 갈렸다. 〈경향신문〉과 〈한국일보〉, 〈조선일보〉는 정파적 갈등에 따라 이미 예상됐던 일이 벌어진 것이라는 점을 부각했고, 〈한겨레〉는 여론조사 시행을 강조했다. 〈동아일보〉는 국회 표결 처리에 초점을 맞췄다.

미디어발전 국민위원회 기사에 대한 의도 야마 및 관점 야마는 해당 기사를 쓴 기자와 인터뷰를 통해서 알아봤다. 〈경향신문〉과 〈한겨레〉 기자들은 미디어발전 국민위원회를 여론 수렴 기관으로 규정짓고 있었다. 그런데 여론 수렴 활동을 제대로 하지 못했기 때문에 미디어발전 국민위원회 활동 기한을 늘리든지, 아니면 최소한 국민 여론조사를 실시해서 미디어법의 방향을 잡아야 한다고 말했다. 결과적으로 이런 생각은 야당 쪽의 입장을 반영하는 기사를 만들어냈다.

> 미디어법은 여야가 별다른 논리도 없이 다퉈서 풀리는 문제가 아니다. 각자의 입장을 제시하기 전에 분명한 논거가 있어야 한다. 그러려면 여러 사람의 의견을 들어보는 게 최선 아닌가. 미디어 위원회는 그 일을 하라고 만들어놓은 기구다. 하지만 여당 위원은 애초부터 의지가 없었다. 공청회 장소를 비좁은 곳으로 정해 참석자는 제한하는가 하면, 방청객의 질의도 받지 않고 공청회를 끝내버리고, 공동 조사나 연구도 없이 그저 자기 쪽 사람만 데려다가 일방적인 논리를 홍보하고, 막판에는 시간이 없으니 빨리 활동을 끝내자고 했다.
> 미디어발전 국민위원회를 만든 것은 야당 쪽에겐 분위기를 반전시킬 수 있는 좋은 기회였다. 미디어법을 저지할 수 있는 논리를 만드는 데 전력투구할 수 있다고 봤다. 그런데 이를 눈치 챈 여당 쪽이 위원회를 무용지물로 만들어버렸다. 그래서 선택의 여지는 하나밖에 없었다. 국민 과반이 반대하는 걸로 나오는 여론조사를 무조건 관철시켜야 한다고 쓴 것은 이 때문이다.

〈한국일보〉 기자는 여야가 서로 유리한 안을 이끌어내려고 대립했다는 측면에서 미디어발전 국민위원회를 바라봤다고 말했다. 또한 어차피 정치적 타협의 산물이고 애초부터 한계가 분명해서 공청회 활동 보도를 제대로 하지 않았다고 했다.

미디어위는 애초부터 기사 가치가 안 됐다. 그래서 제대로 보도하지 않았던 것이다. 우리가 어정쩡하게 보도한 것은 그 때문일 것이다. 그렇지만 어떤 식으로든 합의를 도출했어야 한다고는 생각했다.

〈조선일보〉와 〈동아일보〉 기자는 미디어발전 국민위원회가 애초부터 야당의 억지에 따른 기형아였음을 강조했다. 미디어법이 강행 처리될 것을 두려워한 나머지 야당이 급하게 합의를 해준 결과가 이 위원회라는 설명이다. 이들 신문 기자는 미디어발전 국민위원회가 야당의 시간 벌기용이자 합의 파기를 위한 '명분 쌓기용'이 되는 것을 우려했다. 그리고 위원회가 끝날 때쯤 여야가 합의한 대로 국회에서 표결 처리해야 한다는 목소리를 담았다고 말했다.

내용 분석 결과와 인터뷰 결과를 토대로 마련한 미디어발전 국민위원회 보도에 대한 다섯 개 신문의 야마를 표로 나타내면 [표27]과 같다.

[표27] 미디어발전 국민위원회 보도에서의 야마

야마	경향	한겨레	한국	조선	동아
내용 야마	여론조사 놓고 갈등	여론조사 놓고 갈등	여야 이견만 확인	여야 책임 전가로 일관	야당의 발목 잡기
관점 야마	여론 수렴이 중요	요식적인 공청회	정파적 대립	야, 합의 뒤집기 예고	억지 부리는 야당
의도 야마	여론조사 수용 압박	여론조사 수용 압박	합의 도출 했어야	논란 마무리 지을 때	이제 국회서 표결 처리해야

　내용 분석과 심층 인터뷰를 통해 미디어법 기사에 나타나는 야마 관행을 살펴본 결과, 텍스트적으로는 내용 야마가 나타나고, 텍스트 행간에서는 관점 야마가, 그리고 텍스트 외적으로는 의도 야마가 나타난다는 점을 확인했다. 하지만 4장에서 살펴보았듯이 이러한 야마가 모두 기자 개인의 판단에 의해서만 구성되는 것은 아니다. 이는 야마특히 의도 야마가 언론사의 치밀한 전략에 의해 만들어진다고 보기 때문이다. 이에 따라 다섯 개 신문 기자에게 미디어법 기사를 쓸 때 어떤 방식으로, 어떤 요인을 고려해, 또는 어떤 영향을 받아 야마를 잡게 됐는지를 물어봤다.

　　타임 워너, 월트 디즈니 같은 미국 거대 미디어 그룹의 미래 전략에 대한 기사를 쓴 적이 있다. 매체 간, 산업 간 벽을 허물고 자본의 이동을 자유롭게 하는 규제 완화를 미디어 산업 발전의 핵심 요소라는 점을 야마로 내세웠다. 현장에서 지켜보고 그쪽 사람들 말을 들어보고 나서 판단한 것이다. 야마를 잡을 때 부장과 상의하긴 했지만 나도 장기적으로 이게 맞다고 봤다.(D)
　　케이블 업체가 지상파의 횡포에 일방적으로 당하고 있다는 기사를 쓴 적이 있다. 미디어 면은 각 사 입장이 있고 서로 얽혀 있어, 현업 중인 방송사의 입장이 들어가는 게 중요하다고 봤다. 그래서 여러 곳과 통화해서 취재했다. 혹시라도 우리가 종편을 하게 된다면 제작 여건을 현실화할 필요도 있었다. 우리 회사 입장도 고려했다.(C)

이들 기자는 자발적으로 야마를 잡는 것을 지극히 당연하게 생각했다. 또 많은 경우 자신의 판단에 의해 야마를 잡는다고 했다. 하지만 미디어법을 보도할 때 구체적으로 어떤 뉴스 가치 판단에 따랐는지를 물어보자 제대로 답변을 하는 기자가 극히 드물었다. 물론 여야의 입장인 일자리 창출이나 미디어 산업 발전, 여론 독과점 심화, 민주주의 파괴 등 일반론적인 얘기는 했지만 왜 그런 주장을 펴는지, 그런 주장의 근거가 무엇인지에 대해서는 명확하게 답하지 못했다.

앞 장에서 이미 살펴봤듯이 다섯 개 신문의 논조에 대한 내용 분석과 미디어법에 대한 '내용 야마', '의도 야마', 그리고 '관점 야마' 분석 결과를 보면, 각 신문의 방향성은 논란의 여지가 없을 정도로 매우 뚜렷하다. 두 개 매체는 여당 쪽, 두 개 매체는 야당 쪽 주장과 거의 흡사한 주장을 했다. 〈한국일보〉만 애매모호한 태도를 보였다.

하지만 심층 인터뷰 결과 이들 매체 기자의 방향성은 소속 언론사만큼 크지 않다는 것을 알 수 있었다. 가령 보수 성향의 매체 기자는 "지상파 TV의 편향성을 판단하기 힘들다"고 나에게 털어났다. 하지만 이 기자가 속한 매체는 지상파 TV가 심각한 편향성을 보인다는 기사를 여러 번 내보냈다. '〈MBC〉 보도, 6월 항쟁 땐 親정부… 쇠고기 시위 땐 親시위대' '"무리한 편파 왜곡 방송 드러났는데 언론 탄압–정치 수사 공세 말이 되나"' '〈MBC〉 뉴스 후, 뉴스데스크 중징계… 방통심의위, "미디어법 관련 자사 입장만 일방 보도"' 등이 그러한 사례이다.

기자들은 팀장이나 부장, 국장 등 윗선의 야마 지시가 일상적으로 이뤄지고 있다고 증언했다.

팀장의 주문이 많다. 숫자 등, 정해지지 않은 것은 꼭 다시 확인하라고 얘기한다. 상당수라고 하면 구체적 숫자로 쓰라고 얘기한다. 가끔씩 무리한 지시를 하기도 한다. 그런 경우 취재하다 보면 무리하다는 것을 느끼기도 한다. 미디어법을 경쟁적으로 보도하는 게 맞는지. 큰 틀에서 보면 팀장 말이 맞지만 깊게 세세히 들여다보면 여러 미시적 측면이 있는데 고려되지 않는다.(k)

부장이 대충 얼개를 짜준다. 부장이 계속 요구해서 '리라이트rewrite' 한다. 초판이 그냥 가는 경우는 없다. 초판 지면을 보고 계속 바꾼다. 가령 시청률 등 여러 가지 자료를 수정하고, 구독률 설명을 추가한다. 기사를 전송하면 부장이 전후를 뒤바꾸거나 하나를 빼거나 다른 것을 넣거나 한다.(C)

이는 부장급 기자도 인정했다. 그는 "박근혜 한나라당 전 대표가 미디어법 반대 의견을 밝혔다. 나는 박 전 대표가 MB 정부의 졸속성, 반시민성을 정확하게 꿰뚫어본 것이라 생각했다. 그래서 국장과 얘기해 1면 톱에 싣기로 했다. 나중에 알고 보니 박근혜의 입장이 바뀐 게 아니었지만 나는 기사를 통해 미디어법에 대한 친박계 의원의 의식을 바꿔보자고 생각했다. 다른 의원에게 박이 이렇게 생각하니 절대 나서지 말라는 메시지를 분명하게 주려고 했다"고 말했다.

미디어법 보도에 있어서는 데스크를 넘어 언론사 차원의 판단이 작용하는 경우도 적지 않았다. 예컨대 최시중 방송통신위원회 위원장이 2009년 5월 4~11일 미국과 일본의 거대 미디어 그룹을 방문했다. 방문 취지는 글로벌 미디어 그룹이 규제 완화와 콘텐츠 투자를 통해 어떻게 성장했는지 우리나라도 보고 배우자는 것이었다. 이 순방에 〈조선일보〉, 〈중앙일보〉, 〈동아일보〉 등 거대 신문사와 〈MBC〉, 〈KBS〉, 〈SBS〉 등 지상파 방송사, 〈매일경제〉, 〈한국경제신문〉, 〈전자신문〉, 〈머니투데이〉 등 경제지와 전문지 기자가 따라갔다. 하지만 〈한겨레〉와 〈경향신문〉, 〈내일신문〉 등 이른바 진보 성향 매체 기자는 가지 않았다. 최 위원장의 출장이 사회적 논란이 큰 미디어법을 처리하기 위한 여론 조성용이라고 판단했기 때문이었다. 결과적으로 출장을 따라간 기자가 속한 매체는 최 위원장의 동정과 발언 그리고 미국과 일본의 거대 미디어 회사의 모습을 두서너 차례씩 보도했지만, 진보 매체에서는 관련 기사를 찾을 수가 없었다. 모든 언론사에서 해외 출장이 편집국장 또는 사장의 결재 사항이라는 점을 생각하면 기사와 그 기사의 야마가 동행 취재를 가느냐 마느냐를 결정하는 셈이다.

기자는 노골적인 야마에 따라 특정 기사를 과도하게 키우는 것과 함께 뉴스 가치가 있는 기사를 아주 작게 다루거나 아예 쓰지 않는 문제가 있었다고 말했다. 대표적인 사례가 국책 연구 기관인 정보통신정책연구원이 2009년 1월 19일, 내놓은 '방송 규제 완화의 경제적 효과 분석' 보고서다. 연구원은 이 보고서에서 "소유 겸영 규제 완화의 취업 유발 효과가 2만 1000명에 달할 것"이라고 전망했다. 보고서가 나온 이후 이 전망은 여당이 미디어법의 정당성을 주장할 때 핵심적인 논거로 이용됐다. 하지만 그해 7월, 이 전망은 근거가 없는 것으로 드러났다. 방송 시장 산출의 근거가 되는 국내총생산GDP 수치와 환율을 잘못 산정해 각종 통계 수치 오류가 발생했기 때문이다. 이에 따라 〈경향신문〉, 〈한겨레〉, 〈한국일보〉는 통계 오류 기사를 주요하게 다뤘지만, 〈조선일보〉, 〈중앙일보〉, 〈동아일보〉 등 거대 신문사는 단 한 줄도 보도하지 않았다. 이들 신문이 미디어법의 정당성을 강조하는 기사를 쓸 때 일자리 창출을 여러 차례 강조했던 점에 비춰보면, 애초의 야마를 바꿀 수 없어 분명한 뉴스 가치가 있는 기사를 무시했다고 추정해볼 수 있다.

기자가 현장에서 놓친 게 있는 것 같다. 정치부는 권력의 세 축 가운데 하나인 입법부를 취재하는 곳이다. 법안 성안, 이해관계 조정 과정 등을 파헤쳐야 하는데 그저 의원들 말만 받아쓰는 관행이 있다. 사실 KISDI 보고서에 문제가 있다는 것은 작년 12월 말, 올해 1월에 민주당, 변재일 의원이 이미 제기했던 것이다. 오류가 있는 2006년 것만 엉뚱한 통계치를 인용했다. 하지만 당시엔 어떤 언론도 주목하지 않았다. 그런데 나중에 갑자기 법안의 구체적인 내용이 알려지기 시작했다. 나는 한나라당 반응이 보고 싶었다. 나경원 의원조차도 엉터리 보고서라고 대번에 얘기하더라. 그래서 부각시켰다. 일자리 창출하는 게 미디어법이라고 주장했는데 이게 무너지면 어떤 근거가 있는지 다시 제시해야 한다고 봤다.(F)

미디어법 보도에 있어서 특정 방향성에 맞춰 야마를 잡는 관행은 기자의 취재원 선정 및 접촉에도 커다란 영향을 미친다고 기자들은 대답했다. 실제로 취재원 분석 결과, 〈한국일보〉를 뺀 네 개 신문은 정부 여당과 보수 단체 및 인사, 야당과 진보 단체 및 인사 취재원을 압도적으로 많이 활용하고 있는 것으로 나타났다. 또, 다섯 개 신문의 기획 기사만을 대상으로 취재원 목록을 작성해본 결과, 〈조선일보〉와 〈동아일보〉는 보수 쪽 단체와 교수가, 〈경향신문〉과 〈한겨레〉는 진보 쪽 단체와 교수가 반복적으로 인용되고 있음을 확인했다.

타 매체는 잡아놓은 야마에 맞는 취재원만 인용한다. 안타깝다. 미디어발전 국민위원회에서 활동했던 두 교수가 〈KBS〉 이사로 간 것은 기자가 만들어준 것이다. 기자가 게으른 측면이 있다. 중도적인 취재원을 적극적으로 발굴하지 못하고 그저 아는 사람만 계속 활용한다.(E)

7장

'승부처' 미디어법

'여야 "선거때 여론 향배 갈라" 인식 탓 양보 안해

무상 급식
보도를 통해 본
'야마' 관행

무상 급식 논란은 초중학교 학생에게 지방자치단체 재정으로 무료 급식을 실시하자는 주장과 관련된 찬반 논쟁이다. 엄밀하게는 서울특별시에서 벌어지고 있는 무상 급식 찬반 논란이다. 상당수의 전국 광역 및 기초 지방자치단체가 몇 년 전부터 무상 급식을 실시하고 있다.

2010년 6·2 지방선거에서 한나라당 소속인 오세훈 서울시장이 재선에 성공했다. 하지만 서울시의회는 민주당 등 야당이 다수 의석을 차지했다. 게다가 진보 성향의 곽노현 교육감에 새로 선출됐다. 서울시의회와 교육감을 차지한 야권은 중학교까지 전면 무상 급식을 실시하자고 주장했다. 이에 오세훈 시장은 전면 무상 급식은 시기상조라며, 현재 8퍼센트에 불과한 무상 급식 대상을 30퍼센트로 단계적으로 확대하면 된다고 맞섰다. 논란 끝에 야당이 주도하는 서울시의회는 2011년 1월 6일 의장 직권으로 무상 급식 조례안을 통과시켰다. 당시 오세훈 시장이 공포를 거부하자, 서울시의회는 다음날 의장 직권으로 조례안을 공포했다. 이에 서울시는 무상 급식 주민 투표 안으로 맞섰다.

22

무 상 급 식
주   요
쟁점

전면 무상 급식 찬성론자는 무상 급식이 선별적으로 제공되면 수혜 학생에게 눈치를 주게 된다는 논거를 내세우고 있다. 아이들에게 눈칫밥을 먹이지 말자는 것이다. 전국 16개 시·군·구 중에서 전면 무상 급식을 채택한 광역 단체는 11곳이나 된다. 229개 기초 단체 중 181곳에서 전면 무상 급식을 실시하고 있다. 서울시에서도 성북, 종로, 중랑, 강남, 서초, 송파 등에서 초등학교 일부 학년을 대상으로 구 예산으로 무상 급식을 실시하고 있다. 무상 급식에 반대하는 한나라당 소속 구청장이 있는 강남과 서초, 송파와 중랑구 소속 초등학교조차 1~3학년까지, 나머지 21개 구의 초등학교는 1~4학년까지 전면 무상 급식을 시행하고 있다. 따라서 찬성론자는 대한민국 대표 지자체인 서울시에서 무상 급식을 전면 실시하는 것이 필요하다고 주장한다.

예산 논란과 관련해 찬성론자는 초등학교 1~4학년 무상 급식 예산은 시 교육청과 자치구에 의해 이미 확보돼 있기 때문에 추가로 드는 예산은

695억 원에 불과하다고 말한다. 통과된 무상 급식 조례안을 보면, 무상 급식과 관련한 지원 할당은 교육청이 50퍼센트, 지자체가 20퍼센트, 서울시가 30퍼센트를 부담해야 한다. 현실적으로 서울시 교육청은 6조 가까운 예산 가운데 5조 2천억 원을 교원 인건비로 사용하고 있고, 남는 예산 중에서 1천억 원 이상을 전면 무상 급식 비용으로 지출하고 있다. 오세훈 당시 서울시장이 추진했던 건설 토목 예산을 무상 급식으로 써야 한다는 주장도 제기된다. 실제로 서울시의회는 2011년 서울시 예산에서 서해 뱃길 조성, 한강 예술섬 예산을 전액 삭감하고 무상 급식 예산으로 신설했다. 이준구 서울대 경제학과 교수는 한나라당이 추진하는 감세 정책인 소득세, 법인세 인하로 인해 세수가 매년 3, 4조 원이 줄어들게 되는데, 감세를 하지 말고 이를 무상 급식 예산으로 편성하자고 주장했다.

찬성론자는 무상 급식이 물가를 낮추고 일자리를 늘린다는 주장도 하고 있다. 2011년 3월, 통계청 자료에 의하면 무상 급식이 전체 물가 상승률을 0.3퍼센트 정도 감소시켰다. 무상 급식은 또한 빈곤층뿐 아니라 중산층의 가계 지출을 줄임으로써 가처분소득을 늘리고, '실질소득 증가→소비 촉진→내수 진작→투자 확대→일자리 증가'를 가져올 수 있다.

반면 무상 급식에 반대론자는 전면 무상 급식이 재원을 고려하지 않은 무책임한 포퓰리즘이라고 비판했다. 오세훈 전 서울시장은 무상 급식 조례안에 대해 일본에서 시행하던 자녀 양육 수당과 비교하며 '표에 눈이 먼 정책'이라고 규정했다. 2010년 일본 민주당이 중학교 이하 자녀에게 한 달에 2만 6000엔씩 현금으로 지급하는 '자녀 양육 수당'을 내세워 당선됐지만 돈이 없어 수당을 반으로 줄이고 국채를 발행했다. 반대론자 주장의 핵심은 이미 저소득층과 결식아동을 대상으로 제한적 무상 급식을 시행하고 있는데, 왜 전면 무상 급식을 해야 하느냐는 것이다. 방학이면 해외 연수를 떠나는 부유층 아이와는 달리, 교육의 사각지대에 있는 빈곤층 아이는 각종 프로그램에 목말라하고 있는데, 이러한 상황에서 무상 급식으로 인한 교육예산의 삭감은 오히려 교육의 양극화를 부추길 수 있다는 지적도 했다.

'눈칫밥' 문제에 대한 반박도 제기된다. 전산망 통합을 통해 부모가 동사무소에 직접 신청하면 학교에서 아이가 상처받는 것을 원천적으로 봉쇄할 수 있다는 것이다. 교육과학기술부는 실제 전산망 통합 작업을 서두르고 있다.

소요 예산에 대해서도 반대론자는 찬성 쪽과 의견이 크게 다르다. 찬성론자는 무상 급식에 들일 예산이 695억이라고 주장하고 있지만, 서울시는 이는 초등학교 무상 급식 비용의 30퍼센트일 뿐 전체 무상 급식 예산은 막대하다고 반박한다. 서울 시내 초중학교에 무상 급식을 시행하려면 매년 초등학교 2200억 원, 중학교 1800억 원 등 약 4000억 원이 필요하며, 고등학생까지 확대할 경우엔 5000억 원이 훌쩍 넘어간다. 이와 별도로 급식실, 조리실, 조리 기구 등 급식 시설 개선비용도 추가로 들어간다. 다른 사업에 들어가는 예산을 무상 급식 비용으로 돌리면 된다는 주장에 대해 반대론자는 토목, 건설 예산은 무상 급식처럼 영구적으로 매년 지출되는 예산이 아닌, 일회성 예산이라고 반박했다. 이미 지출된 일회성 투자 사업 예산으로 매년 반복되는 경상비 예산을 충당할 수는 없다는 것이다.

무상 급식 논란은 여야가 팽팽하게 대립하고 있는 사안이기는 하지만,

야당에서도 반대 의견이 여당에서도 찬성 의견이 존재한다. 민주당 김성순 의원은 전면 무상 급식은 시기상조라는 입장을 밝혔다. 한나라당 권영세 · 한선교 · 원희룡 의원은 무상 급식에 찬성 입장을 보이고 있다.

23

무 상 급 식
보 도 에
나타난 '야마'
관행

무상 급식 논란은 크게 보면 복지에 대한 개념의 차이에서 비롯된다. 이른바 진보 언론으로 불리는 〈경향신문〉과 〈한겨레〉에 있어 무상 급식은 보편적인 교육 복지 차원의 국가 의무다. 반면 보수 언론으로 불리는 〈조선일보〉와 〈동아일보〉의 관점에서는 무상 급식은 국가 차원에서 나서야 할 복지의 문제가 아니라 개인의 능력으로 해결해야 할 사적인 문제다. 헌법이 보편적인 교육 복지에 대해서 명확하게 제시하고 있지 않는 한, 그리고 대다수 국민이 무상 급식을 포함하는 교육 복지 정책에 찬성하지 않는 한, 진보 언론의 지향성이 보수 언론의 지향성보다 우월하다고 할 수는 없다. 마찬가지로, 한 국가의 구성원으로서 각 개인이 기본적으로 누려야 할 혜택 가운데 하나가 무상 급식이라는 국민적 공감대가 형성됐다면 보수 언론의 지향점이 진보 언론의 지향점보다 더 낫다고 할 수 없다. 다시 말해 지향점의 문제는 진위의 문제가 아니라 사회적 합의의 문제인 것이다.

그렇다면 남는 문제는 진보 언론과 보수 언론이 각자의 지향점은 일단 내려놓고 무상 급식이라는 현실에서 나타나고 있는 현상에 대해 현실적인 합리성과 실천 가능성을 따져보는 것이다. 이는 지향점이나 감성, 정파성의 잣대가 아니라 이성의 잣대와 저널리즘이 지향해야 할 진실에 대한 사명감이 동원될 때 가능하다.

나는 무상 급식 논란이 정점으로 치닫던 2010년 2월 1일부터 4월 6일까지 약 65일에 걸쳐 〈동아일보〉와 〈한겨레〉에 보도된 무상 급식 관련 기사들을 분석했다. 〈동아일보〉는 정부 여당의 시각과 비슷하게 무상 급식에 비판적인 태도를 보였고, 한겨레는 야당의 무상 급식 주장에 적극적으로 동조했다. 우선 양적으로는 〈동아일보〉가 26건을 기사로 다룬 반면, 〈한겨레〉는 그의 두 배가 훨씬 넘는 70건의 기사를 실었다. 〈한겨레〉가 무상 급식 의제화에 적극적으로 나선 반면, 〈동아일보〉는 소극적으로 다뤘다고 볼 수 있다.

한겨레의 무상 급식 야마

각 기사의 크기 · 지면 위치 · 제목 · 내용 야마 등을 토대로 관점 야마를 추정한 결과, 〈한겨레〉는 '무상 급식 확산33건, 전체 기사의 47.1퍼센트'에 가장 큰 무게를 뒀다. 무상 급식 공약을 채택하는 지자체 후보가 늘고 있다거나, 시민 사회 단체가 무상 급식 확산 운동을 벌인다거나, 지자체에서 조례 제정 등을 통해 무상 급식 정책을 도입한다든지 하는 내용을 적극적으로 다뤘다. 〈한겨레〉 기사만을 보는 독자라면, 무상 급식 움직임이 대세라고 인식할 수밖에 없다. 실제로 〈한겨레〉는 여당이 반대를 하고 있기는 하지만, 야권과 시민사회 단체, 일반 국민은 대부분 무상 급식에 찬성하고 있다는 점을 여러 차례 부각했다. 가령 3월 18일자 13면에 실린 '인천 시민 단체들 무상 급식 서명운동' 기사는 무상 급식 법제화를 위한 대국민 서명운동이 인천에서 시작됐다고 전하고 있다. 41개 정당과 시민 단체가 인천 친환경 무상 급식 추진 위원회에 참여했다고 전하고 있어, 인천의 민심은 무상 급식 찬성으로 기울었다는 인상을 준다. 그러나 그러한 서명운동에 동의하지 않는 사람이 얼마나 되는지, 그러한 서명운동을 바라보는 일반 인천 시민의 생각은 어떤지는 이 신문을 통해서 전혀 알 수 없다. 기사는 오직 무상 급식 추진 위원회라는 단일 취재원만을 통해 무상 급식이 대세로 굳어지고 있다는 인상을 풍기고 있다.

3월 27일 2면 '무상 급식 국민 연대 "국회서 입법하도록 활동"' 기사도 무상 급식의 확산에만 초점을 맞춘 기사 유형이다. 마치 2009년 광우병이 우려되는 미국산 쇠고기 수입과 관련해 수많은 시민사회 단체가 하나로 뭉쳤던 일을 떠올리게 하는 이 기사는 국민 여론이 무상 급식 찬성 쪽으로 완전히 돌아섰음을 짐작하게 한다. 실제로 당시 무상 급식에 대한 국민 여론에 있어 찬성이 반대보다 월등히 많았음을 감안하더라도, 무상 급식 실시에 반대하는 단체의 목소리는 이 기사 전에도 이 기사 이후에도 전혀 찾아볼 수 없다.

무상 급식 띄우기에 방점을 둔 〈한겨레〉 기사에서는 '무상 급식의 효과가 크다'는 관점 야마도 어렵지 않게 찾아낼 수 있다. 가령 3월 25일자 31면에 실린 '친환경·직거래 급식으로 농촌 살려야'라는 기사는 무상 급식의 효과를 크게 두 가지로 전하고 있다. 하나는 아이들에게 안전하고 맛있는 음식을 먹일 수 있다는 것이고, 또 하나는 농업인에게 새로운 소득과 일자리를 제공할 수 있다는 것이다. 같은 날 9면에 실린 '여주군 친환경 학교급식 센터 가보니/안전 먹거리 안정 공급 허브…학생 좋고 농민 좋고'라는 기사 역시 무상 급식의 파급효과가 상당하다는 점을 강조하고자 하는 의도가 분명히 엿보이는 기사라고 할 수 있다. 그러나 전면 무상 급식이 모두 국산 친환경 농산물로 이뤄진다면 무상 급식의 효과가 크다는 주장에 무리가 없지만, 무상 급식이 실제로 질 좋은 재료로만 이뤄질지는 알 수가 없다. 지금까지 실시되어왔던 부분적인 무상 급식도 좀 더 많은 이익을 남기기 위해 값싼 외국산 식재료를 많이 공급하던 업자의 농간에 놀아난 측면이 적지 않다는 사실을 〈한겨레〉 기사를 읽다 보면 자칫 놓칠 수 있다.

〈한겨레〉는 무상 급식 정책의 옳고 그름의 판단과는 별개로 무상 급식이라는 의제를 통해서 여당을 지속적으로 압박하는 효과를 얻고 있다. 분석 결과 15건의 기사에서 '무상 급식 차단'이라는 관점 야마를 추출해낼 수 있었다. 가령 3월 19일자 13면에 실린 '경기도의회 무상 급식 예산 또 전액 삭감'이라는 기사는 경기도의회가 그해 하반기에 사용할 도내 초등학교 5, 6학년의 무상 급식 예산 204억여 원을 삭감했다는 내용을 다루고 있다. 기사는 경기도의회가 전년도인 2009년 7월 85억 원, 12월 650억 원 삭감에 이어 세 번째로 진보 성향의 김상곤 도 교육감이 제출한 무상 급식 예산안에 퇴짜를 놓았다고 전하고 있다. 여당이 눈엣가시 같은 존재인 김 교육감을 견제하기 위해서 의도적으로 무상 급식 예산안을 삭감했다고 강조함으로써 여당이 정략적 판단으로 무상 급식의 원래 취지를 훼손하고 있다는 점을 부각한 것이다.

한나라당은 민주당의 무상 급식 공약이 급속하게 민심을 얻기 시작하자, '무상 보육' 카드를 내놓는다. 소득 하위 70퍼센트 가정의 아동에게 만 5세까지 무상 보육 혜택을 주겠다는 것이다. 여당이 지방선거를 코앞에 두고 궁여지책이자 맞불 작전으로 내놓은 정책이기는 하지만 무상 보육 역시 우리나라 복지 제도에 한 획을 긋는 큰 제도의 변화다. 하지만 〈한겨레〉는 여당이 선거 국면이 불리하게 돌아가자 야당이 선점한 무상 급식 의제를 무력화하기 위해 무상 보육 카드를 내놨다며 평가 절하했다. 결과적으로 여당의 무상 보육 카드는 〈한겨레〉에서 3월 20일자 6면에 단 두 건의 기사로만 다뤄지고 이후 의제에서 실종됐다. 이에 따라 〈한겨레〉는 6·2 지방선거에서 여당을 공격함으로써 야당에 유리한 선거 국면을 만들어줬다고 할 수 있다.

〈한겨레〉 무상 급식 관련 기사에서 읽히는 또 다른 중요한 관점 야마는 '복지국가로 가는 방편'으로서의 무상 급식에 대한 강조다. 소외 계층 지원이라는 소극적 복지에서 탈피해 복지 관점에서 사회경제적 체질을 바꾸자는 의지가 〈한겨레〉 기사 곳곳에서 읽힌다. 예컨대, 3월 16일 1면에 실린 '지방선거 쟁점/개발서 복지로/급식·교육 등 복지 문제 지방선거 핵심 의제로'라는 기사는 정책 대결의 패러다임이 기존의 개발 중심에서 복지 중심으로 바뀌고 있다는 점을 강조하고 있다. 청계천 복원 사업, 한강 재정비 사업, 뉴타운 사업 같은 개발 이슈보다는 일자리·아동·교육 등 생활 복지 이슈가 유권자에게 와 닿는 주요한 정책으로 부상하고 있다는 내용이다. 무상 급식은 대한민국이 개발 중심 국가에서 생활 복지 중심의 복지국가로 변하는 중요한 계기를 제공할 수 있다는 게 〈한겨레〉가 의도하고 있는 야마로 보인다.

　〈한겨레〉는 3월 15일 경북대 이정우 교수의 칼럼 '무상 급식 논쟁'을 통해 무상 급식에 대한 '좌파 포퓰리즘'이라는 주장은 보수파의 저급한 의식 수준을 보여주는 사례라고 말하고 있다. 선별적인 복지선별 급식도 그중의 하나는 재산을 엄격하게 조사하는 데에 비용이 들고, 대상자에게 수치심을 느끼게 하고, 대상자를 열심히 일하게 하기보단 게으르게 만드는 문제점이 있는데, 여당은 그런 문제점을 간과하고 있다며 무상 급식을 통해 진정한 복지를 구현해야 한다고 주장한다. 〈한겨레〉는 의무교육의 연장으로서 전면 무상 급식의 정당성에 대해서도 강조했다.

● 3월 16일자 5면 "시 예산 0.28퍼센트로 무상 급식 가능"/'중학생까지 무상 급식' 성남시 이대엽 시장.

[표28] 〈한겨레〉의 무상 급식 보도 야마

보도 일자	게재 지면	제목	리드	내용 야마
2/3	13	경기 교육청, 농어촌 초등생 무상급식	경기도, 도서 벽지 · 농어촌 학생에 전면 무상 급식	무상 급식 채택 확산
2/5	4	무상 급식, 지방선거 '메인 메뉴' 로/원희룡 의원 등 한나라당 후보도 앞다퉈 공약	무상 급식, 지방선거 주요 의제화	무상 급식 공약 확산
2/17	14	경남 초등생 우유 무상 급식 확대	경남 차상위 계층 초등생에게 우유 무상 급식	무상 급식 채택 확산
2/18	6	전북 "의지만 있으면 된다" …재정 1위 서울 외면 속 '재정 꼴찌' 전북 무상 급식 1위	예산 부족은 핑계	무상 급식은 의지의 문제
2/18	31	돈 있는 지자체일수록 소극적인 초중등 무상 급식	재정 부족은 핑계	무상 급식은 의지의 문제
2/18	1	재정 자립도 최고 서울, 무상 급식 지원 '0원'	재정 부족은 핑계	무상 급식은 의지의 문제

2/18	6	"무상교육에서 무상 급식은 당연"	무상교육한다면 무상 급식도 해야	무상 급식은 포퓰리즘 아니다
2/18	6	야권, 무상 급식 '올인' … 여당 "취지 공감하지만…"	야권은 적극적, 여권은 소극적	보편적 복지에 소극적인 여당
2/19	10	서울 학교 무상 급식 '50만 서명운동'	시민들, 무상 급식 요구 확산	무상 급식 여론 확산
2/22	3	교육감 선거와 연관성은	교육감 선거에서 무상 급식 주요 의제화	무상 급식 공약 확산
2/23	4	여 중도 모임 "초등교 무상 급식 건의"	여당 내에서도 무상급식 여론 확산	무상 급식 여론 확산
2/25	31	교과부, 한나라당 선거 대책반으로 나섰나	무상 급식 차단에 골몰하는 정부	무상 급식 차단 위해 관권 선거 획책
2/25	1	"야당 무상 급식 공약에 선제 대응" 문건 확인… 교과부가 선거 대책 주문	무상 급식 차단에 골몰하는 정부	무상 급식 차단 위해 관권 선거 획책
2/26	2	'무상 급식 선거 대책 주문' 교과부 문건 파문 확산…시민 단체 · 야당 "안병만 장관 고발"	무상 급식 차단에 골몰하는 정부	무상 급식 차단 위해 관권 선거 획책
3/1	11	'급식 운동' 풀뿌리 자치 핵으로	무상 급식 운동 확산	무상 급식 여론 확산
3/1	10	교과부 '무상 급식 문건' …면죄부 자체 감사 될라	관권 선거 기도 제대로 조사해야	무상 급식 차단 위해 이성 잃은 정부
3/1	11	경기 교육청 무상 급식 '세 번째 도전'	경기 교육청, 무상급식 재추진	여권의 강압적인 무상 급식 저지
3/5	30	무상 급식 찍고 첼로까지	무상 급식은 무상 의무교육	무상 급식은 보편적 복지의 문제
3/7	1	무상 급식, 지방선거판 흔든다	무상 급식 공약 확산	무상 급식 공약 확산
3/8	31	윤증현 장관, 포퓰리즘 비판할 자격 있나	무상 급식 포퓰리즘 비판 정당하지 않다	포퓰리즘 정책은 여당이 남발
3/8	5	급식 해결 나서는 예비 후보들	무상 급식 공약 확산	무상 급식 공약 확산
3/8	4	급식 운동 10년 발자취	급식 운동은 풀뿌리 운동의 축소판	무상 급식 실시 확산
3/8	5	전면 급식→학교 직영→무상 제공 '식판의 진화'	급식 운동의 꾸준한 확산	무상 급식 실시 확산

3/8	4	제주, 100퍼센트 친환경·읍 면 무상 급식	제주, 무상 급식 확산	무상 급식 실시 확산
3/8	5	무상 급식 무모한 주장?… '교육예산, GDP 6퍼센트' 공약 지키면 가능	예산 부족은 핑계	무상 급식은 의지의 문제
3/8	4	배옥병 급식 운동 본부 대표 "급식 운동은 지역 경제· 환경 살리는 일"	무상 급식 건강· 경제·환경에 도움	무상 급식 효과 크다
3/8	1	무상 급식 '선거 혁명' 싹 틔운다	무상 급식 운동 확산	무상 급식 지지 확산
3/9	1	무상 급식·일자리 등 12개 분야, 야 5당 선거 '정책 연합' 합의	무상 급식 공약 확산	무상 급식 지지 확산
3/10	12	"경기도 무상 급식하면 8200억 원 경제 효과"	무상 급식 경제효과 크다	무상 급식은 의지의 문제
3/12	13	목포시의회, '무상 급식 조례' 15일 본회의 상정	무상 급식 추진 확산	무상 급식 추진 확산
3/12	13	'친환경 무상 급식' 달구벌 달군다	무상 급식 추진 확산	무상 급식 추진 확산
3/13	5	무상 급식 논쟁 가열… 여 "부자 급식" 야 "아동 기본권"	무상 급식 신경전 가열	무상 급식 주요 의제화
3/15	6	진보 진영 '역동적 복지국가' 화두	무상 급식은 '보편적 복지'의 문제	무상 급식은 진정한 복지국가로 가는 길
3/15	19	무상 급식 논쟁	무상 급식은 '보편적 복지' 의 문제	무상 급식은 복지국가로 가는 길
3/16	11	곽노현 교수 "식사 거르는 아이들에게 아침 급식 제공"	서울 교육감 후보 "아침 급식" 공약	무상 급식 공약 확산
3/16	1	개발서 복지로	복지 의제로서의 무상급식	무상 급식 공약 확산
3/16	31	'역동적 복지국가' 제안을 제대로 살리려면	무상 급식은 보편적 복지의 문제	무상 급식은 진정한 복지국가로 가는 길
3/16	13	민노당 도의원 예비 후보들, 무상급식 등 5대 공약 발표	무상 급식 공약 확산	무상 급식 공약 확산
3/16	5	"시 예산 0.28퍼센트로 무상 급식 가능"	성남시 중학생까지 무상 급식	무상 급식은 의무교육의 연장
3/16	5	주민 발의 무상 급식 조례, 목포시의회 전국 최초 가결	목포시, 무상 급식 조례 통과	무상 급식 채택 확산

3/16	5	'무상 급식 국민 연대' 16일 출범	무상 급식 운동 확산	무상 급식 여론 확산
3/17	34	포퓰리즘	무상 급식은 포퓰리즘 아니다	무상 급식은 의지의 문제
3/17	35	풀뿌리 생활 정치의 새 역사 여는 '무상 급식 국민 연대'	무상 급식 운동 확산	무상 급식 여론 확산
3/17	14	충남, 무상 급식 읍 지역 초등학교로 확대	무상 급식 채택 확산	무상 급식 채택 확산
3/17	14	제주, 무상 급식 조례 다음 달 '주민 발의'	무상 급식 채택 확산	무상 급식 채택 확산
3/17	2	무상 급식 국민 연대 "국회서 입법하도록 활동"	무상 급식 운동 확산	무상 급식 여론 확산
3/18	2	야 '초중생 전면 무상 급식 법안' 국회 제출	무상 급식 운동 확산	무상 급식 여론 확산
3/18	13	인천 시민 단체들 무상 급식 서명운동	무상 급식 운동 확산	무상 급식 여론 확산
3/19	31	아예 시민의 입을 봉쇄하려는 선관위	무상 급식 운동은 위법이라는 선관위 결정은 잘못	무상 급식 저지로 여당 돕는 선관위
3/19	5	선거법에 걸린 무상 급식	무상 급식 운동은 위법이라는 선관위 결정은 잘못	무상 급식 저지로 여당 돕는 선관위
3/19	13	경기도의회 '무상 급식 예산' 또 전액 삭감	무상 급식 저지 하려는 경기도	여권의 무상 급식 강압 저지
3/19	1	선관위 무상 급식 운동 금지	무상 급식 운동은 위법이라는 선관위 결정은 잘못	무상 급식 저지로 여당 돕는 선관위
3/19	5	당정, 무상 급식 확대로 '맞불'	무상 급식 물타기 나선 여당	여권의 무상 급식 의제화 차단
3/20	3	'선거 참여' 발목 잡는 선관위	무상 급식 운동은 위법이라는 선관위 결정은 잘못	무상 급식 저지로 여당 돕는 선관위
3/20	6	'무상 보육 여야 충돌' … 야 "무상급식에 물타기"	무상 급식 물타기 나선 여당	여권의 무상 급식 의제화 차단
3/20	6	'무상 보육 여야 충돌' … 여, "무상급식보다 영양가"	무상 급식 물타기 나선 여당	여권의 무상 급식 의제화 차단

3/22	6	선관위 '과잉 규제' 여당서도 비판	무상 급식 운동은 위법이라는 선관위 결정은 잘못	무상 급식 저지로 여당 돕는 선관위
3/22	31	'밥의 정치' 는 역동적 복지의 시작	무상 급식은 보편적 복지의 문제	무상 급식은 진정한 복지국가로 가는 길
3/24	14	'제주 친환경 무상 급식' 공동 공약 제안	무상 급식 공약 확산	무상 급식 지지 확산
3/24	35	복지는 불우 이웃 돕기가 아닌 권리	무상 급식은 보편적 복지의 문제	무상 급식은 진정한 복지국가로 가는 길
3/25	1	교육감 예비 후보 16명 "친환경 무상 급식 공약" 시민 단체와 정책 협약식	무상 급식 공약 확산	무상 급식 여론 확산
3/25	31	친환경 · 직거래 급식으로 농촌 살려야	무상 급식은 농촌 살리는 길	무상 급식의 효과 크다
3/25	9	여주군 '친환경 학교급식 센터' 가보니	무상 급식은 학생과 농민 모두에 이익	무상 급식의 효과 크다
3/25	9	무상 급식 연대 잰걸음 '급식 지원 센터' 왜 필요?	무상 급식은 지역경제에 도움	무상 급식의 효과 크다
3/27	6	'유시민 단계 무상 급식론' 본격 공방	야권 내 무상 급식 이견	무상 급식 공약의 후퇴
3/29	29	어깨 짓누른 저녁 유상 급식	유상 급식은 눈칫밥 부작용	무상 급식의 필요성
4/1	13	제주 '친환경 무상 급식' 공동 공약 나왔다	무상 급식 공약 확산	무상 급식 지지 확산
4/2	2	'무상 급식 · 4대강' 외면하는 방송	방송, 무상 급식 보도 외면	무상 급식 의제화 막는 방송
4/6	13	군위 · 울진군, 모든 초등생에 무상 급식	무상 급식 채택 확산	무상 급식 채택 확산
4/6	10	친환경 무상 급식 운동 '재점화'	무상 급식 운동 확산	무상 급식 여론 확산

〈동아일보〉의 무상 급식 보도 야마

그렇다면 〈동아일보〉의 무상 급식 관련 기사에서 찾아낼 수 있는 야마는 무엇일까? 분석 결과, 〈동아일보〉는 무상 급식이 정책 공약으로서 함량이 크게 부족하고 따라서 지방선거 의제가 될 수 없다는 점을 강조하는 데 많은 노력을 기울였다. 가령 야권의 주장대로 초중학생에게 전면 무상 급식을 실시할 경우 연간 2조 원이라는 천문학적인 돈이 필요한데, 그 많은 돈을 무슨 수로 마련하겠느냐며 야당을 공격한다. "무상 급식에 필요한 예산이 교육재정으로 충당할 수 있는 수준을 넘어설" ● 뿐만 아니라 재정 자립도가 낮은 지방자치단체는 재원을 마련하기가 어렵다● 며, 무상 급식이 '예산 확보가 어려운 섣부른 정책'이라는 점을 부각했다. 그런데도 야당이 무상 급식을 선거 이슈화하는 데 열을 올리는 이유는 당장 국민이 '공짜 점심'이라는 구호에 현혹되기 때문이라고 〈동아일보〉는 주장한다● .

〈동아일보〉의 기사는 '반서민 정책'으로서의 무상 급식을 강조하는 데에도 초점을 맞추고 있다. 가령 2월 19일자 '100퍼센트 무상 급식 민주당 공약, 오히려 반서민'이라는 제목의 사설에서 〈동아일보〉는 무상 급식 예산을 마련하려면 "요긴한 교육 사업 등에 써야 할 돈을 빼내오거나, 아니면 국민이 세금을 더 내야 한다"면서 "책임 있는 정치인이나 공당이라면 이런 무책임한 공약을 내놓아선 안 된다. 재정 조달 문제를 먼저 생각하고 형평성과 합리성을 꼼

● 3월 16일자 3면 '초중생 전면 무상 급식 年 2조 원 들어' 기사 중에서.

● 3월 22일자 18면 '재정 자립도 19퍼센트 강원 정선군의 무상 급식 조례안 통과 선거용 논란', 3월 19일 18면 '경기도의회, 무상 급식 예산 전액 삭감'.

● '무상 급식은 포퓰리즘'이라는 관점 야마.

꼼히 따져봐야 한다"고 주장했다. 그러나 〈동아일보〉는 연간 약 2조 원이 든다는 초중학생 전면 무상 급식 비용을 서민의 세금을 올리거나 다른 복지 예산을 깎아먹지 않고서는 마련할 수 없는 것인지, 야당과 시민사회 단체는 무상 급식 예산 마련에 대해 어떤 생각을 갖고 있는지 등에 대해서는 언급하지 않았다. 그러면서 "부담 능력이 충분한 계층의 자녀에게까지 공짜 점심을 제공하는 것이야말로 서민의 이익에 반(反)하는 정책"이라며 무상 급식을 '반서민 정책'으로 몰았다.

〈동아일보〉는 3월 10일자 사설 '공짜 천국 만들 듯한 선거공약, 서민이 피해자다'에서도 무상 급식을 "공짜 선심 공약", "대표적인 포퓰리즘 공약"이라고 몰아붙였다. 또 무상 급식 예산을 마련하려면 "세금을 더 걷거나 다른 복지 혜택을 줄이는 수밖에 없다"는 주장을 반복했다. 〈동아일보〉는 특히 2009년 국세 수입 구성에서 차지하는 고소득자, 고액 자산가 등의 세금 비중을 근거로 들면서 '중산층과 서민층이 오른 세금의 상당 부분을 부담해야 한다', '유권자가 공짜 공약의 혜택을 받기만 하고 세금을 한 푼도 내지 않을 것처럼 선전하는 공약은 눈속임'이라는 등의 주장을 폈다. 그러나 〈동아일보〉는 이명박 정부의 부자 감세 정책을 방조해왔다. 그래 놓고 '무상 급식을 하려면 세금을 더 걷어야 하는데, 국세 비중에서 부자들이 내는 세금은 20퍼센트밖에 안 되니 결국 중산층과 서민이 상당한 증세 부담을 져야 한다'는 주장을 편 것이다. '무상 급식 예산은 다른 교육 복지 예산에서 끌어와야 한다'는 논리도 설득력이 약하다. 초중등학교 무상 급식에 든다는 약 2조 원의 돈은 4대강 예산22조 원의 10분의 1에 불과하며, 부자 감세와 4대강 사업으로 줄어든 지방 교육재정 교부금을 2, 3퍼센트만 올려도 해결될 수 있기 때문이다. 민주노동당 권영길 의원실이 낸 보도 자료에 따르면, 이른바 부자 감세 정책으로 줄어든 지방 교육재정 교부금 규모가 2010년 3조 4600억 원, 2011년 3조 6000억 원, 2012년 3조 9409억 원에 이른다. 감세하지 않아도 무상 급식 예산은 충분히 확보할 수 있는 셈이다.

〈동아일보〉는 3월 19일자 칼럼 '공짜 점심 조삼모사 공약'에서는 김상곤 경기도 교육감의 무상 급식 예산안 상정을 두고 "무산될 걸 뻔히 알면서도 논란의 중심에 서는 것 자체가 훌륭한 선거운동임을 알기 때문에 겉으로는 반발하면서도 속으로는 웃고 있을 것"이라고 정치 공세를 폈다. 또 무상 급식에 막대한 돈이 들어가고, 그렇게 되면 '저소득층을 위한 사업이 타격을 받을 수밖에 없다'는 논리를 거듭 반복하면서 이를 '조삼모사(朝三暮四)'식 공약이라고 몰았다. 그러면서 그 근거로 서울시 교육청 예산 상황을 들어 무상 급식을 실시할 경우 저소득층을 위한 사업이 타격을 받을 수밖에 없다는 주장을 폈다. 그러나 야당과 시민 단체는 무상 급식 예산을 중앙정부·지자체·교육 당국이 분담하고, 불필요한 예산·낭비성 예산을 줄여 무상 급식 예산을 마련하자고 주장하고 있다. 〈동아일보〉는 이런 제안은 무시한 채 '어떻게 급식에 그 많은 돈을 쓰느냐'는 말만 반복하고 있는 셈이다. 칼럼은 또 "생애 출발선에서의 교육 불평등은 가난의 대물림으로 이어질 확률이 높다", "물고기 잡는 법을 가르치는 게 아니라 물고기 먹이는 일에만 급급해하는 것은 바람직한 교육도, 진정한 복지도 아니다"라며 마치 무상 급식이 '교육 불평등'을 조장하는 것처럼 호도했다. 의무교육의 관점으로 빈부 격차에 관계없이 학교에서 교육을 받고 먹을 수 있어야 한다는 무상 급식의 취지를 '저소득층의 교육 기회를 뺏는 것', 나아가 '교육 불평등' 식으로 몰아붙인 것이다.

보수 성향 언론이 민주당의 무상 급식 공약을 집중 견제했음에도 무상 급식 지지 여론은 줄어들기는커녕 오히려 확산되는 기미를 보였다. 이에 지방선거를 코앞에 둔 한나라당조차 선거에 질 것을 우려해 민주당 따라 하기에 나선다. 서민 가정과 중산층의 0~5세 취학 전 아동에게 보육비와 유아 교육비 지원을 점차 확대해 2015년까지 하위 70퍼센트 가정에 전액 지원한다는 '무상 보육' 카드를 내 놓았다. 이를 위해서는 연간 1조 4000억 원의 예산이 필요한 것으로 분석됐다. 한나라당은 더불어 2012년까지 농산어촌과 도시 저소득층 초중학교 학생 모두에 대한 무상 급식을 확대하는 대책을 내놨다. 여당이 이렇게 나오자, 그동안 민주당의 전면 무상 급식 정책을 집중적으로 비판했던 〈동아일보〉로서는 머쓱해질 수밖에 없게 됐다. 〈동아일보〉는 상황이 이렇게 돌아가자 '민주당 포퓰리즘에 여당도 합세'라는 관점 야마를 설정하고 이를 기사를 통해 집중적으로 강조한다. 〈동아일보〉가 보기에 한나라당의 무상 보육 카드는 "야권이 유권자에게 던진 '무상 급식 선물 꾸러미'의 파괴력을 상쇄할 수 있는 대안"이다. 야권의 '전면 무상 급식론'에 대해 '불가' 입장만 고수하면 지방선거 이슈 전쟁에서 밀릴 수 있다고 보고 예산 문제를 고려한 절충적 방안을 제시했다는 것이다. 〈동아일보〉는 "여야는 이번 지방선거에서 충분한 재정 뒷받침 여력이 없는 포퓰리즘 공약을 쏟아내고 있다"며 여야를 싸잡아 비판하고 있다. 포퓰리즘 공약은 국가의 영혼을 좀먹는 위험

● 3월 16일 3면, 당정 '점진적 확대'로 가닥 잡을 듯.

● 3월 24일 4면 '조 단위 공약' 평펑…뒷감당은 어떻게

[표29] 〈동아일보〉의 무상 급식 보도 야마

보도 일자	게재 지면	제목	리드	내용 야마
2/3	14	경기도 교육청 '전면 무상 급식'…수도권 지방선거 최대 변수로	지방선거 주요 의제화	지방선거 의제감 아니다
2/4	35	유권자는 '전면 무상 급식' 공약의 허실 직시해야	다른 교육 사업 차질	무상 급식의 비현실성
2/19	31	'100퍼센트 무상 급식' 민주당 공약, 오히려 反서민	서민 자녀에 돌아갈 혜택 줄어든다	무상 급식은 반서민 정책
2/19	8	민주 '무상 급식' 당론 확정…與 "지나친 복지 정책" 비판	무상 급식은 포퓰리즘	민주당의 포퓰리즘
2/27	10	민주 '전면 무상 급식' 당론 논란	야당 내에서 논란 크다	야당 내 합의도 안 된 공약
3/1	26	8년 전 자료로 만든 '무상 급식' 공약	잘못된 자료 토대로 한 어설픈 공약	근거 부족한 공약
3/10	35	'공짜 천국' 만들 듯한 선거공약, 서민이 피해자다	서민 자녀에 돌아갈 혜택 줄어든다	무상 급식은 반서민 정책
3/15	30	탁신 포퓰리즘	무상 급식은 포퓰리즘 공약	민주당의 포퓰리즘
3/15	8	민주 무상 급식에 與 "서민 유치원비" 맞불	서민 공약 경쟁 가열	민주당 포퓰리즘에 여당도 합세
3/16	1	'무상 급식' 6·2 지방선거 핫이슈로…시도지사-교육감 출마자 165명에게 물어보니	시도지사-교육감 후보 90퍼센트, 무상 급식 찬성	후보들 표 욕심에 무상 급식 찬성
3/16	3	"포퓰리즘" 비판하던 한나라 "반대 고수 땐 표 떨어져" 곤혹	흔들리는 한나라당	민주당 공세에 흔들리는 여당
3/16	3	당정 '점진적 확대'로 가닥잡을 듯	여야 무상 급식 경쟁	민주당 공세에 흔들리는 여당
3/16	3	초중생 전면 무상 급식 年 2조 원 들어	무상 급식 예산 부족	예산 확보 어려운 섣부른 정책
3/17	16	충남 교육청, 모든 읍 지역 초등교 무상 급식	충남, 무상 급식 범위 확대	예산 확보 어려운 섣부른 정책
3/17	16	학교 무상 급식 조례 주민 발의로 제정	목포, 점진적 무상급식 조례 제정	예산 확보 어려운 섣부른 정책
3/17	5	민주당 내에서도 공방 가열	민주당 내에서도 합의 안 된 사안	예산 확보 어려운 섣부른 정책

3/17	5	무상 급식 대상 학생 어떻게 선정하나	서민 자녀, 눈칫밥 먹지 않는다	억지 논리 강조하는 야당
3/18	35	민주당 김성순 의원의 '포퓰리즘 비판' 신선하다	민주당 내에서도 합의 안 된 사안	무상 급식은 반서민 정책
3/19	34	'공짜 점심' 조삼모사 공약	여야의 지나친 선심공약 경쟁	무상 급식은 반서민 정책
3/19	4	'보육 예산 1조' 조달 대책 아직 깜깜	여당의 무상 보육 예산 마련 어렵다	민주당 포퓰리즘에 여당도 합세
3/19	18	경기도의회, 무상 급식 예산 전액 삭감	경기도, 도 교육청의 무상 급식안 거부	예산 확보 어려운 섣부른 정책
3/19	4	전면 무상 급식 내건 野에 보육비 맞불…선거용 '선심 대결'	여야 지나친 선심 공약 경쟁	민주당 포퓰리즘에 여당도 합세
3/22	18	재정 자립도 19퍼센트 강원 정선군의회 무상 급식 조례안 통과 '선거용' 논란	예산 대책도 없이 무상 급식 추진	예산 확보 어려운 섣부른 정책
3/24	35	'포퓰리즘 폐해' 다수 국민이 알아듣게 설명하라	여야 지나친 선심 공약 경쟁	민주당 포퓰리즘에 여당도 합세
3/24	4	안상수 "전면 무상 급식 참 나쁜 선거 전략", 이강래 "부자 감세 중단하면 충분히 가능"	여야 지나친 선심 공약 경쟁	민주당 포퓰리즘에 여당도 합세
3/24	4	'조 단위 공약 펑펑 …뒷감당은 어떻게	예산 확보 어려운 무상 급식 · 무상 보육	민주당 포퓰리즘에 여당도 합세

한 정치 행위라는 비판을 가한다.

〈한겨레〉와 〈동아일보〉 '의도 야마'의 차이

무상 급식에 대한 〈한겨레〉와 〈동아일보〉 보도의 노림수, 즉 의도 야마는 무엇인가? 두 매체가 자신들의 보도에 있어서 의도의 순수성을 가지고 있다고 본다면, 의도 야마의 차이는 '전면 무상 급식'이냐, '저소득층 무상 급식'이냐는 복지 철학의 차이라고 볼 수 있다.

우리나라는 건강보험과 같이 '보편적 복지'에 기반한 제도를 갖추고 있긴 하지만 복지 제도의 근간은 기초생활 보장제도와 같이 빈곤층을 대상으로 하는 '선별적 복지'다. 이를 '시혜적 복지'라고도 부르는데, 전면 무상 급식은 복지 패러다임의 변화라고 볼 수 있다. '선별적 복지'는 노동능력이 없는 빈곤 계층의 소득과 자산을 조사해 선별한 이들에게만 최저생계비를 보장해주는 방식이다.

기본적으로 '필요한 곳에 필요한 만큼 준다'는 것을 전제로 한다. 세금을 내는 사람들이 온정을 베풀어야, 온정의 대상인 빈곤층 등 사회적 약자가 혜택을 본다. 납세자와 복지 수혜자는 분리된 집단이고, 그들의 위상은 동등하지 않다. 수혜자의 범위와 지원 수준은 납세자의 아량의 정도에 의해 결정된다. 때문에 선정 기준과 집행 방식에 대한 엄밀함이 종종 논란의 대상이 되곤 한다.

선별주의는 복지가 덜 발달한 영국, 미국, 일본 등에서 많이 발견된다. 한국은 이 집단에 속해 있다. 선별적 복지론에 입각한 〈동아일보〉의 보도는 정부와 여당의 주장처럼 "모든 아이에게 공짜 점심을 줄 것이 아니라, 가난한 아이에게만 공짜 점심을 주고 밥값 부담 능력이 있는 아이의 점심 값으로 가난한 아이에게 학용품이라도 더 사주자"는 것으로 요약할 수 있다.

반면, '보편적 복지'는 인간답게 산다는 것이 누구에게나 부여된 권리라는 철학이다. 이를 보장하는 것이 궁극적으로 국가의 책임이며 존재 이유다. 인간답게 살 수 있는 권리는 남녀노소, 지역, 인종, 빈부 등 그 어떤 것보다 앞선 가치로 여겨진다. 누구도 이런 권리의 향유에서 예외가 되지 않아야 하기에 복지 혜택은 모든 이에게 예외 없이 적용한다. 〈한겨레〉의 철학은 '보편적 복지'에 기울어 있다.

'보편적 복지'를 주장하는 측에서는 선별적 복지가 필연적으로 '심사'를 필요로 한다는 점에 주목하고 있다. 교육 현장에서 지속적으로 제기된 문제인데, 심리적으로 민감한 시기에 무상 급식을 받기 위해 부채 증명서, 심지어 이혼 증명서까지, '가난'을 증명하는 서류를 제출하고 다른 아이들에게 '가난해서 무상 급식 받는 아이'로 놀림을 받는 낙인 효과가 아동보호나 인간성 교육 측면에서 해롭다는 것이다.

이런 입장의 차이를 가치의 잣대로 판단하는 것은 쉽지 않다. 우리 사회가 지향하는 방향이 근본적으로 보편적 복지인지, 선별적 복지인지를 먼저 정한 뒤, 언론의 보도에 대해 적절성 여부를 판단할 수 있을 것이다. 즉 복지에 대한 대한민국 헌법의 정신을 먼저 살펴봐야 할 것이다.

내가 주목하는 대목은 근본적인 철학의 차이에 있지 않다. 그보다는 무상 급식 관련 보도를 통해서 언론이 실제로 의도했던 바를 찾아내는 데 있다. 미디어법 보도 분석에서처럼, 관련 기사를 썼던 기자들에게 직접 물어보면 의도 야마를 찾는 일이 좀 더 쉬울 수 있겠지만, 사정상 그러지 못했다. 그렇다면 기사를 통해 의도 야마를 추정하는 수밖에 없다.

내가 보기에 〈한겨레〉와 〈동아일보〉의 무상 급식 관련 보도는 '정치적 공세'의 성격이 다분하다. 즉 의도 야마가 정치적 목적 달성과 관련이 있을 것이라는 추정이다. 무상 급식 논란은 2010년 초 김상곤 경기도 교육감이 당선 이후 무상 급식을 적극적으로 추진했던 것에서 시작됐다. 김 교육감이 무상 급식 실시를 위한 추가경정예산을 편성하자 한나라당 주도의 경기도의회는 이를 모두 삭감했다. 경기도 교육청은 세 번에 걸쳐 무상 급식 예산편성을 요구했지만, 도의회는 매번 거절했다. 이후 2010년 6·2 지방선거를 앞두고 민주당과 민주노동당 등 야권 후보의 상당수가 전면 무상 급식을 공약으로 제시하고 나섰다. 이후 시민 단체가 가세하면서 무상 급식 문제는 사회적 의제로 떠올랐다. 수수방관하던 한나라당은 적극적인 대응 전략으로 맞섰고, 이후 여야 간에는 무상 급식을 둘러싼 치열한 공방이 이어졌다. 급기야 한나라당 소속 오세훈 시장이 이끄는 서울시에서는 주민 투표 실시라는 극단적 대립 상황이 벌어졌다.

결국 무상 급식 논란은 근본적으로 지방선거를 앞두고 서로 유리한 고지를 차지하기 위한 여야의 샅바 싸움에 동원된 의제였다. 그리고 〈한겨레〉와 〈동아일보〉는 이 같은 여야의 정치 게임에 공조하는 보도 태도를 일관했다. 〈한겨레〉는 야당의 주장을, 〈동아일보〉는 여당의 주장을 대변하며, 무상 급식을 둘러싼 보도 전쟁을 벌인 것이다.

'정치적 공세'라는 의도 야마에 사로잡힌 두 매체는 정파적인 이해관계를 보도에 반영하는 과정에서 사실을 자의적으로 취사선택하거나, 거두절미해서 인용하거나, 심지어 교묘하게 거짓말을 하는 행태까지 보였다.

가령 〈동아일보〉는 '무상 급식=부잣집 아이에게 공짜 밥을 주는 일'이라는 프레임을 지속적으로 강조하여, 무상 급식이 대다수 서민 가정에 실질적인 교육비 절감 혜택을 줄 수 있다는 사실을 물타기했다. 〈동아일보〉는 또한 무상 급식 예산을 위해 세금을 더 내야 하므로 서민에게 득이 될게 없다는 식으로 '무상 급식=반서민'이라는 주장을 강조했다. 이렇게

'서민'을 강조하는 〈동아일보〉는 2012년까지 이명박 정부의 '부자 감세' 규모가 90조 원에 이른다는 사실, 정부가 2010년 결식아동 예산을 541억 원 삭감했다는 사실에 대해서는 아무런 비판도 없이 눈을 감았다.

〈한겨레〉는 무상 급식에 대한 사회적 지지가 확산되고 있다는 논조의 기사를 지속적으로 내보내면서, 무상 급식에 반대하는 진영의 목소리는 지면에 거의 반영하지 않았다. 이는 결과적으로 야당의 선거운동을 돕는 것이었다고 할 수 있다. 재정 확보 방안에 대해서 〈한겨레〉는 4대강 사업 등 불요불급한 곳에 쓰이는 돈을 갖다 쓰면 된다는 논리를 지속적으로 강조했다. 그러나 매년 이뤄지는 연속성 국가정책으로서의 무상 급식 예산을 구체적으로 어떻게 확보할 수 있는지에 대해서는 입을 다물었다. 무상 급식 관련 보도를 면밀히 살펴보면, 〈한겨레〉와 〈동아일보〉 두 신문은 모두 '정치적 공세'라는 의도 야마를 상당 부분 갖고 있었다고 추정할 수 있다.

8장

'승부처' 미디어법

여야 "선거때 여론 향배 갈라" 인식 탓 양보 안해

"미디어선
언론 장악
30년된
바꾸기 우

'야마' 관행
의
발생 배경

이 장에서는 기자에게 야마 관행이 생긴 배경과 이유에 대해서 묻고 그 결과를 정리했다. 기자는 '업무 편의성 제고', '깊은 고민의 부재', '사안 쫓아가기 보도 행태' 그리고 '자사의 이익 추구 경향' 등에 기인하는 바가 크다고 대답했다.

업 무

편의성

야마 관행이 생긴 일차적인 이유는 기자 업무의 편의성과 관련이 있는 것으로 보인다. 기자들은 야마를 먼저 잡고 취재를 하는 방식이 취재를 한 뒤 야마를 잡는 방식보다 여러 면에서 편리하다고 말했다. 시간을 아낄 수 있고, 취재하기가 편하며, 기사 쓰기도 쉽다는 것이다. 데스크로부터 받는 지적도 줄일 수 있다. 데스크나 소속사 성향에 맞는 야마를 잡기 때문이다.

개인적으로 야마를 좋아하지 않는다. 빨리 기사를 써야 하는 상황에서 시스템적인 편리를 위해 'A=C'라고 정의해놓고, 야마에 맞는 취재원만 접촉해서 기사를 쓴다. 취재 과정에서 야마에 맞는 것만 남기고 나머진 버린다. 기자 편의적인 취재 방식의 전형이다.(E)
야마를 세워놓으면 취재할 게 딱 몇 가지로 정리된다. 어디 가서 누구를 만나고, 어떤 자료를 읽고, 어떤 형식의 기사를 써야 하는지가 금방 다 결정된다. 그러니까 더 야마를 먼저 잡고 취재를 하는 습관

에 익숙해지게 된다.(N)

야마를 정해놓고 거기에 끼워 맞춘다. 기초 취재를 광범위하게 한 뒤 야마를 뽑아야 한다는 비판도 있지만 이 비판은 한국의 언론 환경이나 기자의 취재 태도를 모르기 때문에 나오는 것이다. 한국 기자의 하루 생활, 취재 패턴을 보면 특정 사안에 대해서 기초적인 취재를 할 만한 시간이나 여력이 없다. 기자는 일단 야마를 잡아놓는다. 막연한 야마를 토대로 추가 취재를 하다 보면 애초 생각이 맞을 수도 있고 틀릴 수도 있다.(I)

공신력 있는 기관의 발표나, 기업 등에서 나온 보도 자료의 야마를 곧이곧대로 받아들인 뒤 추가 취재를 통해 기사를 쓰는 경우도 많은데, 이 역시 일을 편하게 하려는 습성에서 비롯된다고 할 수 있다.

가끔 홍보 대행사 또는 기관이나 기업의 홍보팀에서 나온 보도 자료를 그대로 베껴 쓰는 기자를 본다. 부끄럽지만 현실이다. 써야 할 기사는 많고, 취재할 시간은 부족한데 야마가 딱 서 있는 자료를 그냥 무시하기 쉽지 않다. 〈연합뉴스〉의 야마를 그대로 따라가는 것도 같은 이유에서다. 주어진 야마를 기자가 그냥 덥석 문다. 기자로서의 자존심이 걸린 문젠데, 별 의식도 없다.(C)

몇 년 전에 검찰 출입을 한 적이 있다. 검찰 수사 기사에서는 검찰이 흘리는 게 야마다. 그걸 가지고 쓸 수밖에 없다. 그렇지 않고 검찰 관계자를 죽 만나서 야마를 잡는다면 검찰 기사는 하나도 못 쓸 것이다. 일단 검찰이 흘리거나 공표하면 그걸 야마로 해서 보충 취재를 하는 게 관행이다. 물론 검찰은 다른 어느 출입처보다 취재가 어려운 곳이기 때문에 보충 취재도 사실은 별 게 없다. 만약 검찰이 알려주는 대로 안 쓰고 다른 식으로 쓴다면 대단한 결단이 필요하다. 회사당 서너 명의 검찰 출입 인력으로는 역부족이다.(A)

업무 편의적인 야마 잡기는 주요하게 나타나는 기사 형태를 봐도 알 수 있다. 기자는 해설이나 기획 기사보다는 스트레이트 기사 형태를 선호한다. 틀이 정형화돼 있는 스트레이트 기사는 전문에 야마를 제시하고, 필요한 팩트만 챙겨서 본문에 정리하기만 하면 금방 완성할 수 있기 때문이다.

솔직히 스트레이트 기사가 쉽죠. 미디어법 관련 기사를 제대로 쓰려면 기획을 해야 하고 발품을 팔아야 해요. 신문 방송 겸영 등 미디어법의 주요 내용은 대부분 남이 한 번도 취재하지 않은 새로운 것인데 어려움도 크죠. 실제로 찾아보면 미디어법 관련해서 그렇게 깊이 있게 접근한 기사는 별로 없어요. 그저 미디어 산업 발전이 어쩌구저쩌구, 여론 장악 우려가 있으니 어떻게 해야 한다는 이야기들…. 풍부한 취재를 통해 사안의 숨겨진 측면을 잘 보여줘야 하는데, 그런 기사는 다들 외면하죠.(M)

관행이란 기자가 일을 수행하는 데 사용하는 형식화되고 일상적이며 반복되는 일과 형태를 뜻한다. 그렇게 형성된 관행은 기자 개인이 일을 수행하는 도중에, 그리고 일의 수행을 통해 즉각적인 주변 환경을 형성하며 조직은 이런 관행을 통해 환경의 불확실성을 줄일 수 있고 조직적 활동의 일관성을 유지할 수 있다Shoemaker & Reese, 1996. 슛츠Schutz, 1962에 따르면 행위는 시간적 계획이 미래에 대한 투영project으로서의 사회적 행위를 특징짓는 것이다. 즉 사회적 행위는 미래완료 시제로 수행되는 것이다. 행위는, 모든 일이 예상대로 진행되었을 경우 일어나게 되어 있는 상황을 파악하기 위해 미래로 투영되는 것이다. 뉴스 제작자는 뉴스 망을 통해 특별한 사건을 일상화해 가는 과정에서 시간과 공간의 연결을 제도화한다. 가령 뉴스 이벤트가 될 만한 사건은 특별한 장소에서 일어난다고 생각하고 있을 뿐만 아니라 특정 장소에서 특정 시간에 일어나리라고 기대하고 있는 것이다.

야마 관행은 이러한 슛츠의 설명에 덧붙여 '미래에 대한 투영으로서의 사회적 행위'가 될 수도 있음을 보여준다. 일부 기자는 자신의 미래 업무를 좀 더 쉽고 편리하게 처리하기 위한 방식에서 야마 관행이 생겼다고 대답하고 있기 때문이다. 다만 업무 효율을 위해서 야마 관행이 불가피하다고 하더라도 그것이 진실 보도를 막는 기제가 되고 있다면 그 관행을 계속 유지할지 재고해봐야 할 것이다.

25

시대 변화에 따른 신문의 위상 전환

1980년대까지만 해도 신문 지면은 12쪽이 전부였다. 1980년대 후반까지도 지면 수는 12~16면에 불과했다. 그런데 1988년 새 신문사가 잇따라 생기고 신문 간의 경쟁이 이전보다 훨씬 치열해지면서 지면은 24면 체제로 바뀌기 시작했다. 이후 신문의 지면 수는 3배 이상 증가했다. 하지만 기자 수는 1.5배 증가하는 데 그쳤다. 1980년대 기자 수가 200여 명이었던 한 메이저 신문사는 현재 기자가 300여 명이다. 2006년 한국언론재단 자료를 보면, 기자 수가 대략 50퍼센트 증가할 때, 지면 수는 300퍼센트나 늘었다.

신문 지면 수의 증가 결과로 패션, 대중음악, 레포츠, 여가, 건강, 재테크 등 다양한 영역의 기사가 지면에 등장하기 시작했다. 이에 따라 기자의 업무량도 이전과는 비교할 수 없이 많아졌다. 다만 이때까지만 해도 인터넷이 나오기 전이라 신문은 여전히 발생 뉴스 중심으로 제작되는 등 신문 기능의 위상에는 큰 변함이 없었다.

그런데 2000년대 들어오면서 신문의 위상에 큰 변화가 불가피해졌다.

인터넷이 등장하면서 신문의 중추였던 발생 사건이 더 이상 큰 뉴스거리가 되지 않는 것이다. 화재, 자연재해, 교통사고 등의 발생 사건에 대해서 신문보다는 인터넷이 훨씬 빠르고 다양하게 소식을 알렸다. 더불어 신문의 독자 수도 가파르게 줄기 시작했다. 한국언론재단 조사를 보면, 한국의 신문 구독률은 매년 5퍼센트 이상씩 떨어지고 있다.

이렇게 되자 신문사는 커다란 위기감을 느끼기 시작했다. 존재감이나 영향력을 드러낼 방법이 필요했던 것이다. 그 고민으로 등장한 대안 가운데 하나가 '의제 설정 기능의 강화'라고 할 수 있다. 뉴스 그 자체보다는 전체적인 사건의 흐름이나 의제를 더 중시하고, 그 의제를 어떻게 엮을 것인가에 대해 신문사는 중요하게 고려하기 시작한 것이다. 다른 매체와는 다른 의제 설정으로 신문의 존재감을 드러내려는 전략이었던 셈이다.

실제로, 2000년 이후 주요 종합 일간지의 지면의 배치 순서가 바뀌었다. 〈중앙일보〉가 2004년 칼럼 등이 실리는 여론면을 맨 뒤로 빼고 사회면을 종합면과 정치면 다음으로 전진 배치했다. 〈한겨레〉도 2006년 비슷한 지면 조정을 했고, 이후 나머지 중앙 일간지도 비슷하게 따라갔다.

[표30] 11개 전국 종합지 주당 평균 발행 면수 변화

연도	2000	2001	2002	2003	2004	2005	2006	2007	2008	2009
주당 평균 지면	183.6	224.0	216.4	223.6	234.6	227.2	216.2	210.8	213.1	216.5
증감률 (퍼센트)		22.00	- 3.39	3.33	4.92	- 3.15	- 4.84	- 2.50	1.09	1.60

*조사 시점 기준: 매년 3월
*출처: 한국언론재단(2000~2009b 재구성)

지면 배치를 바꾸면서 신문에는 '펼친다'는 개념이 등장했다. 나뉘어 있던 중요한 사회적 의제를 앞쪽으로 전진 배치하면서 신문이 주장하는 바를 좀 더 명확하고 강도 높게 전달할 수 있게 됐다. 신문은 이제 발생 사건 보도보다는 의제의 설정에 더 집착하기 시작했다. 야마 관행의 심화는 이러한 지면 배치의 전환과 의제 설정 기능의 강화 시점과 맞물려 있다. 의제 설정을 위해서는 선명한 방향성이 필요했고 따라서 야마를 더욱 분명하게 잡아야 했던 것이다. 또 여러 개의 기사를 집중적으로 배치하여 기사가 독자의 시선을 끌게 하려면 전체 기사의 흐름을 끌고 가는 일관된 야마가 중요해질 수밖에 없었다.

신문은 시간이 흐를수록 야마를 더 강조하는 경향이 생긴다. 저널리즘의 흐름상, 한국 언론의 흐름상 그렇다. 신문은 이제 속보 싸움을 안 한다. 인터넷에 넘겨줬다. 종편 등 24시간 매체도 생겨나고 있다. 단순한 팩트 전달에서 자기 색깔을 확실하게 보여주는 쪽으로 바꾸는 게 신문의 활로일 수 있다. '조중동'과 〈한겨레〉, 〈경향신문〉은 그래서 더 자기 색깔을 강조하는 경향이 있다. 중도지를 표방한 신문이 시장에서 자기 존재감을 드러내지 못하는 이유 가운데 하나도 최근의 흐름을 반영하지 못했기 때문일 것이다. 즉 야마가 선명하지 않은 것이다.(K)

주장이 강해야 살아남는다. 갈수록 야마성 기사가 더 많이 필요해진다. 물론 근거와 설득력을 갖춰야 할 것이다. 그게 없으면 신뢰성이 땅에 떨어지기 때문이다. 지금은 특종 아니면 야마로 승부해야 하는

시대다.(A)

자기 야마 갖는 걸 정론 후퇴냐 저널리즘 퇴보냐 측면에서 논의할 수는 있다. 그러나 다르게 볼 수도 있다. 1990년 이후 신문 독자는 계속 감소하고 있다. 정보의 유통 경로가 크게 바뀌었기 때문이다. 신문에서 새로운 뉴스를 찾는 독자는 줄었다. 인터넷 등 다른 곳에 많기 때문이다. 독자는 신문에 〈연합뉴스〉를 기대하는 것이 아니다. 신문만이 제공할 수 있는 독특한 뭔가를 원한다. 독자의 성향이나 기대 수준이 많이 바뀐 것이다. 그렇다면 이제 신문이 단순 사실을 중립적인 위치에서 보도하는 것은 맞지 않는다. 어떤 사안에 대한 깊이 있고 분명한 해석과 분석을 해줘야 한다. 내면의 숨겨진 이야기나 그 일이 벌어진 맥락과 배경을 얘기해줘야 한다. 야마 관행은 그런 측면에서 볼 때 불가피하다. (L)

● 존스톤Johnstone, 1976 등은 넓은 상황에서 뉴스를 보도하고, 얻을 수 있는 정보 뒤에 감춰진 의미와 원인, 맥락을 찾아내는 기자를 '참여적 기자'라고 불렀다. 민정식2001은 단순히 사실을 보도하는 것이 아니라 원인과 감춰진 사건을 다루는 기자를 '해설적 기자'라고 이름 붙였다. 이 논의를 빌려온다면, 현재 한국의 신문은 '참여적 언론' 또는 '해설적 언론'을 지향하고 있는 셈이다.

26

편 집 국 의
영 향 과
기 자 의
순치

많은 언론학자는 "뉴스 작업에 대한 사례 연구는 대개 사악한 성격을 가진 편집진의 간섭 효과를 보여준다"고 지적했다Crouse, 1973; Gitlin, 1980; Hallin; 1986. 상당수 언론학자는 뉴스를 '현실의 사회적 구성social construction of reality'이면서 동시에 '조직의 사회적 제작social manufacture of organization product'으로 정의하기도 한다. 뉴스 제작에 있어 언론사 조직 요인의 중요성을 말하는 것이다.

야마 관행을 설명할 수 있는 세 번째 요인은 데스크나 편집국과 현장 기자 간의 관계다. 위에서도 설명했듯이, 기자는 전문직이지만 동시에 특정 조직의 일개 구성원이다. 따라서 기자 개인이 편집국의 방향을 거슬러 독자적인 주장을 펼치는 것은 사실상 어렵다. 특히 군사 문화적 또는 가부장적 위계질서가 강한 한국 언론 사회에서 기자가 데스크나 편집국 문화에 반기를 드는 일은 극히 드물다.

이는 기자가 언론사에 입사 후 어떤 과정과 절차를 거쳐 숙련된 기자가 되는지를 보면 금방 알 수 있다. 기자 교육은 철저히 도제식이다. 수습기자 한 명당 1명의 선배 기자일명 1진가 배정되고 선배 기자는 책임지고 수습기자를 교육시킨다. 수습기자는 사회부에 배치돼 화재나 교통사고, 살인, 집회 등 갖가지 발생 사건을 취재하는 요령을 주로 배운다. 이들은 이 기간 동안 집에 들어가지 못하고 경찰서에서 숙식을 해결한다. 보통 새벽 5시쯤 일어나서 자기에게 할당된 관내에 있는 경찰서, 검찰청, 병원, 학교, 시민 단체 등을 돌며 기사가 될 만한 것을 1진에게 보고한다. 1진은 보고를 듣고, 추가로 '어떤 팩트를 더 취재하라', '누구를 만나라', '어디에 가라' 등 일일이 지시를 내린다. 그리고 취재를 바탕으로 기사를 써보게 하고, 야마를 어떻게 잡는지 가르친다.

데스크나 편집국 영향에 의해 야마가 잡히는 것은 모든 매체가 마찬가지다. 이는 무엇보다 대다수 언론사에서 기자가 그저 하나의 구성원에 불과하기 때문이다. 또 상명하복 정신이 매우 투철한 곳이 언론사다. 수습 기간에 기자는 조폭처럼 언론사 조직에 충성하는 방식을 배운다. 그리고 그때 배운 관성은 이후 기자의 업무에 엄청난 영향을 준다. 위에서 한마디하는 것은 철칙처럼 받아들여야 한다고 생각한다. 한국 언론사는 참 무서운 곳이다.(M)

편집국의 영향을 받을 수밖에 없는 주요한 이유 가운데 하나는 인사권이다. 데스크의 야마 지시에 반기를 든다는 것은 곧 인사상 불이익을 감수하겠다는 뜻이다. 인사상 불이익은 여러 가지가 있다. 당장 자신의 희망과 상관없는 부서에 배치될 수도 있고, 과도한 업무량을 지시받을 수도 있다. 또 인사고과를 제대로 받지 못해 승진에 지장이 생길 수도 있다.

자기가 열을 알고 있어도 부장이 하나밖에 모르면 하나만 아는 척할 수밖에 없다. 열을 알고 있는 척하면 부딪치고 그러다가 문제 생기면 결국 아랫사람만 손해니까. 인사권이 위에 있고, 일단 부장과 사이가 안 좋으면 그런 불이익이 있으니까 다들 그렇게 적응해서 사는 것 같다.(I)

기자가 순치되는 측면도 크다. 부장이나 국장이 직접 지시를 하지 않더라도 기자는 그들의 생각을 미리 읽어내 그에 맞춰 야마를 잡는 경향이 강하다. 자기가 생각한 야마를 써봐야 데스킹 과정에서 걸러질 수밖에 없고, 그런 일로 괜히 눈 밖에 나는 것을 피하려는 생각에서다. 이런 점에서 "기자는 편집자를 기쁘게 하기 위해 자아 검열에 열중한다"는 브리드Breed, 1955의 지적이나, "언론사 구성원은 조직의 요구에 맞춰 자기 개인의 가치를 수정한다"고 말한 엡스타인Epstein, 1973의 분석은 설득력이 있다. 최근 들어 기자의 샐러리맨화가 진행되면서 기자가 순치되는 경향도 갈수록 심해지고 있다. 언론의 자유나 진실 보도 등 기자적 사명감이나 언론인으로서의 자부심보다는 매달 월급을 받아 살아가는 직장인으로서 자신의 위치를 상정하기 때문이다.

기자와 일반 직장인의 차이를 구분할 수 없다. 예전에는 사람들이 기자라고 하면 사회적 공기 역할을 한다는 생각을 했고, 존경도 했다. 하지만 지금은 그런 인식이 많이 사라졌다. 실제 기자가 하는 일이 그렇다. 옛날에는 신문에 뭐가 나오면 100퍼센트 진실이라고 봤지만 지금은 아니다. 콧방귀도 안 뀌는 경우가 많다. 항의 전화나 이메일은 또 얼마나 많이 오는지….(E)

몇십 년째 이어지는 한국 주요 신문의 큰 특징이 있다. 1인 사주 체제다. 병폐 중의 병폐다. 기자는 어떻게 해볼 도리가 없다. 그래서 자기 검열을 하게 된다. 기자가 알아서 기는 것이다. 특히 경제지 이런 곳은. 입사 초기에는 그래도 기자가 자기 검열을 하고 있다는 사실은 잊지 않는다. 이렇게 해서는 안 된다는 자의식을 갖고 있다. 하지만 시간이 지나면 자기가 순치되는 줄도 모른다. 편집국과 회사와 한 몸이 되어서 움직이는 것이다.(O)

기자의 이직 전후의 모습은 순치의 실상을 잘 보여준다. 진보적 매체에서 보수적 매체로, 또는 보수적 매체에서 진보적 매체로 옮긴 기자는 새로 옮긴 매체에 맞는 기사를 곧바로 생산한다. 동화와 순치가 순식간에 일어날 수 있는 배경에는 '생존'이라는 변수가 작용하고 있다.

A신문에서 B신문으로 옮긴 기자를 알고 있다. 가자마자 B신문다운 기사를 쓰는 것을 보고 깜짝 놀랐다. 물론 A신문에서 딱히 진보적이라고까지 할 수 있는 기자는 아니었지만 그래도 순식간에 B신문에 동화됐다는 것이 말로 표현할 수 없는 미묘함을 느끼게 했다. 그 기

자의 생각이 변했는지는 모르겠다. 아니면 애초부터 B신문에 맞는 성향을 가졌는지. 하지만 최소한 내가 아는 한에서는 그는 B신문에서 자기 혼자 어떻게 하기가 힘들었을 것이다.(M)

진보 매체에서 보수 매체로 간 기자 몇 명을 안다. 대부분 먹고사는 문제로 고민하다 간 경우다. 생각이 바뀐 것은 아니라고 본다. 하지만 추위에 떨어본 사람이 오히려 더 잘 순치된다. 그 환경에 맞춰서 가는 것 아닐까?(I)

27

적 극 적
편파

유승현과 황상재2006는 "사회적 현실을 재구성하는 언론이 선택과 배열이
라는 독특한 뉴스 생산 과정에 의해 '내재적 편향성bias'을 가지고 있다"고
지적한 바 있다. 언론은 속성상 편향성을 가질 수밖에 없다는 얘기다. 심층
인터뷰에 응한 상당수 기자는 이런 불가피한 편향성을 야마 관행이 지속
되는 요인 가운데 하나로 꼽았다. 이들이 보기에 현재의 언론 상황에서 야
마는 불가피한 '필요악'이다. 악의 측면은 야마를 강조하는 방식 자체가
공정성과 객관성이라는 저널리즘의 원칙에 어긋날 수 있으며, 야마에 맞지
않는 내용을 제거해버릴 수도 있다는 점과 관련이 있다. 필요 측면은 '진
실 보도'와 관련이 있다. 단순하게 객관적인 팩트만을 전달한다고 해서 그
게 어떤 사안이나 상황의 진실을 담고 있지는 않다는 것이다. 따라서 독자
에게 사안의 본질을 제대로 알려주기 위해서는 야마를 앞장세우는 게 불
가피하다는 주장이다.

'야마' 관행의
발생 배경

267

야마는 지금 언론 상황에서는 필요악이라고 본다. 야마 없는 언론, 그래서 공정성과 객관성을 가장한 언론은 힘을 가진 쪽에 유리한 보도로 흐르기 쉽다. 객관성 측면에서 비판받을 수 있지만 그 상황에 부합하는 팩트나 인물을 모아서 이게 중론이고 정리된 의견인 양 전하는 것이 야마 관행이다. 저널리즘 본령에서 보면 문제가 있다. 하지만 사안의 본질을 들여다볼 수 있게 한다는 점에서 야마가 필요하다고 본다.(Q)

이러한 설명은 야마 관행을 '적극적 편파' 또는 '합리적 편파'에서 비롯된 것으로 봄을 의미한다. '적극적 편파' 차원에서 야마 관행이 생겼다고 보는 시각은 언론의 '상관 조정' 기능을 강조한 것이다. 저널리즘 이론에서 언론의 상관 조정 기능이란 정책이나 사건의 본질을 해석하고 그 의미를 알려주는 언론의 역할을 말한다. 즉 사안의 본질을 알려줌으로써 독자나 시청자가 합리적으로 판단할 수 있도록 도와주는 기능을 해야 한다는 것이다.

내가 지난 미디어법 국면에서 데스크로서 지시한 것은 앞으로도 비슷한 일이 생기면 또 그렇게 할 것이다. 일방적인 주장을 펼치는 전문가나 교수의 주장을 동일한 학자적 양심에서 우러나는 것으로 보도할 수는 없다. 객관성의 신화는 끝내야 한다. 공정성, 객관성이라는 미명 아래 기득권을 가진 권력자에게 유리한 현실을 유지해주고 소수 약자에게 불리한, 소수 약자를 외면하는 상황을 만들어서는 안 된다. 논쟁의 여지는 많지만 지금 내 생각은 그렇다. 거대 신문과 다수당에 맞서 그들이 본질을 호도하는 것을 까발려야 한다. A, B, C, D 식으로 그냥 있는 그대로를 다 보여주는 것으로는 한계가 있을 수밖에 없다. 민주주의적 편파, 사회 통합적 편파는 현재로서는 불가피하다.(H)

팩트를 야마로 발전시키는 과정에서 언론이 제 역할을 다하지 못하고 있다. 미디어법 보도에는 프레임 싸움이 있었다. 당시 여당은 미디어법이 여론 독과점 문제로 비화하지 않도록 하기 위해, 민생 법안이라는 점을 강조하기 위해 일자리 창출 프레임에 집중했다. 이는 당시 경제 위기 상황에서 대학생에게 호소할 수 있는 좋은 프레임이었다. 취업난에 고생하는 젊은이에게 일자리를 만들어준다고 하니 얼마나 좋은가. 하지만 우리 신문은 그 프레임에 말려들지 않으려고 노력했다. 따라서 여론 독과점 문제를 의식적으로 부각하기 위해 노력했다.

우리 신문은 미디어법 관련 시리즈를 세 번 했다. 1회 때는 여당 주장의 허구성 검증에 주력했다. 실제로 미디어법이 통과됐을 때 생기는 폐단을 드러내려고도 했다. 현 방송 사업자의 지적이나 외국의 사례는 미디어법이 통과되면 한국 미디어 시장이 어떻게 망가지는지를 보여주기 위해 동원한 것이다. 또 망가지지 않기 위해 이런저런 장치를 둬야 한다는 주장도 했다. 실제로 여당은 중간에 입장이 바뀌었다. 정병국 한나라당 의원이 미디어법 토론회에 나왔을 때 일자리 창출은 부차적인 문제고 중요한 것은 지상파 독과점이라고 얘기한 것

이다.(K)

전통적인 저널리즘에서 보면 독자에게 결론을 내주기보다는 팩트만을 전달하는 게 맞다. 그렇지만 이제 독자는 기사가 객관적인 형태를 취한다고 해도 그것이 사실이 아닐 수 있다는 것을 잘 안다. 지금처럼 언론이 양극화된 게 최근 몇 년 동안에 벌어진 일인데, 그러면 2, 30년 전의 독자는 언론이 객관적이라고 봤나? 아니다. 신문은 정보 전달자의 입장에서 독자를 가르쳐야 한다는 게 객관 저널리즘이다. 앞으로는 이게 사라질 것이다. 이제는 정보 전달 수단이 신문 외에도 많다. 신문은 여러 매체 중 한 가지일 뿐이다. 특정 매체가 어떤 사안에 대해서 어떻게 보는지 알게 하기 위해 야마 방식이 나오는 것이다. 한국과 일본식의 기사 균형 논리는 생존 전략에도 맞지 않다. 편향된 야마라는 지적에 어느 정도 수긍하지만, 기계적 균형을 취해야 한다는 데는 동의하지 않는다.(N)

28

언론사의
이해관계

출입처에서 일부 신문 기자에게 미디어법 기사 야마가 자사의 이익을 위한 게 아니냐고 물으면 아니라고 한다. 그러면서 야당과 시민단체가 특정 신문이 하는 주장이라서 안 된다고 하는 것이라며, 다른 신문사가 미디어법을 주장해도 안 된다고 하겠느냐고 대답한다. 이는 일자리 창출, 미디어 산업 발전 등을 운운하다가 계속 반박에 부닥치자 결국은 신문이 방송에 들어가야 한다고 얘기한 것이나 마찬가지다. 논리적 모순이고, 자사의 이해관계에 따라 움직이는 야마 설정의 관점을 실토한 셈이다.

한 미디어 전문지 기자의 말이다. 야마 관행의 배경에 언론사의 이해관계가 숨어 있다는 설명이다. 한국 언론의 자사 이해 중심적 보도 태도는 어제 오늘의 일이 아니다. 자사에서 주관하는 행사를 1면에 대문짝만하게 소개하거나, 자사 관련 행사 기사를 주요하게 다루는 경우가 비일비재하다.

자사가 개최하는 마라톤 대회, 대학 평가, 야구 대회, 전시회, 사진전, 경시대회, 재테크 강연회 등은 몇 개 면을 할애해 수일에 걸쳐 집중 보도한다. 심지어 언론사 오너의 기사를 한 면을 통째로 털어 다루는 경우도 적지 않다. 미디어법을 둘러싼 여러 가지 시각이 있지만, 방송 진출을 원하는 신문사를 고려한 것이라는 주장도 강하다. 세계적으로 존재하지 않는 종합 편성 채널이라는 특수한 형태의 방송을 만들었다는 점, 거대 신문사가 아니면 방송을 하기가 현실적으로 어렵다는 점 등이 이런 주장의 근거다. 실제로 미디어법이 국회를 통과하고, 헌법재판소에서 "절차적으로 하자가 있지만 법안 통과는 유효하다"는 판결을 받은 뒤, 논의는 온통 특정 거대 신문의 움직임에 쏠려 있다. 쟁쟁한 인사를 스카우트하며 방송 추진단을 꾸리고, 여러 기업에 다가가 컨소시엄 참여를 주문하고, 종합 편성 채널에 대한 정부의 정책적 지원을 주문하는 기사를 계속해서 내보내는 곳은 모두 특정 거대 신문이다.

산업적 논리를 뒷받침하는 근거가 몇 개 안 된다. 수치도 문제고. 연구 근거도 부족하다. 기초 자료도 빈약하다. 과거의 비슷한 연구만을 활용해 수치만 대입하고 있다. 하지만 과거 TV 발전 시대 틀에 현재 것을 적용하면 안 된다. 접근 방법에 하자가 있는 것이다. 결국은 자사의 영향력을 키우고자 하는 속셈을 갖고 있다. 신문의 영향력이 줄어들어 언론사로서의 기능이 위축될까봐 방송에 진출하려고 하는 것이다. 종편 하겠다며 돈 대는 기업이 없는 것을 보면 알 수 있다. 그러다 보니 지방신문, 중소기업에까지 손 벌리고 있지 않느냐?(M)

어떻게 이런 기사를 쓸 수 있나. 상식적으로 봤을 때, 기가 막힐 때가 많았다. 자사의 입장을 대변하다 보니 무리하고 이상한 기사가 난무하는 것이다. 공신력도 없는 이상한 집단에서 나온 자료를 그냥 받아쓰고. 공익성 개념이 전혀 없다. 무료, 보편성, 이런 개념은 다 깨버리고 오로지 유료 방송으로 가는 것에만 관심이 있다.(G)

진보 신문도 솔직하지 못했다. 내부적으로 방송에 진출하고 싶은데 투자 여력이 없다는 사실을 솔직하게 얘기하지 못했다. 내부적으로 돈이 있고 삼성 등과 연대할 수 있다면 하려고 할 것이다. 기사 방향의 70퍼센트 정도는 거대 신문이 방송하면 여론 독과점 폐해가 커질 것이라고 주장하는 것이지만 2, 30퍼센트는 자신들이 방송 못하는 것에 대한 감정도 포함돼 있는 것 같다. 가령 신문이 방송하면 지방지는 다 죽는다고 하면서 자사의 얘기는 쏙 뺀 사례를 들 수 있다. 솔직하지 못한 보도 태도다. 물론 거대 신문은 자사의 이해관계 때문에 솔직하지 못한 데다 검증 의무까지 소홀히 한 점이 있다.(O)

지상파나 신문이나 모두 각 사의 입장에서 얘기한 것일 뿐이다. 사회적 입장에서 보도했다고 보기는 무리가 있다. 〈MBC〉는 공공성 카테고리 방어에 초점을 맞췄고, 〈KBS〉는 자기방어에 급급했다. 〈SBS〉는 일관되게 미디어법을 의제화하지 않았다. 의제화해도 주장이 담기지 않은 스트레이트성 보도에 그쳤다. 모두 각 사의 입장과 정확하게 일치하는 보도 태도를 보였다고 생각한다.(P)

미디어법 보도에 있어서 야마 관행이 자사의 이해와 관련이 있다는 것은 미디어 담당 기자의 구성 면면을 봐도 어느 정도 알 수 있다. 현재 국내 중앙 일간지 미디어 담당 기자에게 가장 중요한 출입처는 방송통신위원회다. 방송통신위원회는 방송 등 주요 미디어 정책을 관장하는 기관이다. 방송통신위원회 출입 기자의 목록을 보면, 소속 언론사 안에서 인정을 받는 베테랑 기자가 다수다. 이들은 출입 기자로서 방송통신위원회 기사도 쓰지만 한편으로는 자사와 관련된 정보를 수집하는 게 주요 역할이라고 인터뷰 응답자들은 밝혔다.

현재 방송통신위원회 출입 미디어 담당 기자는 전략적으로 배치돼 있다. 청와대, 법조, 정당 등에 나갔던 뛰어난 기자가 많다. 몇 년 전부터 방송을 담당하는 기자는 문화부로 쪼그라들어 옹색해졌다. 이건 처음부터 정치적인 이념성을 갖고 기사를 쓰겠다는 의지를 보인 것이다. 야마를 세게 뽑을 수 있는 기자가 전치 배치된 것이다. 한 언론사 기자는 소속 자체가 편집국이 아니라 전략 기획실이다. 방송통신위원회 간부와 소통하고 이들로부터 정보를 수집하는 게 역할이라고 들었다. 국장실이나 위원장실을 주로 다닌다. 방송사 출입 기자는 현 정권이명박 정권 출범 때부터 방송통신위원회에 전략적인 기자 배치를 했다. 방송사로서는 정부를 '조지기' 힘들다. 자사의 이익과 직접 연계돼 있기 때문이다. 그래서 자사 기자를 관계 개선, 친목 도모 형식으로 배치한다.(Q)

언론학자 쿡Cook, 1998에 따르면, 한 사회에서 언론은 가치 있는 것이 무엇인가를 결정하고 이러한 가치를 배포하는 데 중요한 역할을 하고 있다. 언론은 이제 '정치적'일 뿐만 아니라 정부의 일부가 되고 있는 것이다. 언론이 이처럼 정치적 거버넌스governance에 영향력을 발휘할 수 있는 힘은 언론이 단순한 정보 전달의 기능만이 아니라 그 나름대로의 시각과 편견, 이해관계를 갖고 있기 때문이다.

9장

'승부처' 미디어법

여야 "선거때 여론 향배 갈려" 인식 탓 양보 안해

'야마'에
대한
이해

야마의 정체를 제대로 파악하기 위해서는 정파성과 진실성, 공정성의 개념에 대한 이해가 필수적이다. 18세기 미국의 당파적 언론으로부터 유래한 '정파성'은 한국 언론의 폐해를 거론할 때 늘상 언급된다. 진실성과 공정성은 저널리즘이 갖춰야 할 가장 본질적인 요건이라는 데 이견이 없다.

29

정 파 성 과 '야마'

정파성은 언론이 의도적 편향성을 가지고 공개적으로 어떤 사안을 전달하는 것을 말한다. 즉 언론이 드러내놓고 자신의 의도를 보여준다면 이를 정파적이라고 한다. 영어로는 당파, 분파라는 뜻의 'faction'이 우리가 이해하는 정파 개념과 유사하다.

한국 언론은 정치사회적인 이슈에 대해 지나치게 정파적인 보도 태도를 보인다는 비판을 받고 있다. 김영욱2009은 성격이 상반된다고 할 정도로 차이가 분명한 노무현, 이명박 정부 시기에 보수 또는 진보지로 평가받고 있는 신문이 이들 정권의 성향에 맞춰 보도하는 경향을 강하게 내보였다고 분석했다. 박

● 김사승, 2009;
김영욱, 2009;
이종혁, 2009

재영 고려대 언론학부 교수는 2010년 사회적 핫이슈였던 '비정규직법 개정안'을 다룬 신문 기사 327건, 방송 뉴스 72건을 분석한 결과, 신문 제목은 86.5퍼센트가, 방송 제목은 13.5퍼센트가 정파적인 표현을 포함하고 있었다고 밝혔다. 또 신문의 경우 58퍼센트의 기사가 반대 입장이 드러난 제

목을 단 반면, 방송의 경우엔 54.7퍼센트가 중립적인 입장의 제목을 사용하고 있는 것으로 나타났다. 신문은 지지, 중립, 반대가 고루 분포하고, 신문사별로 지지와 반대의 입장 차가 매우 크게 나타났다. 반면 방송의 경우엔 중립이 가장 많았으며 반대에 대한 입장은 거의 드러내지 않았다.

한국언론재단이 2008년에 성인 남녀 5000명을 상대로 '언론 수용자 의식조사'를 한 결과, 신문 기사에 대해 응답자의 69퍼센트가 '정치적으로 편파적'이라고 평가했다. '국민의 이익보다 자기 회사의 이익을 우선시한다'고 평가한 비율도 68퍼센트에 이르렀다. 방송 뉴스에 대해서도 응답자의 63퍼센트가 '정치적으로 편파적'이라고 평가했으며, 61퍼센트가 '국민의 이익보다 자기 회사의 이익을 우선시한다'고 답했다.

언론의 정파성이 가장 크게 불거졌던 최근의 사례는 2008년 광우병 관련 보도라고 할 수 있다. 진보 성향의 언론은 광우병 의심이 가는 미국산 쇠고기를 수입하기로 결정한 정부를 몰아붙이는 야마를 집중적으로 내보낸 반면, 보수 성향의 언론은 광우병 걱정은 기우라며 정부의 결정은 합리적이었다는 야마를 고수했다. 진보 성향의 언론은 광우병 쇠고기 문제로 시위를 벌이는 시민을 옹호하는 야마를 강조했고, 보수 성향의 언론은 그들을 폭도라고 비난하는 야마를 강조했다. 보수 언론과 진보 언론 중 누가 먼저 광우병 문제를 이데올로기적인 공세로 몰고 갔는지, 누가 더 잘못 보도했는지, 나의 관심은 이 문제에 대한 대답을 하는 것이 아니다. 그보다는 보수나 진보 언론 모두 야마 관행을 극명하게 보여줬다는 점을 지적하고 싶다. 같은 사안에 대해서 극단적으로 서로 다른 시각을 보이는 기사를 접한 독자는 무슨 생각을 했을까? 독자는 신문을 보고도 세상 돌아가는 상황을 제대로 알 수 없지 않았을까? 가령 보수 신문은 상당수 시민이 자발적으로 참여했던 광우병 촛불 집회를 일부 과격한 시민 단체에 의해 조종되는 것으로 폄하했고, 진보 신문은 경찰이 시민에게 맞고 있다는 사실은 보도하지 않고 시민이 경찰에게 맞는 것을 비중 있게 다루면서 경찰의 진압에 문제가 있다는 식의 보도를 지속적으로 했다. 이런 상황에서 어느 쪽 보도가 맞는지, 어느 쪽 보도가 더 균형을 잡고 있는지, 어느 쪽 보도가 더 공정한지 제대로 평가하기란 결코 쉽지 않았을 것이다.

우리 언론에서 정파적 야마 관행은 갈수록 심화되고 있다. 특히 이른바 '진보적 정권'이 10년을 집권하면서 진보와 보수 간의 갈등은 더욱 커진 게 사실이다. 그에 맞춰 언론의 정파적 야마 관행도 더욱 기세를 높이고 있다. 그 이유는 무엇일까? 혹자는 그 이유를 '기자 정체성의 상실'에서 찾는다. 예전엔 정파성과 매체를 떠나 지식인으로서 기자가 갖는 공동의 정체성이 있었다. 그런데 1980년대 이후 언론이 자본에 종속되면서 기자의 정체성이 점차 사라지기 시작했다. 기자가 정치 · 경제 권력 견제, 민주 시민으로서 필요한 정보의 제공 등 전통적인 언론의 사명감을 고수하기보다는 다른 직종과 다를 바 없는 직장인으로서의 월급쟁이 역할에 안주하기 시작한 것이다. 월급쟁이 기자에게 골치 아픈 '야마 잡기'는 성가시고 귀찮은 일이 돼버렸고, 따라서 저널리즘의 본질에 충실한 야마 관행보다는 회사의 정파적 방침에 맞춘 야마 관행을 선택하기에 이르렀다는 설명이다.

이와 함께 각 언론사의 '조직 문화'도 정파적 야마 관행의 심화에 큰 영향을 끼쳤다고 할 수 있다. 김사승 숭실대 언론홍보학과 교수는 정파성 강한 뉴스가 어떤 메커니즘에서 만들어지는지를 밝혀내기 위해 〈조선일보〉,

〈중앙일보〉, 〈동아일보〉, 〈한겨레〉 등 네 개 일간지 기자를 대상으로 설문 조사를 한 결과, 신문의 정파성이 기자 개개인에 의해 만들어지는 것이 아니라 조직 문화와 기사 생산과정에 의해 생기는 것이라는 사실을 밝혀냈다. 정파적 야마의 문제는 기자 개인의 성향에서 기인한다기보다는 언론사라는 뉴스 조직 차원의 성향에서 기인하는 바가 더 크다는 것이다.

언론의 '정파성'은 언제나 어려운 주제다. 언론은 객관적이어야 하기 때문에 정파성은 '지양'해야 한다는 의견이 있는 반면 주장 없는 언론은 의미도 없기 때문에 정파성을 '지향'해야 한다는 시각도 존재한다. 현대의 독자는 팩트보다 의견을 더 요구하므로 신문사마다 저마다의 정체성을 갖고 정파성을 드러내는 것이 바람직하다는 주장이 있는 반면, 정파성으로 인해 신뢰도가 떨어져 독자를 잃을 수 있기 때문에 정파성을 삼가야 한다는 반론도 만만치 않다.

각 언론사가 정치적으로 다른 견해를 보이는 것, 즉 정파성은 언론사의 지향성과 관련이 깊다. 가령, 2010년 한국 사회를 뜨겁게 달궜던 무상 급식 논란과 관련한 기사에 나타난 지향성은 크게 보면 '보편적 복지의 전면화'냐 '선별적 복지의 지속'이냐 하는 것이다. 이런 차이는 개별 언론사가 추구하는 지향성, 가치관에서 비롯된다.

지향성은 우리 언론 지형에서 흔히 진보와 보수라는 구분으로 나타난다. 진보와 보수 개념의 뿌리로 볼 수 있는 '좌파'와 '우파'의 어원을 찾아보면 프랑스혁명으로 거슬러 올라간다. 시민혁명 이후 국민공회 때 의장을 기준으로 오른쪽 자리에 지롱드 당이, 왼쪽 자리에 자코뱅 당이 자리를 잡으면서 좌우가 갈라졌다. 당시 온건주의와 부르주아 성향의 지롱드 당,

그리고 급진주의와 프롤레타리아 성향의 자코뱅 당이 각각 우파와 좌파가 된 것이다. 그 후 좌파는 급진적인 혁명 혹은 변화를 바라는 성향으로 표현이 되었고, 우파는 보수적 성향, 안정 유지 등의 의미를 담게 됐다. 일반적으로 진보는 과거의 안정과 고착된 사회를 깨부수는 의미가 강하기 때문에 주로 좌파의 성향과 일치하는 경우가 많다. 보수는 변화와 혁명에 대한 거부감이 큰 우파의 성향과 일치하는 경우가 많다.

즉 진보와 보수의 구분은 지향성의 한 단면을 나타내는 것에 불과하다. 보수는 틀리고 진보는 맞고 하는 식의 판단은 시대적, 역사적 맥락에 따라 다르므로 항상 참인 것은 아니다. 흔히 '진보=빨갱이', '보수=꼴통'이라는 프레임을 통해 상대편을 공격하는 것은 사회 구성원마다 지향성에 차이가 있다는 근본적인 전제를 부정하는 것이다. 현실 세계에서 진보와 보수는 진위의 문제가 아니라 지향점, 가치관의 문제이기 때문이다.

'지향성의 차원'에서 '보도의 차원'으로 내려오면, 가치관은 일단 제껴놔야 한다. 저널리즘에서 보도를 통해서 달성하고자 하는 바는 자신의 가치관을 충족하는 데 있는 게 아니라 해당 사안의 총체적인 진실을 파악하는 데 있다. 즉 이성의 잣대에 따라 사안에 대한 보도가 최대한 진실에 가까울 수 있도록 노력하는 것이 언론의 영역이고, 저널리즘이 나아갈 바이다. 지향성이 해당 언론의 보도에 심대한 영향을 끼친다면 이는 보도의 차원을 넘어서는 것이고, 결과적으로 언론이기를 포기하는 것이다. 지향성은 보도의 차원이 완성된 다음에 고려할 수 있는 대상이다. 진실에 최대한 근접했다고 판단한 다음에는 지향성에 따른 가치관이 적용될 수 있는 것이다.

지향성은 각 개별 기사에 나타난 야마를 통해 구현된다. 전쟁에서 전략이 전체적인 전투 운용 시스템을 말하고, 전술이 그러한 전략을 달성하기 위해 동원하는 각종 수단과 방법을 말하는 것처럼, 지향성은 전략, 야마는 전술에 해당한다고 할 수 있다. 전술이 뒷받침되지 않으면 전략이 아무리 정교해도 전쟁에서 이길 수 없는 것처럼, 각 기사의 야마는 언론의 지향성을 현실에서 구현함으로써 해당 언론을 '보도 전쟁'에서 승리하게 만든다. 하지만 전술의 승리로 전쟁에서 이긴다 하더라도 그 승리가 목표로 했던 전략이 어떤 가치와 의미, 중요성을 갖고 있는지를 따져봐야 한다. 지향성에 이르기 위한 전략이 사회가 언론에 바라는 기대에 부응하는 것인지, 아니면 그것과 상관없는 그저 해당 언론사의 사적 이해를 충족하기 위한 것인지 봐야 한다.

지향성은 어떤 사안에 대한 진실에 다가가는 것과는 거리가 멀다. 따라서 야마가 지향성과 바로 맞닿아서는 안 된다. 야마는 지향성이 아니라 '보도 차원'에서 진실이라는 목표 지점에 이르기 위한 수단이 돼야 한다.

만약 신문이 추구하고 있다는 가치와 노선이 자신의 생존 논리를 정당화하기 위해, 보도 이후에 주먹구구식으로 만들어진다면 이는 정파성 문제의 차원이 아니다. 실제, 한국 언론이 자사의 확고부동한 신념이나 관점을 고수할 만큼 '제대로 정파적'인지 의문이다. 가령 어떤 신문이 공개적으로 정부의 시장주의적인 노선을 지지한다고 말하면서, 정작 정부가 반대로 물가 통제 등 개입주의적 정책을 펼 때 아무런 비판도 가하지 않는다면 이는 정파적 태도라고 볼 수 없다. 또한, 이념적 정파성보다 사주의 이익을 위해, 또는 특정 정치집단을 위해 왜곡된 기사를 싣는다면 이 역시 정파적이라고는 할 수 없다. 정파적 이유로 특정 방향의 기사를 내보낸 뒤 그 기사에 대한 판단이 잘못된 것으로 드러났을 때, 정파적인 이유로 애초의 입장을 고수하려는 태도 역시 정당화될 수 없다.

2010년, '성남시 모라토리엄 선언' 관련 보도는 정파적인 한국 언론의 보도 관행을 잘 보여준다. 2010년 7월, 이재명 신임 성남시장은 전임 이대엽 시장이 국민의 비난에도 밀어붙인 '아방궁 호화 청사 짓기'로 발생한 빚을 약속한 날짜에 못 갚겠다고 선언했다. 이재명 시장 입장에서 보면 당연한 선택이다. 만기가 돌아온 5200억 원은 성남시가 2년 동안 쓸 수 있는 가용 예산이다. 요컨대 5200억 원을 갚으면 또 다른 빚을 내지 않고선 공무원 월급 등을 주는 것 외엔 시민을 위해 10원 동전 하나 쓸 수 없는 판이다. 지방자치 사상 초유의 모라토리엄 선언의 쇼크는 컸다. 이 사건은 지자체장의 흥청망청 행정이 얼마나 심각한 재정 파탄 위기를 불러오는가를 뼈저리게 깨닫는 계기가 됐다. 그런데 일부 언론이 '딴지'를 걸고 나섰다. 엉뚱하게 이재명 시장을 맹비난하고 나선 것이다. "전국에서 재정 자립도가 아홉 번째인 부자 도시가 뭐하는 짓이냐", "명품 가방 사고 나서 이제 와서 빚 못 갚겠다는 거냐", "정치적 음모가 깔려 있는 게 아니냐" 등등. 빚 갚을 여력이 충분한데도 민주당 출신인 이재명 시장이 한나라당 출신인 이대엽 전 시장을 물 먹이려, 더 나아가선 민주당이 한나라당을 공격하기 위해 고의로 모라토리엄을 선언한 게 아니냐는 비난 공세였다.

전형적인 물타기다. '호화 청사'가 국민적 비난의 대상이 된 건 오래된 일이다. 호화 청사는 한나라당이 전국 단체장의 90퍼센트를 싹쓸이했던 시대의 산물이다. 성남 호화 청사를 비롯해 용인, 용산 등의 호화 청사가 도마 위에 올랐고 100층짜리 마천루 청사를 세우겠다던 안양시장도 질타를 받았다. 호화 청사가 가능했던 데에는 중앙정부의 책임도 크다. MB 정권은 전례를 찾아보기 힘든 '절대 독점 권력'이었다. 대통령을 비롯해 의회, 지자체, 지방의회 모두를 한나라당이 싹쓸이했다. 견제 세력은 없어졌다. 그 결과물이 호화 청사로 대표되는 재정 파탄인 것이다.

그런데 이재명 시장에 딴지를 건 일부 언론은 대단히 '정파적'이란 비판으로부터 자유로울 수 없다. 한나라당 독점 권력 시대의 폐단을 물타기하려는 의도가 읽히기 때문이다. 이들 언론의 비판에는 '주체'가 쏙 빠져 있다. 두루뭉술하게 '성남시'만 비판하고 있다. 호화 청사로 재정을 파탄 낸 '한나라당 전임 성남시장'은 빼고 비난한다.

현대와 같은 언론사가 처음 서구에 나타났을 때, 언론의 자유를 완벽하게 보장하는 것이 진리가 이기게 하는 최선의 길이라는 사회적인 믿음이 있었다. 밀턴은 사상의 공개시장에서 진리와 거짓이 서로 맞붙으면 자동 조절 과정을 거쳐 언제나 진리가 승리할 것이라고 확신했다. 그러나 언론이 대기업으로 탈바꿈한 뒤 언론의 자유에 대한 그런 낙관론은 점차 회의의 대상이 되었다. 하버마스는 신문이 중심이 되어 형성한 공론장public sphere이 서구에 민주주의를 가져다준 점을 평가하면서도, 이제 대중매체가 상업화하고 나아가 거대 조직으로 탈바꿈하여 사회적 권력 복합체가 됨으로써 여론 형성 과정을 왜곡하고 있다고 비판했다. 그에 따르면, 대중매체는 자체의 이해관계로부터 결코 자유롭지 않으며 더구나 다양한 세력이 대중매체를 이용해 홍보 활동을 벌여, 부르주아 공론장이 다시금 봉건적 특성을 띠게 되었다는 것이다.

우리나라에서도 공론의 형성 과정이 대중매체에 의해 뒤틀리고 있기는 마찬가지다. 선진국과 다른 점이 있다면 우리나라에서는 주요 매체가 특정 정치 세력과 대립 관계를 견지하거나 아니면 상조 관계를 이루며 거의 상시적으로 정파성을 공공연하게 드러내고 있다는 것이다. 그 결과는 해당 매체의 신뢰도나 영향력을 떨어뜨리는 데 그치지 않는다. 그런 행위는 곧 민주주의의 작동 원리 자체를 파괴하는 일이라고 단정할 수 있다.

30

객관주의와 '야마'

야마 관행에 대한 반성에서 언론의 '객관주의 원칙'에 대한 점검이 빠질 수 없다. 왜냐하면 기자나 언론사가 기사 야마를 통해 특정 의도를 강조한다는 것은 기사의 객관성을 의심하게 만들기 때문이다. 언론의 객관주의는 과거는 물론 오늘날까지도 매우 중요한 개념이다. 객관주의 원칙은 기자로 하여금 보도에 있어 편향적인 가치를 배제하도록 이끌어주는 규범적인 지침이다. 객관적인 보도는 논조에 있어서 감성적이기보다 냉정함을 유지한다. 또 사회적 논란에 있어서 어느 한편에 치우치지 않고 양쪽을 공정하게 대변한다.

이같이 공정하고 균형 있는 언론의 밑바탕이 되는 객관주의가 성립된 역사를 보면 상업적이고 자기방어적인 의도가 개입돼 있음을 알 수 있다. 객관주의는 미국 언론의 산물이다. 패터슨과 윌킨스Patterson & Wilkins, 1998는 1900년대 초에 등장한 미국의 '대중지mass press'에 주목해 객관주의는 미국 신문의 상업주의와 함께 시작됐다고 주장했다. 그전까지 미국 신문은 작은 마을에서 소자본으로 만들어졌으며 특정 정파의 독자와 광고주로부터 나오는 생존에 필요한 정도의 수입만으로 유지됐던 당파지였다. 그러다가 1990년대 초부터 도시화가 진행되면서 신문 시장도 커졌다. 신문 시장이 커지고 신문업계에도 자본 유입이 시작됐다. 이렇게 되자 과거의 '적게 팔고 적게 버는' 전략으로는 더 이상 신문사를 유지할 수 없게 됐다. 신문은 이제 특정 정파에 속한 독자가 아니라 일반 대중을 대상으로 사업을 벌여야 했다. 그래야 정파에 관계없이 충분한 광고를 유치할 수 있다고 판단한 것이다. 미국 신문이 당파성을 버리고 객관주의를 수용한 데는 이처럼 시대와 환경의 변화에 따른 상업적인 동기가 크게 작용했다.

미국의 객관주의는 상업주의에서 비롯됐지만 그렇다고 상업주의만 추구할 수는 없었다. 내부적으로는 광고 수입 확대라는 상업주의 압박에 시달렸지만, 외부적으로는 공공성 유지라는 언론 본연의 역할을 강조하는 기대를 수용해야 했다. 결과적으로 신문은 상업성과 공공성의 절충을 선택했고, 이는 객관주의 원칙 확립으로 이어졌다. 이에 따라 미국의 신문은 저널리즘 전문직주의와 취재 보도 준칙을 잇따라 마련하기에 이른다. 그런 규범과 준칙은 기사 작성에서 역피라미드 방식, 취재원의 공평한 인용, 서로 다른 견해 반영 등 객관주의 원칙으로 나타났다.

우리나라의 경우, 언론 객관주의 원칙은 1950년대 중반에 처음 발견된다. 〈한국일보〉는 1954년 창간과 함께 정치적으로 무당파적 태도를 유지하겠다고 공언했다_{김민환, 1996}. 1957년에 '관훈클럽'을 결성했던 기자는 미국 연수를 통해 객관주의에 눈을 떴다_{유선영, 1995}. 군사정부 시절 한국의 신문은 권력의 압박과 간섭을 피하기 위해 객관주의 원칙을 지켰다_{남재일, 2004}.

객관 보도가 저널리즘을 더 잘 구현하기 위해서 언론 스스로 자발적으로 만들어낸 규범이라기보다는 역사적, 시대적 상황에서 불가피하게 강요된 원칙이기는 하지만, 언론이 지향해야 하는 규범적 가치임에는 틀림없다. 객관 보도가 현실적으로 가능하려면 언론인은 어떠한 영향에도 흔들리지 않고 자신이 보도하고자 하는 뉴스에 대해 심층적으로 이해하고 독자에게 구체적으로 전달할 수 있어야 한다. 그리고 사회적인 사건에 대해 감정에 이끌리지 않고 중립을 지키며 개인적인 의견을 기사에 개입시키지 않도록 해야 한다송정민, 1996. 또한, 독자의 알 권리를 충족시켜주기 위하여 정보의 다양성을 추구해야 한다.

언론학자들에 따르면 객관주의 원칙은 크게 사실성, 균형성, 중립성으로 구성된다. 이들 세 가지 원칙을 야마 관행과 관련지어 살펴보겠다.

사실성

사실성은 객관주의 원칙에서 가장 핵심적인 개념이다. '사실'은 주관적인 의견이나 논평과는 구별되는, 무언가에 의해 검증될 만한 것으로 정의할 수 있다. 사실적인 것은 타당한 것, 객관적인 것과 동일한 의미로도 쓰인다.

사실성은 기자가 얼마나 정확한 사실에 기초하여 보도하는가를 말한다김연식, 2008. 사실성은 다른 사람으로부터 들은 것을 그대로 옮겨 전달하고 사건을 본 대로 진술하는 것으로, 논리적으로 제삼자가 보았을 때 명확히 확인이 가능해야 한다강형철, 1999.

앞 장에서 설명한 것처럼 수습기자가 훈련 과정에서 익혀야 할 가장 중요한 태도 가운데 하나가 취재하려고 하는 사안에 관련된 사실을 최대한 빠른 시간 안에 최대한 정확하게 파악하는 것이다. 사실을 빼놓고 기사를 작성하는 것은 불가능하다. 건축에 비유하자면, 기사 작성에 있어서 사실은 벽돌과 같은 것이다. 벽돌이 없으면 건물을 올리는 것 자체가 불가능하듯이, 사실이 없으면 기사를 쓸 수 없다.

사실은 또한 기사를 통해서 전달하고자 하는 바를 전달하는 핵심적인 내용물이다. 가령 비행기가 추락하는 사고가 발생했다면, 어떤 비행기가 언제, 어디에서, 무슨 이유로, 어떻게 추락했고, 그로 인한 부상자나 사망자는 몇 명이나 되는지 등을 기사에 담아야 독자의 궁금증을 해소할 수 있다. 이를테면 자신의 가족이나 친척이 그 비행기에 타고 있었는데, 관련 기사에서 부상자나 사망자에 관한 단서를 얻을 수 없다면 그 기사는 사실성 요건을 충족하지 못했다고 할 수 있다.

따라서 언론은 무엇보다 사실에 충실해야 한다는 것은 저널리즘의 기본이다. 막스 베버는 미국 언론을 '사실의 창고'라고 일컬은 바 있다. 그는 미국 언론이 사실 자체를 신앙처럼 추구하여 민주주의를 성공적으로 만드는 데 성공했다고 평가했다.

야마 관행은 종종 사실성의 원칙을 뒤흔든다. 앞 장에서 여러 번 언급했듯이 어떤 기자는 야마를 분명하게 강조하기 위해서 특정 사실을 배제하거나 축소한다. 인터뷰 내용 가운데 야마에 맞는 내용만을 골라 기사에 담는다. 어떤 보고서의 일부 사실만을 골라 그 보고서의 전부인 양 기사로 다룬다. 관련이 없는 사실을 기사에 갖다 붙이기도 한다. 모두 사실성 원칙을 어긴 것이다.

균형성

균형성은 하나의 이슈에 관해 나타나는 대립적인 시각을 적절한 비중으로 담아내는가 하는 것을 말한다. 균형성은 양적 균형과 질적 균형으로 나뉜다. 전자는 대립되는 각 당사자에 대한 보도량이 균형을 이루는 것이고, 후자는 긍정이나 부정과 같은 보도 방향이 균형을 이루는 것이다. 균형성은 '당파적 균형partisan balance'과 '구조적 균형structural balance'으로 나뉘기도 한다. 당파적 균형은 기사의 내용에서 특정 대상을 호의적으로 묘사했는지 그렇지 않은지의 여부이며, 구조적 균형은 전체 신문 지면이나 방송 시간을 특정 대상에 일방적으로 할애해서 보도했는지의 여부다Fico & Cote, 2001.

미국 저널리즘에서 균형성은 몇 가지 잣대에 따라 준수된다. 먼저 내용이 어둡고 양이 긴 뉴스와 내용이 밝고 양이 짧은 뉴스 간의 스토리를 섞어 스토리 간의 균형을 유지한다. 비슷한 주제의 뉴스를 하루에 중복 보도하지 않게 하여 주제 간의 균형을 유지한다. 특정 지역의 뉴스를 골고루 보도하는 것으로 지리적 균형을 맞춘다. 뉴스 내용에 남녀노소를 고려하고 소수 인종을 배려해 사회 인구학적 균형을 맞춘다. 마지막으로 뉴스 보도에 있어서 여당·야당, 보수·진보의 대비처럼 서로 상반되는 입장을 모두 보도해 정치적 균형을 맞춘다박재영, 2005.

한국 언론에서도 이 같은 균형성이 제대로 지켜지고 있을까? 한 가지 사례를 보자. 보수적 언론 시민 단체인 공정 언론 시민 연대는 2011년 2월 1일~4월 25일까지 약 3개월간 〈조선일보〉, 〈중앙일보〉, 〈동아일보〉, 〈한겨레 신문〉, 〈경향신문〉 등 다섯 개 종합 일간지가 4대강 사업에 관한 보도를 어떻게 했는지 분석했다. 분석 결과, 〈조선일보〉에서 4대강 사업에 대한 긍정적 기사는 30.6퍼센트11건였고, 부정적 기사는 16.7퍼센트6건, 중립적인 기사는 52.8퍼센트19건였다. 〈중앙일보〉는 전체 아홉 건의 기사 가운데 긍정적 기사가 다섯 건55.6퍼센트이었고, 나머지 네 건44.4퍼센트은 중립적인 기사였다. 〈동아일보〉는 긍정적 기사 비중이 88.9퍼센트8건였고, 부정적 기사는 11.1퍼센트1건에 그쳤다.

〈한겨레〉는 전체 189건의 기사 중 93.7퍼센트인 177건의 기사가 부정적 기사였고 긍정적 기사는 두 건1.1퍼센트에 그쳤다. 〈경향신문〉도 전체 174건의 기사 중 98.3퍼센트인 171건의 기사를 부정적 기사로 내보냈다. 긍정적 기사는 두 건1.1퍼센트, 중립적 기사는 한 건0.6퍼센트이었다.

요약하면 〈동아일보〉, 〈한겨레〉, 〈경향신문〉은 4대강 관련 보도에서 상당히 극단적인 입장을 취했다고 볼 수 있다. 이는 이들 신문이 4대강 사업 자체에 대해 갖고 있는 찬반 태도를 고려하더라도, 균형성 차원에서 문제를 제기할 소지를 보여준다고 할 수 있다.

이 같은 균형성의 실종에는 여러 가지 요인이 작용했겠지만, 야마를 지나치게 강조하는 관행이 한몫을 했을 것이라는 게 나의 판단이다. 현실 사회에서 벌어지는 사안은 대체로 긍정적인 측면과 부정적인 측면 모두를 갖게 마련이다. 따라서 언론이 열린 마음으로 취재를 충분히 한다면 한 사안의 명암, 장단 측면을 모두 반영하는 기사를 생산할 수 있다. 하지만 사안의 다양한 측면을 고려하지 않고 언론사의 입맛에 맞는 야마를 정하고 그에 맞춰 접근한다면, 그 사안의 특정 측면만이 기사에 담길 수밖에 없다. 이는 곧 균형성의 상실로 이어진다.

《뉴스의 역사》의 저자 스티븐스는 "기자는 어떤 의견과 그 의견에 반대되는 내용을 묶어 그들 의견끼리 서로 경쟁하여 진실에 도달하도록 만들어야 한다"고 말했다. 균형성에 대한 지적이다. 기자로 하여금 다양한 정보를 균형 있게 제공할 수 있게 하고, 판단은 독자가 내리게 할 때, 책임 있는 언론, 신뢰를 주는 언론이 될 수 있을 것이다.

중립성

중립성은 뉴스 보도에 있어서 기자의 개인적인 의견이나 편견에 영향받지 않고 중립적인 입장에서 사건을 보도하는 것을 말한다. 언론학자 웨스터스탈Westerstahl, 1983에 따르면, 중립성은 균형성과 함께 객관성의 구성요소인 불편부당성의 하위개념을 구성한다. 중립성을 제대로 이해하기 위해서는 상반되는 개념인 '편향성biasedness'을 보면 된다. 편향성이란 언론인이 고의적으로 사실을 누락시키거나, 악의를 가지고 비유나 해석을 하거나, 선정적인 비방 등으로 명백하게 사실을 왜곡시키는 행태를 말한다최영재 · 홍성구, 2004. 편향적인 보도는 '정파성'과 관련이 있다. 언론이 자사의 이해관계나 가치를 기사 판단의 맨 앞에 놓는 왜곡된 정파성은 편향성을 부르기 마련이다. 자사의 이익이나 가치에 어긋나는 사실을 축소 · 배제하거나 왜곡하는 것은 중립성 원칙을 위반하는 것이 된다.

중립성은 언론인의 가치판단이 가장 쉽게 개입될 수 있는 요소다. 따라서 중립성이라는 객관주의 원칙을 제대로 실천하고자 한다면, 언론인은 어떤 사안을 판단함에 있어 소속사의 이해관계나 가치를 제껴놓고 제삼자적 입장에서 냉철하게 접근할 필요가 있다문종대·윤영태, 2004.

이화여대 언론정보학과 이재경 교수는 한국 언론은 서구의 언론 철학이나 사상을 체계적으로 도입하지 않았고 한국 사회의 내재적 조건과 맞물려 제대로 검토한 적도 없다고 지적하면서 "한국 언론은 사상적 토대를 결여했거나, 잘못된 철학적 토대를 바탕으로, 객관주의나 비판적 자세 등 서양 언론의 실천 이념만을 도입해, 자신들도 철저하게 내면화하지 못한 상황에서, 상징적 이데올로기로 활용해왔다"고 지적한 바 있다2007, 26쪽. 김세은2006은 한국 언론이 '무엇을 보도할 것인가' 즉 보도 내용의 가치적 측면에만 관심을 두었지, '어떻게 보도할 것인가' 즉 보도의 실천 규칙이나 제도적 장치 마련에는 관심이 적었다고 주장했다.

우리 언론은 자사에 이로운 의제 설정 등 야마 관행에 익숙할지는 몰라도 저널리즘으로서 기본적으로 갖춰야 할 규범이나 준칙은 중시하지 않았다. 서구 언론에서 가장 기본적인 언론 윤리로 인식되고 지켜지고 있는 객관주의 원칙이 무시된 것도 이 같은 한국 언론의 독특한 야마 관행 때문이라고 해도 지나치지 않다. 이는 한국 언론의 비상식적인 취재 보도 관행에 대한 반성이 시급하게 요구되는 이유다.

31

'야 마'와 진실, 그리고 공정성

저널리즘은 "활자나 전파를 매체로 시사적인 정보와 의견을 대중에게 전달하는 활동"으로 정의된다. 그렇다면 민주주의 사회의 유지와 발전에 중요한 제도로 일컬어지는 언론은 구체적으로 무엇을 위해서 존재하는 것일까? 미국 언론계가 공동 연구의 결과물로 펴낸 《The Elements of Journalism》에 따르면, "저널리즘의 목적은 사람들을 자유롭게 하고 사람들에게 스스로를 통제free and self-governing하는 데 필요한 정보를 제공하는 것"Kovach & Rosenstiel, 2001, 12쪽이다. 미국 신문 편집인 협회 윤리 강령American Society of Newspaper Editors Statement of Principles의 제1조는 "뉴스와 여론을 수집하고 전파하는 가장 큰 목적은 국민에게 그 시대의 문제가 무엇인가를 알려주고, 그에 대해 판단할 수 있게 하여 전체적 번영에 봉사하기 위한 것"이라고 규정하고 있다.

손석춘은 미국 신문 편집인 협회 윤리 강령 제1조에서 누구나 동의할 수 있는 저널리즘의 기본 윤리를 도출했다. '진실'과 '공정'이 그것이다. "국민에게 그 시대의 문제가 무엇인가를 알려주"기 위해서 꼭 필요한 저널리즘의 기본 윤리는 '진실'이고, "문제에 대해 판단할 수 있게 하여 전체적 번영에 봉사"하는 데 무엇보다 필요한 덕목은 '공정'이라는 게 손석춘의 설명이다.

진실과 공정 두 개념은 세계 여러 나라의 기자 윤리 강령에 공통적으로 나타고 있다. 예컨대 김지운2004은 전 세계 학자의 연구서, 언론 직업단체, 언론기관의 윤리 강령 등을 바탕으로 '글로벌 시대의 보편적 언론 윤리'를 분석한 결과 '진실', '공정', '민주주의', '인권' 등 네 가지를 찾아냈다2004, 148~150쪽. 진실truth은 미국 언론 윤리학계에서 "언론과 커뮤니케이션 활동에서 으뜸가는 표어"로 인식되고 있다Merrill, 1977, 105쪽.

그렇다면 '진실 보도'는 구체적으로 무엇을 말하는 것일까? 흔히 많은 이가 진실 보도를 '사실 보도'와 같은 것으로 인식한다. 하지만 둘은 같지 않다. 사실에는 존재적으로, 인식론적으로 객관적 사실, 주관적 사실이 있다. 사람에 따라 사실에 대한 시각과 정의가 다른 셈이다. 그렇다면 '사실 보도'라는 개념도 성립할 수 없다. 대신 '사실에 대한 보도'라는 개념은 가능하다.

만약 사실의 범위를 '객관적 사실'로 한정한다고 하면, 사실 보도는 가능하다. 기자가 어떤 사안에 관련된 사실을 모아 기사라는 형태로 구성하면 사실 보도가 될 수 있다. 그런데 이와 같은 사실 보도의 진위 여부를 어떻게 판단할 수 있을까? 사실 보도면 그 보도는 진실한 보도라고 할 수 있을까?

2011년 8월 8일, 진행된 권재진 법무부 장관 후보자에 대한 국회 법제사

법위 인사 청문회 관련 보도를 살펴보자. 이날 청문회에서는 대통령의 최측근이자 청와대 민정 수석 출신인 권 후보자의 법무부 장관 기용에 대한 정치적 중립성 문제와 함께 후보자의 위장 전입, 아들 병역기피 의혹, 아파트 다운 계약서 작성 등의 도덕성 문제가 제기됐다. 특히 후보자 장남의 산업 기능 요원 근무에 대해 실제 정상적인 근무를 했는지 등의 의혹이 제기됐다. 장남 권 씨는 서울대 공익 근무를 포기하고 포천에 있는 후보자 지인의 공장에서 산업 기능 요원으로 근무한 것으로 알려졌다. 그러나 서울 대치동 집에서 왕복 5시간 걸리는 공장까지 출퇴근하며 정상 근무를 했겠느냐는 의혹이 나왔다. 권 후보자는 "장남이 강남에서 성장해 서민의 애환과 생활에 대한 이해가 있기를 바라서 근무하게 했다"면서, 지난 2003년 8월 12일부터 2004년 12월 29까지 포천 농협에서 이뤄진 38회의 입출금 내역을 공개했다. 그러나 장남 권 씨의 근무 시기가 2002년 9월부터인데 계좌 내역 시기가 다른 점, 2004년 후보자의 재산 공개 내역에서 공개한 통장이 누락된 점 등에 대해 새로운 의혹이 제기됐다. 결국 공개한 자료가 장남 권 씨의 개인 통장이 아닌 사우회 통장인 것으로 밝혀져 또 다른 논란을 불렀다. 그 외에도 민정 수석 재직 시 민간인 사찰 은폐 개입 의혹, 부산 저축은행 늦장 대응 책임론 등도 제기됐지만 권 후보자는 "문제가 없다"는 입장만 반복했다.

8월 9일자 〈동아일보〉는 6면 '장남 병역 밝힐 동료, 1명만 뒤늦게 공개'라는 기사에서 권 후보자의 청문회가 '아들 청문회'로 흘렀다면서 이와 관련한 청문회 내용을 전했다. 이 기사는 김윤옥 씨와의 관계에 대한 문답도 짧게 덧붙였다. 하지만 그밖에 권 후보자에게 제기된 의혹은 전혀 언급하지 않았다. 이 기사의 야마는 한마디로 '법무 장관 후보자 청문회 개최' 그 이상도 그 이하도 아니었다. 〈동아일보〉만을 읽는 독자라면 청문회에서 제 기된 아파트 다운 계약서 작성, 위장 전입, 민간인 사찰 의혹, 부산 저축은 행 책임론 등에 대한 사실은 전혀 알 수 없었을 것이다. 이 신문이 사실 보 도를 했다는 점은 인정하더라도 이것이 곧 진실 보도인 것은 아닌 셈이다.

〈조선일보〉 기사도 보자. 이 신문은 9일자 6면에 '민주당 "김윤옥 여사 를 누님으로?" 권재진 "평생 그렇게 부른 적 없다"'라는 제목의 기사를 내 보냈다. 이 기사의 야마 역시 '법무 장관 각종 의혹 논란', '법무 장관 자 격 시비'가 아닌 '법무 장관 청문회 개최'다. 권 후보자와 김 여사가 누님, 동생 할 정도로 막역한 관계였다면, 정치적 중립에 있어 심각한 문제가 있 다고 지적할 수 있는 사안이다. 따라서 언론의 심층 취재와 보도가 필요하 다. 하지만 이 신문은 권 후보자의 반론을 검증 없이 그대로 보도하여 권 후보자의 입장만을 일방적으로 두둔했다. 권 후보자의 말을 사실 그대로 보도했지만, 그 발언이 사실인지 아닌지에 대한 검증이 없기 때문에 진실 보도를 했다고 장담할 수는 없다.

미국의 정치학자였던 리프만Lippman은 언론학의 고전이 된 《여론Public Opinion》에서 진실은 단순히 어떤 사실이 일어났다는 것을 알려주는 데 있지 않다고 했다. 진실의 기능은 숨어 있는 사실을 규명하는 것, 그 사실의 연 관성을 드러내주는 것, 그리고 사람들이 그에 근거해서 행동할 수 있는 현 실의 상을 보여주는 것1954, 358쪽이라고 그는 강조했다. 한양대 이민웅 명예 교수는 진실 보도는 "특정한 현실에 대한 언론의 보도가 그 현실을 구성하 는 사실을 정확하게, 그리고 종합적으로 표상해 그 사실에 최대한 근접할 때" 가능하다고 역설했다2003, 200쪽.

그렇다면 한국의 저널리즘은 진실 보도에 얼마나 근접하고 있을까? 손석춘은 "팽팽하게 대립하는 두 논리 가운데 한쪽만을 부각하고 다른 쪽 논리는 아예 공론장에서 배제함으로써 진실을 온전히 파악하고 전달하는 데 실패하고 있다"고 지적했다. 편향적이고 일방적인 정보에 바탕을 둔 단순 논리의 틀로 문제를 바라보거나, 자사의 이해관계적 입장에서 특정 사안의 유불리만을 따져 보도하거나, 민주주의적 토론과 합의 과정은 무시하고 자신의 특정 정파적 견해만을 강조하는 보도 관행은 진실보도가 아니라는 지적이다.

저널리즘 준칙에서 공정 또한 '진실' 못지않게 중요한 개념이다. 공정의 사전적 의미는 "공평하고 올바름"이다. 여기서 '공평'은 이해 당사자 양쪽의 의견을 균형 있게 반영한다는 뜻을 가진다. 즉 어느 한쪽에 치우침이 없어야 공평하다고 할 수 있다. 영어로는 'impartiality'가 공평의 의미와 가까운 단어다. 언론 보도의 공평성을 따지려고 달려들면, 대다수 언론사가 당당하게 나올 것이다. 형식적 공평성은 대다수 언론이 저널리즘의 기본 요건으로 여기고 있고 실제로 따르고 있기 때문이다. 저널리즘에서 공평성은 일반적으로 '객관주의 원칙' 가운데 하나로 여겨진다. 앞에서 살펴봤듯이 공평성은 균형성과 중립성을 아우르는 개념이다.

공정의 정의에는 공평만이 있는 게 아니다. 공평에 더해 '올바름'의 요건을 갖출 때 공정이 완결된다. 올바름은 무엇이 옳은 것인가를 판단하는 정正 또는 정의justice의 개념이다. 따라서 공정은 공평과 올바름을 아우르는 개념이다. 손석춘은 공평에 머물고 있는 보도나 논평을 '소극적 공정'으로, 공평에 더해 올바름까지 갖춘 보도나 논평을 '적극적 공정'으로 분류했다.

그렇다면 무엇이 올바름인가? 이와 관련해 관훈클럽이 낸 〈한국 언론의 좌표: 한국 언론 2000년 위원회 보고서〉를 보자. 이 보고서는 "언론의 공정성은 언론이 어떠한 편견이나 선입관 또는 잘못된 관점을 지녀서는 안 된다는 것을 의미하는 동시에 사회 소수 계층의 의견을 대변하고 그들의 이익을 옹호해주어야 한다는 것을 뜻하기도 한다. 언론이 편견으로부터 자유로워야 한다는 것이 어떤 입장이나 의견에 대한 반대 입장이나 의견을 허용해야 한다는 의미라면, 언론이 소수의 의견이나 이익을 대변하고 옹호해야 한다는 것은 진정한 민주주의의 미덕이 소수의 권리를 지속적으로 보장해주어야 한다는 데서 비롯되는 것이다"184쪽. 관훈클럽 보고서는 더 나아가 "특히 한국 언론은 중산층을 주된 소비자로 상정하고 있는 한편 언론인 자신도 중산층에 편입돼 있어 주로 중산층의 의견을 대변하고 그들의 이익을 옹호"한다면서도 "그 결과 자연스럽게 소수 계층의 의견과 이익은 구조적으로 배제"185쪽되고 있다고 분석한다. 이는 억강부약抑强扶弱이 언론 현장에서 오랫동안 내려온 전통이자 최소한의 합의라는 점을 말해준다. 실제로 한국 언론은 사회적 약자인 비정규직 노동자와 농민 문제를 보도하는 데 전혀 공정하지 못하다. 억강부약은, '최소한의 공정'이라는 말은 사회적 약자를 무조건 옹호하는 것이 정의라는 뜻은 아니다. 권력이나 자본을 지닌 사람들과 비교할 때, 커뮤니케이션권이 없는 사회적 약자에게 저널리즘이 관심을 갖는 것은 커뮤니케이션의 공평을 실현하는 최소한의 방법이라는 뜻이다.

공정성에 있어 사회적 약자에 대한 문제의식은 미국 사회에서도 진지하게 제기되고 있다. 커닝험Cunningham, Brent, 2005은 미국의 신화에 젖어 있는 '주류 언론'을 비판한 뒤 '편집국 밖의 저널리즘'을 강조한다. 그는 주류 언론의 편집국이 너무나 자족감에 젖어 있다면서 핵심은 비주류와 함께하고 분산된 점을 잇는 것이라고 제안한다. 사회의 주변부에 흩어져 있는 사람들과 함께하기working with fringe를 그가 대안으로 제시하고 있는 것도 주목할 만하다.

한국 언론의 야마 관행은 비주류, 사회적 약자, 소외 계층, 빈곤층에 대한 관심을 왜곡시키는 요인으로 작용하고 있다. 이는 기본적으로 한국의 언론이 점하고 있는 사회적 위치가 매우 높은 데서 비롯된다. 서울대 언론정보학과 교수를 역임했던 고 이상희 교수는 정치·경제 권력과 함께 언론을 한국 사회의 파워 엘리트 그룹으로 분류했다. 언론이 한국 사회를 좌지우지하는 영향력을 행사하고 있다는 말이다. 실제 일부 언론 사주가 '밤의 대통령'으로 불릴 정도로, 한국 언론은 우리 사회의 의제를 주도했다. 이런 상황에서 사회적 약자에 대한 언론의 관심은 자연히 줄어들 수밖에 없다. 일자리, 교육, 문화 등 여러 측면에서 사회적 약자를 위한 기사를 우리 언론에서 찾는 것이 얼마나 어려운지는 굳이 말로 표현하지 않아도 알 만한 사람은 다 알 것이다.

그렇다면 공정성을 우리 저널리즘에서 제대로 복원하고 실천하기 위해서는 어떻게 해야 할까? 세계적 고급지로 불리는 〈워싱턴포스트〉로부터 힌트를 얻어보자. 이 신문은 취재 보도에서 공정성을 실천하기 위해서는 다음 세 가지 사항에 유념해야 한다고 자사의 윤리 강령에 밝히고 있다김지운, 2004, 176~177쪽.

① 기사는 상당히 중요하고 상당한 의의를 지닌 사실을 빠뜨리면 공정하지 않다.
② 기사는 의의 있는 사실을 제치고 본질적으로 연관성이 없는 정보를 포함하면 공정하지 않다.
③ 기사는 의식적이든 무의식적이든 수용자를 오도하거나 속이면 공정하지 않다.

먼저 ①번 내용을 살펴보자. 언론 관련 시민 단체는 언론이 사회적으로 국민이 꼭 알아야 할 중요한 이슈에 대해 보도하지 않거나 외면하고 있다는 비판을 종종 제기한다. 반드시 보도해야 하는 사건임에도 자신과 다른 시각에 대해서는 아예 보도하지 않거나 자신의 목적에 맞게 확대 또는 축소 보도하는 것이다. 가령 2009년, 박원순 희망제작소 상임이사 겸 변호사가 국가정보원의 개입으로 사업이 무산되는 경우가 있었다는 '폭발적인' 의혹을 제기했지만, 대부분의 신문은 이를 묵살했다. 오택섭1998은 침묵하는 신문은 중립적이지도 않고 균형이 있는 신문이라고도 할 수 없다고 했다.

물론 언론이 무엇을 싣고, 싣지 않고는 언론의 자유 영역에 해당되는 내용이니 이에 대한 절대적 기준을 갖는 것이 가능한 일인가라는 지적이 있을 수 있다. 특정 매체가 특정 내용을 보도하지 않더라도 현대는 멀티미디어 시대이기 때문에 다른 매체를 통해서 특정 매체가 보도하지 않은 내용을 알 수 있으므로 공론장에는 문제가 될 수 없을 것이라는 주장도 있다.

그런가 하면 다른 한편에선 언론 보도가 자유의 절대 영역에 속하지 않는다는 묵시적 판단을 전제로 특정 주제와 내용에 있어서는 반드시 보도를 해야 한다는 주장을 하기도 한다.

하지만 다양한 정보를 얻기 위해 매체를 다중으로 활용하는 사람은 많지 않다는 게 많은 학자의 결론이다. 가령 텔레비전 뉴스와 교양 프로그램 시청, 일간지 열독, 인터넷 정보 이용에 있어서 모두 중간점 이상을 받아 정보 이용 중심적 다중 매체 이용자로 분류할 수 있는 사람은 13.1퍼센트에 불과하다_{이준웅·김은미·심미선, 2006}는 것이다. 이처럼 매체의 다중적 이용이 많지 않다는 사실을 감안한다면, 편향적 성향이 분명한 주요한 매체일수록 '무보도'를 통해 공론장 형성에 미치는 부정적인 영향은 더 두드러진다고 할 수 있다.

이들 연구 결과를 종합해보면 이른바 멀티미디어 시대에 살고 있을지라도 대다수의 국민이 실제로 미디어 독점 상황에 놓여 있다는 결론이 도출된다. 사회 전반의 뉴스에 대해 하나의 매체를 주로 이용하는 인구가 다수인 상황에서 어떤 사실을 의도적으로 보도하지 않는 상황이 발생할 때 공론장의 형성은 한계에 부딪힌다. 특히 국민이 알아야 할 정당한 관심사가 있는 사안일수록 무보도로 인한 사회적 파장은 커질 수 있다.

다음으로 ②번. "기사는 의의 있는 사실을 제치고 본질적으로 연관성이 없는 정보를 포함하면 공정하지 않다"는 내용을 살펴보자. 이는 어떤 기사가, 다루는 사안의 본질을 파고들기보다는 엉뚱한 정보를 제시해 그 사안이 이슈화되는 것을 막는 것을 말한다. 이는 이른바 '초점 흐리기' 또는 '물타기' 행태로 불린다.

대표적인 예로 2004년 있었던 '삼성 X파일' 사건에 대한 보도를 들 수 있다. 이 사건은 2004년 말 〈MBC〉 이상호 기자가 안기부의 불법 도청 테이프를 입수하면서 세상에 알려지기 시작했다. 이 테이프는 1997년 대통령 선거 당시 삼성 그룹 이학수 부회장과 〈중앙일보〉 홍석현 사장이 만나 이회창 대통령 후보 등 정치인과 권력층에 자금을 주기로 공모한 내용 등을 담고 있다. 이 테이프 내용은 〈MBC〉의 여러 가지 사정으로 보도되지 못하다 2005년 7월 21일부터 본격적으로 보도되기 시작했다. 2005년 7월 22일 〈문화방송〉 '뉴스데스크'는 "지난 97년 대선 당시 홍석현 〈중앙일보〉 사장이 삼성 이건희 회장의 지시로 대선 자금을 나눠주는 심부름을 한 것으로 드러났다. 정치권에 전달하려 한 비자금은 100억 원이 넘는다. 삼성과 홍석현 전 사장이 최고위급 검찰 간부에게 명절 때마다 500만~1000만 원의 '떡값'을 뿌리면서 검찰 인맥을 관리했다는 의혹이 제기됐다"고 보도했다.

이를 취재한 이상호 기자는 이런 내용이 담긴 안기부의 불법 도청 테이프와 녹취록을 스튜디오에 들고 나와 "이 테이프에 삼성의 전방위적 로비 실태가 담겨 있으나 삼성 그룹 이학수 비서실장과 홍석현 사장이 방송 금지 가처분 신청을 내 원음은 공개하지 못한다"고 설명했다. 그해 초부터 소문이 나돌던 '삼성 X파일'이 처음으로 모습을 드러낸 순간이었다.

이 사안의 본질은 간단하다. 정치 · 경제 권력 그리고 언론의 유착 의혹이다. 이는 해당 언론의 존폐 여부를 결정할 수 있을 만한 메가톤급 사안이다. 따라서 이에 대한 언론 보도는 검은 거래에 관한 의혹이 사실인지 여부를 가리는 데 있었다. 많은 언론이 집중적으로 의혹의 사실 여부에 대한 보도를 하기 시작했다. 하지만 일부 매체는 의혹의 규명보다는 이상호 기자가 도청 테이프를 불법으로 취득했다는 데 초점을 맞춰 보도했다. 이들 매체의 주장은 누가 불법으로 도청을 했는지, 도청된 테이프가 어떻게 〈MBC〉 기자에게 흘러들어갔는지, 이상호 기자의 취재 과정에서 위법이나 탈법은 없었는지 등이었다. 물론 도청은 불법이다. 하지만 도청의 불법 여부는 도청 테이프에 담긴 내용과는 별개의 사안이다. 언론이 진실을 찾고자 했다면, 도청의 당사자를 찾는 데 주력할 게 아니라 도청 테이프의 내용의 진위를 가리는 데 더 주력했어야 한다. 이렇듯 어떤 사안을 취재 보도함에 있어 그 사안의 맥락, 배경, 과정, 여파 등은 무시하고 그 사안과 관련 없는 정보를 강조하는 방식으로 사안의 본질을 흐리려 한다면 이는 공정성의 원칙을 심각하게 위반하는 것이라고 할 수 있다.

마지막으로 ③번. "기사는 의식적이든 무의식적이든 수용자를 오도하거나 속이면 공정하지 않다"는 내용을 뜯어보자. 〈KBS〉는 2011년 6월 28일 '뉴스9'에서 '민주당 합의 파기 회의장 점거'라는 제목의 리포트를 네 번째 뉴스로 방송했다. 〈KBS〉는 "민주당이 오늘 상임위에서 TV 수신료 인상안을 처리하기로 한 약속을 깨고 회의 자체를 힘으로 막았다"는 앵커의 멘트를 시작으로, 현장 기자의 리포트를 통해 지난 22일 민주당과 한나라당의 28일 표결 처리 합의 사실을 제시한 뒤 '수신료 인상안을 처리할 예정이었던 오늘28일 민주당 의원이 위원장석을 점거하고 회의를 열지 못하도록 막았다"고 보도했다.

〈KBS〉 보도는 또한 여야가 27일 물리력을 동원해 위원장석을 점거할 경우 처벌할 수 있도록 법을 개정하기로 합의했다며 "하지만 민주당은 단

하루 만에 보란 듯이 이런 약속을 무너뜨렸다"고 비난했다. 보도는 이어 "필요에 따라, 상황에 따라, 약속을 깨고, 말을 뒤집는 가운데 국회 운영은 무력화되고 있다"고 주장했다.

하지만 원내 대표 간 합의가 무엇이었는지, 왜 민주당이 앞선 22일의 합의를 파기했는지, 왜 민주당이 점거 농성을 하는지에 대해서는 단 한마디도 언급하지 않았다. 특히 한나라당이 27일 문방위 전체 회의에 여야 간사 간 협의도 없이 '수신료 인상안'을 의안 상정해 강행 처리할 움직임이 있어 민주당이 이를 막기 위해 실력 행사에 나선 것이라는 설명 역시 없었다. 또한 여야 원내 대표가 지난 21일 '수신료 인상안 처리 등은 여야 간사 간 합의를 통해 한다'고 합의한 사실도 언급하지 않았다.

이른바 자신들의 입맛에 맞는 근거만 골라 수신료 인상안 날치기 처리를 반대하는 민주당을 비판하는 데 뉴스 전파를 사용한 것이다. 이는 자사의 이익을 위해 의식적으로 수용자를 오도한 전형적인 보도에 해당한다. 이밖에도 보도 자료 가운데 자사에 유리한 내용만, 또는 야마에 맞는 것만을 끄집어내 보도한다든지, 여론조사 결과 가운데 자사의 이익 또는 정파적 입장에 불리하게 나온 내용은 버리고 유리하게 나온 내용만 보도한다든지 하는 행태는 저널리즘의 공정성 원칙을 위배한 것이다.

'야마'
관 행 을
넘어서서

지금까지 한국 언론의 취재 보도 전략에서 야마 관행이 어떤 모습으로 나타나고 있는지, 어디에서 비롯됐는지, 그 영향은 무엇인지 등에 대해 살펴봤다. 야마 관행은 그 자체로서 문제가 있다고 할 수는 없을지라도 우리 저널리즘이 올바른 방향으로 가는 데 걸림돌이 돼서는 안 된다는 점은 분명하다. 그러기 위해서는 야마 관행에 대한 냉철하고 진지한 되돌아봄이 필요하다. 물론 그 기준은 저널리즘의 원칙이 될 것이다. 한 사회가 저널리즘에 대해 요구하는 사명감, 그리고 저널리즘이 부여받은 시대적 소명 아래 야마 관행을 날카롭게 뜯어보고, 반성하고, 새로운 해결책을 모색해야 할 것이다.

오늘날 민주주의 사회에서 저널리즘이 부여받은 기본적인 소명은 '사회적 책임'이다. 산업사회화, 대중사회화를 거치면서 미디어는 언론의 자유를 누리는 단계를 넘어서 사회적 정보 유통과 토론, 논의를 독점하기에 이른다. 정부의 통제로부터 벗어난 언론 매체는 이제 거의 무한정의 자유를 구가하고 있다. 거대 기업으로 성장한 미디어는 그들의 사업을 성공적으로 이끄는 데만 관심을 둔다. 하지만 미디어는 민주주의를 바탕으로 발전을 이뤘다는 점을 잊어서는 안 된다. 따라서 국민의 정당한 관심사나 국가적으로 필요한 일을 다루는 데 소홀해서는 안 된다.

이에 1947년 허친스 위원회The Commission on Freedom of Press 보고서는 〈언론의 사회적 책임〉이라는 제목 아래 모든 미디어는 국민의 정당한 알 권리에 복무해야 한다고 지적했다. 이 위원회를 계기로 언론의 사회적 책임이 언론 윤리의 기본 원리로 등장하게 된다. 허친스 위원회의 보고서는 언론의 사회 책임 이론의 근간이 되었을 뿐만 아니라 각급 단위의 언론 윤리 강령에도 이론적 토대를 제공했다. 실제로 이 보고서 이후 저널리즘 원칙과 관련된 다양한 저술●에서 '공중의 정당한 관심'과 '국민의 알 권리', '나라가 필요로 하는 논의와 정보' 등 언론의 사회적 책임을 강조하는 대목이 공통적으로 등장한다.

● Patterson & Wilkins, 1991;
Elliot, 1986; Goodwin, 1983

한국에서도 사회적 책임은 언론의 기본 책무로 규정된 지 오래다. 1996년 4월 8일, 한국 신문 협회, 한국 신문 방송 편집인 협회, 한국 기자 협회가 함께 만든 '신문 윤리 강령'은 제2조에서 언론의 책임에 대해 다음과 같이 말하고 있다.

우리 언론인은 언론이 사회의 공기로서 막중한 책임을 지고 있다고 믿는다. 이 책임을 다하기 위해 우리는 무엇보다도 사회의 건전한 여론 형성, 공공복지의 증진, 문화의 창달을 위해 전력을 다할 것이며,

국민의 기본적 권리를 적극적으로 수호할 것을 다짐한다.

우리 언론의 야마 관행에 대한 반성은 바로 이 대목에서 시작해야 할 것이다. 언론이 우리 사회에서 어떤 역할을 부여받았으며, 그를 통해 우리 사회의 민주주의를 위해서 무엇을 할 수 있는지가 야마 관행을 판단하는 잣대가 돼야 한다. 야마 관행을 단순하게 언론사 내부의 문제, 또는 기자 사이의 문제, 언론이라는 직업적 경계 안의 문제로 간단하게 치부할 수 없는 이유다. 야마를 그렇게 좁은 차원의 문제로 보는 것은 한국 언론이 만들어내고 있는, 그리고 영향을 미치고 있는 우리 사회의 '구성된 현실'을 제대로 이해하는 것을 방해한다. 왜 우리 사회가 진보와 보수, 영남과 호남, 부자와 빈자, 엘리트와 대중 사이에 끊임없는 긴장 관계를 형성하는지, 왜 사회적 이슈에 대해 합리적 토론보다 일방적·강압적·선동적 주장이 앞서는지, 왜 민주주의의 절차와 과정이 종종 무시되는지 등의 문제는 한국 언론의 야마 관행에 대한 이해에서 해법의 단초를 찾을 수 있다.

야마 관행에 대한 반성은 '언론의 책임'에 대한 성찰과 함께 '진실'과 '공정'이라는 저널리즘의 기본 준칙을 다시 한 번 상기하고 제대로 준수하는 데서 시작해야 할 것이다. 국제 언론인 연맹IFJ, International Federation of Journalists이 행동 원칙 제1항에 "공중의 진실에 대한 권리를 존중하는 것이 언론인의 제일가는 의무"라는 점을 분명히 한 이유가 무엇인지 언론인 스스로 자문해봐야 한다. 세계적인 권위지 〈뉴욕 타임스〉가 자신의 홈페이지에서 자사의 윤리 강령을 "독자를 가능한 한 공정하고 개방적으로 대한다. 우리는 완전하고 있는 그대로의 진실truth을 우리가 알 수 있는 한 최고의 상태로 독자에게 말하고자 한다"라고 강조한 이유가 무엇인지 곱씹어봐야 한다. 그것은 바로 "언론은 진실과 공정에 복무해야 한다"는 것이다.

어떤 언론이 야마 관행을 통해 기사가 다루려고 하는 사안을 진실과는 무관하게, 또는 사안의 진실을 불공정하게 다룬다면, 그것은 사회가 언론에게 준 공적인 책임을 방기하는 것이다. 언론사의 이해관계에 따라, 특정 정파의 이익을 위해, 특정 세력의 이익을 위해 기사가 동원된다면 그것은 저널리즘이기를 포기하는 것이다. 미국 신문 편집인 협회는 "개인적 동기나 가치 없는 목적을 위해 직업적 역할이 주는 권력을 남용하는 언론인은 그들에게 부여된 공적인 신임을 저버리는 것"이라고 윤리 강령 제1조에 못 박고 있다. 언론이 국민에게 그 시대의 문제가 무엇인가를 알려주고 그에 대해 판단할 수 있게 하려면, 뉴스와 여론을 진실되고 공정하게 수집하고 전파하는 것이 최선의 방법이다.

마지막으로 나는 야마 관행에 대한 논의를 언론인의 비판적 지적 활동에 대한 강조로 마무리하고자 한다. 저널리즘은 지적인 산물이다. 여기서 말하는 지식인의 활동이란 현실에 대한 지적 비판 활동을 말하는 것이다. 즉 저널리즘의 지성이란 이성 또는 합리성만이 아니라 감성을 통해 사회적 현실의 과오를 밝혀 사회문제의 해결에 도움을 주는, 보다 넓은 의미의 지적 활동을 의미한다. 언론인은 곧 현실 비판적인 지식인이다.

촘스키Noam Chomsky는 지식인의 의무는 진리를 추구하고 거짓을 폭로하는 것이라고 했다. 현대의 지식인은 대부분 물질적으로 특권을 누리고 있고 정보에 접근할 수 있으며 상대적으로 자유 언론을 향유하고 있으며 대학이나 미디어 그리고 문화 분야에서 자신의 견해를 드러낼 수 있는 준비된 토론장이 있다. 이는 특권이기 때문에 이에 상응한 책임을 지고 있다는 것이다. 다시 말하면 지식인은 정부의 거짓말을 폭로할 수 있는 위치에 있으며 그들의 명분과 동기 그리고 숨은 의도에 따른 행동을 분석할 수 있는 위치에 있다.

곧, 언론인의 본령은 '지성을 지닌 자유인'이고 저널리즘의 본질은 '권력에 대한 비판'이라고 할 수 있다. 지성을 가진 자유인으로서 기자에게 필요한 직업적 가치는 공익에 기여하는 기사를 발굴하고 제공하는 것이다. 따라서 기자의 행동 규범이나 직업적 가치에 반하는 일을 해야 할 때 개개인의 기자는 직업적 긍지에 훼손을 입을 수 있다Beam, 2003.

나는 기자가 소속 회사의 보수나 진보적 성향에 상관없이 사람들에게 진실한 정보를 전달해서 세상사에 대해 자기 나름대로의 시각과 판단을 갖게 하는 것이 저널리즘이 수행해야 할 가장 큰 가치라고 본다. 아울러, 권력과 사회를 감시하고 사회적 공익에 기여하는 것 역시 기자가 짊어져야 할 숙명이다. 저널리즘적 가치는 소속 언론사의 성향에 따라 그리고 조직이 직간접적으로 강조하는 야마에 따라 달라지는 것이 결코 아니다.

메릴Merrill이 제시한 언론 보도의 준칙인 'TUFF'로 한국 언론의 야마 관행을 논의한 이 글을 마무리하고자 한다.

> 언론 보도는 진실되고Turthful, 편향되지 않고Unbiased, 정보 제공이 충분하고Full, 공정해야Fair 한다1977, 175~176쪽.

강명구(1994), 《한국 저널리즘 이론》, 서울, 나남

김원용 · 이동훈(2004), 〈신문의 보도 프레임 형성과 뉴스 제작 과정에 대한 연구〉, 《한국언론학
보》 48권 4호, 351~381쪽

김정탁(1991), 〈한국언론학 연구방법: 언론사와 언론인 분석을 통해서〉, 《사회과학》 30권 2호(통
권 34호), 27~62쪽

남시욱(2001), 〈편집권 독립의 이상과 한계〉, 《관훈저널》 2001 봄호, 60~71쪽

박용규(1996), 〈한국 신문의 취재보도체계 개선방안〉, 《언론연구》, 87~140쪽, 서울, 한국언론연
구원

박재영(2006), 〈뉴스 평가 지수 개발을 위한 신문 1면 머리기사 분석〉, 《한국의 뉴스미디어 2006》,
147~220쪽, 서울, 한국언론재단

박준영(1997), 〈한국 신문뉴스 결정의 역학관계 연구〉, 성균관대학교 대학원 박사학위 논문

심훈(2005), 〈20세기 하반기의 미 신문 1면 보도에 대한 다양성 분석: 뉴스 토픽과 정보원의 분포
를 중심으로〉, 《한국언론학보》 48권 4호, 218~242쪽

오수정(2009), 《2009 언론 경영성과 분석》, 서울, 한국언론재단

유재천(1990), 〈한국의 언론윤리〉, 《언론법제통론》, 서울, 나남, 222~225쪽

윤석민(2007), 《커뮤니케이션의 이해》, 서울, 커뮤니케이션북스

윤영철(2003), 《한국 언론전문직주의를 말한다》, 한국언론학회 2003년 언론학포럼 발표문

이건호 · 정완규(2007), 《한 · 미 신문의 기사 형식과 내용》, 서울, 한국언론재단

이준웅(2009), 〈뉴스 틀 짓기 연구의 두 개의 뿔〉, 《커뮤니케이션 이론》 5권 1호, 123-166.

이준웅(2005), 〈갈등적 사안에 대한 여론변화를 설명하기 위한 프레이밍 모형 검증 연구〉, 《한국
언론학보》 49권 1호, 133~355.

이준웅(2000), 〈프레임, 해석 그리고 커뮤니케이션 효과〉, 《언론과 사회》 29호, 85~153쪽

이준웅 · 양승목 · 김규찬 · 송현주(2007), 〈기사 제목에 포함된 직접 인용부호 사용의 문제점과
원인〉, 《한국언론학보》 51권 3호, 64~90쪽

2020 미디어위원회 실행위원회(2006), 《한국의 뉴스미디어 2006》, 서울, 한국언론재단

장호순 · 오수정(2001), 〈한국 신문의 취재원과 취재 경로 분석. 한국언론재단〉, 《보도 비평》 통권
7호, 9~62쪽

조철래(2006), 〈지역신문의 선거보도와 게이트키핑 과정에 관한 연구〉, 《한국언론학보》 50권 4호,
381~509쪽

팽원순(1987), 〈보도와 기자윤리〉, 《언론인의 직업윤리》, 서울, 한국언론연구원, 83~84쪽

한동섭 · 임종수(2002), 〈미디어의 정보원 진술 활용과 현실 정의: 미디어는 이데올로기적으로 쟁
점이 되는 뉴스 아이템의 정보원을 가공하고 선택하는가?〉, 《한국언론학보》 46권 3
호, 520~556쪽

Altheide, D. (1976), Creating reality: How TV news distorts events. Beverly Hills, CA: Sage.

Bantz, C. R., McCorkle, S & Baade R. C. (1981), The News Factory. G. C. Wilhoit & H. De Book (eds.), Mass Communication Review Yearbook, Vol 2, pp. 336~390. Beverly Hills, CA: Sage.

Berkowitz, D. (1997), Social meanings of news. Thousand Oaks: Sage.

Berger, P. L., & Luckmann, T. (1966), The social construction of reality: A treatise in the sociology of knowledge. New York: Anchor Books.

Breed, W. (1955), Social control in the newsroom: A Functional Analysis. Social Forces, 33, 326~355.

Campbell, F. (1997), Journalistic construction of news: information gathering. New Library World, 98, 60-64.

Chomsky, D. (1999), The mechanisms of management control at the New York Times. Media, Culture & Society, 21, 579~599.

Cook, T. (1998), Governing with the News. Chicago: University of Chicago Press.

Crouse, T. (1972), The Boys on the Bus. New York: Random House.

Donohew, L. (1976), Newspaper gatekeeper and forces in the news channel. Public Opinion Quarterly, 31, 61~68.

Epstein, E. J. (1973), News from nowhere: Television and the News. New York: McGraw Hill.

Entman, R. M. (1991), Framing: Toward clarification of a fractured paradigm. Journal of Communication, 43(4), 51~58.

Fishman, M. (1980), Manufacturing the news. Austin: University of Texas Press.

Galtung, J., & Ruge, M. (1969), The structure of foreign news. In J. Tunstall (ed.), Media Sociology, London: Constable, pp. 259~298.

Gamson, W. A., & Modigliani, A. (1989), Media discourse and public opinion on nuclear power: A construction approach. American Journal of Sociology, 95(1), 1~37.

Gans, H. (1980), Deciding what's news. NewYork: Vintage Books.

Gitlin, T. (1980), The whole world is watching: Mass media in the making & unmaking of the new left. Burkeley: University of California Press.

Gladney, G. A. (1990), Newspaper Excellence: How Editors of Small & Large Papers Judge Quality. Newspaper Research Journal, 1990 spring, 58~72.

Goffman, E. (1974), Frame analysis: An essay on the organization of experience. New York: Harper & Row.

Goodwin, H. Eugene(1992), Groping for Ethics in Journalism. Ames. Iowa: Iowa State University Press.

Iyengar, S., & Simon, A. (1993), News coverage of the Gulf crisis and public opinion: A study of agenda-setting, priming, and framing. Communication Research, 20(3), 365-383.

Johnson-cartee, K.(2005), News narratives and news framing: constructing political reality. Lanham, MD: Rowman & Littlefield publishers.

Johnstone, J. Slawski, E., & Bowman, W.(1976), The news people: A sociological portrait of American journalists and their role. Urbana: Univ. of Illinois Press.

Kepplinger, H. M,, & Kocher, R.(1990), Professionalism in the Media World. European Journal of Communication, 5. 285~311.

Kovach, B., & Rosenstiel, T.(2001), The Elements of Journalism: What newspeople should know and the public should expect. New York: Three Rivers Press.

Lippmann, W.(1922), Public opinion. New York: Free Press.

McCombs, M. & Shaw, D.(1972), The agenda-setting function of mass media. Public Opinion Quarterly, 36. 176~187.

Neuman, W., Just, M., & Crigler, A.(1992), Common knowledge. Chicago: University of Chicago Press.

Pan, Z., & Kosicki, G. M.(1993), Framing analysis: An approach to news discourse. Political Communication, 10, 55~75.

Patterson, T.(1998), The news media: an effective political actor? Political Communication, 14, 445~455.

Project for Excellence in Journalism(2005, 2006), The state of the news media: an annual report on American journalism. Available: http://www.journalism.org.

Price, V., & Tewksbury, D.(1997), News values and public opinion: A theoretical account of media priming and framing. In G. Barnett & F. J. Boster (eds.). Progress in the Communication Sciences (pp. 173~212). Greenwich, CT: Ablex.

Scheufele, D. A.(1999), Framing as a theory of media effects. Journal of Communication, 49(1), 103~122.

Schutz, A.(1962), Collected Papers, Vol Ⅰ : The problem of social reality. The Hague: M. Nijhoff.

Shoemaker P. J., & Reese S. D.(1996), Mediating message: theories of influence on mass media content. New York: Longman. 김원용 역(1997), 《매스미디어 사회학》, 서울, 나남

Semetko, H., & Valkenburg, P.(2000), Framing European politics: a content analysis of press and television news. Journal of Communication, 50(2), 93~109.

Sigal, L. V.(1973), Reporters and officials: The organization and politics of newsmaking. In H. Tumber (ed.), News- A Reader (pp. 224~234), Oxford: Oxford University Press.

Sigal, L. V.(1987), Who: sources make the news. In R. K. Manoff & M. Schudson (eds.), Reading the news (pp. 9~37). New York: Pantheon Books.

Sigelman, L.(1973), Reporting the news: an organizational analysis. American Journal of Sociology, 79(1), 132~151.

Soloski, J.(1989), Sources and channels of local news. Journalism Quarterly, 66, 864~870.

Tuchman, G.(1978), Making news: A study in the construction of reality. New York: The Free Press.

Tunstall, J.(1971), Journalist at Work. London: Constable.

van Dijk, T. A.(1988a), News as discourse. Hillsdale, NJ: Lawrence Erlbaum Associates.

Weaver, D. H., Wilhoit, G. C.(1986), The American journalist. Bloomington: Indiana University Press.

White, D. M.(1950), The Gatekeeper: a case study in the selection of news. journalism Quarterly, 27, 383~390.

Zimmerman, D. H., & Polland, M.(1970), The everyday world as a phenomenon. In Jack D. Douglas (ed.), Understanding everyday life (pp. 80~103). Chicago: Aldine.